神이 궁금한 사람들

God or Godless
copyright©2013 by John W. Loftus and Randal Rauser
All rights reserved
Published by Baker Books
a division of Baker Publishing Group
P.O. box 6287, Grand Rapids, MI 49516-6287

Korean translation copyright©2016 by Eunbo.,Inc.
Korean translation rights arranged through 알맹2® (주) KCBS Literary Agency

이 책의 한국어판 저작권은 알맹2®를 통해 Baker Books와 독점계약한 ㈜은보에 있습니다.
저작권법에 의하여 한국 내에서 보호를 받는 저작물이므로 무단전재와 복제를 금합니다.

20 라운드의 승부

존 로프터스 · 랜들 라우저 지음

이지혜 옮김

알리는 말

테리토스 편집부는 이 책이 좀 더 우리나라 현실에 부합하는 토론이 되도록 하기 위해 리뷰를 첨가했습니다.

두 명의 기독교인과 두 명의 무신론자가 이 책에 수록된 20라운드의 토론을 읽고 각각 라운드마다의 감상문을 쓰도록 했습니다.

기독교인인 랜들이 모두진술을 한 라운드의 경우에는 기독교인의 리뷰를 먼저 실었습니다.

참고로 테리토스가 기독교 계통의 출판사인 관계로 무신론자를 섭외하는 것은 결코 쉽지 않았습니다. 몇 명을 만났지만 기독교 관련 출판사가 자신들의 의견을 왜곡할 가능성이 크다며 우리의 제안을 거절했습니다.

힘들게 섭외한 두 명의 무신론자들은 자신들의 리뷰를 가감없이 싣는다는 조건 하에 우리의 제안을 받아들였습니다.

리뷰를 쓴 네 명은 서로 전혀 모르는 사이입니다. 이름은 가명으로 바꾸었음을 밝힙니다. 그 분들께 이 자리를 빌어 감사드립니다.

테리토스 편집부

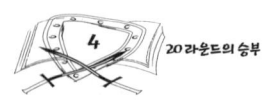

존

이 토론의 양편에 있는 존경하는 블로거들에게 이 책을 바칩니다. 그들은 제가 이 이슈들을 세밀하게 이해할 수 있도록 도와주었습니다.

랜들

2003년, 제가 논문 심사를 통과하고 몇 달 후에 신학적 멘토요 친구인 콜린 건튼 교수님이 갑자기 돌아가셨습니다. 콜린 교수님은 회의적인 문화에서도 신학을 당당하게 표현해야 한다고 믿으셨습니다. 교수님이 이 책에 실린 토론을 보고 기뻐하셨으리라 믿으며 그분의 영정에 이 책을 바칩니다.

차례

감사의 글 ··· 8
불손하고 흥미진진하면서도 약간은 유익한 서론 ······················ 10

1라운드 하나님이 없다면 인생은 아무 의미가 없다 ····················· 12

2라운드 성경에 나오는 신의 개념은 다신교에서 유일신교로 발전했다 ···· 24

3라운드 하나님이 없다면 무엇이든 허용된다 ····························· 36

4라운드 성경의 하나님은 자신을 만족시키기 위해 아동 희생제사를 요구했다
·· 48

5라운드 과학은 종교의 대체물이 아니다 ································· 62

6라운드 성경의 하나님은 종족 학살을 명하셨다 ························· 76

7라운드 하나님이 모든 것에 대한 최상의 설명이다 ····················· 92

8라운드 성경의 하나님은 노예제도에 무신경하다 ······················ 108

9라운드 하나님이 없다면 우리는 아무것도 알 수 없다 ················· 124

10라운드 성경의 하나님은 여성에 무신경하다 ·············· 138

11라운드 사랑은 아름답지만 오로지 하나님이 존재할 때만 그렇다 ········ 154

12라운드 성경의 하나님은 동물에게 무신경하다 ·············· 170

13라운드 누구에게나 믿음은 있다 ·············· 186

14라운드 성경의 하나님은 과학에 무지하다 ·············· 200

15라운드 위풍당당한 할렐루야 합창에서 하나님을 발견할 수 있다 ········ 214

16라운드 성경의 하나님은 미래에 무지하다 ·············· 230

17라운드 인간의 삶에 나타나는 기적을 가장 잘 설명해 줄 수 있는 방법은 하나님이다 ·············· 246

18라운드 성경의 하나님은 무능한 창조자다 ·············· 260

19라운드 예수가 부활했다, 그러면 누가 그를 다시 살렸는가? ·············· 274

20라운드 성경의 하나님은 무능한 구원자다 ·············· 290

최종 발언 ·············· 304
추천 도서 ·············· 314
주 ·············· 329

감사의 글

존은 다음 분들에게 감사드립니다.

2005년에 처음으로 내 의심을 온라인에서 이야기하기 시작했을 때 자신들에게 반대한다는 이유만으로 나를 무시하고 독설을 퍼붓는 복음주의 모임이 있었다. 대다수 기독교인들은 그렇지 않다는 걸 알았지만 이 집단처럼 내 불 같은 열정에 기름을 끼얹은 이들은 없었다. 그들은 나로 하여금 신앙의 약점을 찾아 나 같은 사람을 그렇게 밖에 대우할 수 없는 그들의 수준을 깨닫고 결국 내가 그들을 이해하도록 자극했다. 만약 그들이 없었다면 나는 아무 일 없이 일상을 살아갔을 것이다. 내게 큰 동기를 부여해준 그들에게 감사하고 싶다.

랜들은 다음 분들에게 감사드립니다.

먼저 이 책을 포함하여 내가 글을 쓰는 동안 늘 기다려 주고 응원해 주는 아내 재스퍼와 딸 제이미에게 고마움을 전하고 싶다. 두 번째로는 이 책이 제대로 된 출판사를 찾을 수 있도록 수고를 아끼지 않은 내 에이전트 재닛 그랜트에게 감사한다. 마지막으로 내 상대가 되어 준 존 로프터스에게 감사하고 싶다. 존은 지식과 열정으로 똘똘 뭉쳐 자신의 입장을 변호하는 매우 유능한 무신론 옹호자이다. 또한 사람과 주장을 잘 구분하여 서로 대척점에 있으면서도 우호적 관계를 유지하도록 하는 그의 능력을 높이 산다. 이런 이유들로 나는 그가 이 토론에 참여해 준 것을 특별히 고맙게 생각한다.

불손하고 흥미진진하면서도 약간은 유익한 서론

우리는(존과 랜들은) 크고 중요한 문제들에 대한 철학적 토론을 즐기지만 신의 존재 여부에 대한 질문보다 더 크고 중요한 문제는 없는 것 같다. 그런데 이런 철학적 토론에는 장점만큼이나 문제점도 많다.

우선 시간이 너무 많이 걸린다. (답답한 강의실에 두세 시간 앉아 있으려면 누구든 체력에 부담이 되기 마련이다.) 그런가 하면 너무 격식을 차리는 경우도 많다. ('까다롭다'고 해야 할까?) 마지막으로 중요하기는 하지만 이미 수백만 번도 넘게 나온 한정된 질문들에 집착하는 경우가 많다.

"신은 존재하는가?"라든지 "예수는 죽은 자들 가운데서 부활했는가?" 같은 질문이 대표적이다. 확실히 중요하고 흥미로운 질문들이기는 하나 파이를 자르는 방법은 다양한 법이다. 우리는 지금이 신의 존재 여부를 둘러싼 구태의연한 토론을 신선한 각도에서 접근해 볼 수 있는 적기라고 생각한다.

이런 점들을 염두에 두고 우리는 신의 존재에 대한 일반적인 토론에서 부족한 부분들을 담으려는 야심 찬 시도로 이 책을 썼다. 각 저자는 시작하면서 열 가지 토론 주제를 선택했다. 해당 주제를 선택한 사람이 찬성하는 근거를 상대방은 반대하는 근거를 내세운다. 나는(기독교인 랜들은) 이 토론들을 통해 하나님이 있음을 입증하려 애쓰고 반대로 나는(무신론자 존은) 하나님이 없음을 입증하는 것을 목표로 한다. 이 기본 공식을 염두에 두고 우리는 일반적인 토론들에서 드러나는 약점을 공략하기 위해 스무 개의 토론 내용을 조정했다.

첫째 길이를 대폭 줄였다. 수 시간에 걸친 장황한 토론, 고문에 가까운 반박, 꼼꼼한 반대 심문은 잊어라. 각 토론마다 모두진술은 800여 단어 반박은 150여 단어 최종 진술은 50 단어 이내로 제한했다. 그 결과 우리는 논의할 주제와 관련된 주요 이슈들을 단 20분 정도면 읽을 수 있는 경쾌한 토론으로 만들 수 있었다.

둘째 신의 존재 여부와 관련해 전통적인 질문과 주제들은 대부분 건너뛰고 과

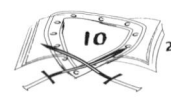

감하게 새로운 관점과 문제들을 다루었다.

마지막으로 학문적 담론이라는 형식주의에 대해서는 우리는 넥타이를 매지 않고 이 책을 썼다는 정도로만 말해도 독자들은 충분히 이해하리라 기대한다. 공식 기록원은 집에서 쉬도록 하고 우리는 무엇보다 토론 내내 가벼운 분위기를 유지하려고 노력했다.

본격적으로 논의를 시작하기 전에 한 가지만 더 지적하고 싶다. 책 뒤쪽에 참고 문헌을 수록하여 우리가 각 토론에서 추천하는 책들을 소개했다. 20분이라는 짧은 시간에 각 주제를 충분히 소화하기란 현실적으로 쉽지 않다. 따라서 이 책에 실린 간단한 토론을 읽고 결론을 내리기보다는 해당 주제를 향한 깊이 있는 독서와 논의를 위해 그 책들을 참고하기를 권한다.

자 이제 더 이상 지체 없이 본론으로 들어가려 한다. 벽난로 옆에 편안한 의자를 가져다 놓고 가장 잘 보이는 안경을 걸치고 커피나 와인을 한잔 따른 다음 세상에서 가장 거대한 질문을 다루는 우리의 토론에 동참하시길. 나는 하나님이 있다고 믿는 쪽인가 아니면 없다고 믿는 쪽인가?

1 라운드

하나님이 없다면 인생은 아무 의미가 없다

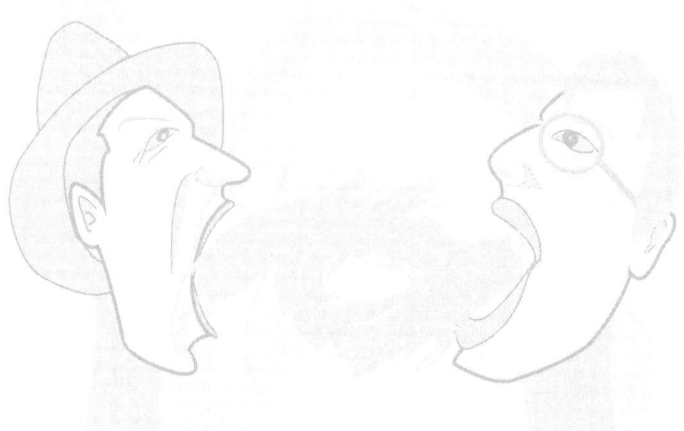

찬성: 기독교인 **랜들**

반대: 무신론자 **존**

▶ 랜들의 모두진술

낸시 시나트라 Nancy Sinatra는 유사 여성주의를 내세운 불멸의 히트곡 "이 부츠는 걸을 때 신는 거야 These Boots Are Made for Walking"으로 1966년 각종 팝송 순위에서 1위를 차지했다. 시나트라는 한 번 들으면 잊기 힘든 이 곡의 가사로 고고 부츠의 용도를 전 세대에 각인시켰다.

고고 부츠를 만든 특정한 목적이 있음에도 불구하고 사람들이 그 의도된 목적과는 다르게 부츠를 사용할 가능성도 얼마든지 존재한다. 예를 들어 어떤 사람이 고고 부츠를 빵에 치즈를 바르는 도구나 음료수를 담는 통으로 사용한다면 분명 잘못된 일이다. 물론 가끔은 한 가지 용도의 물건을 다양한 목적으로 활용할 수도 있겠지만(망치를 종이 누르는 문진 대용으로 사용하듯이) 일반적으로는 원래 의도대로 물건을 사용하는 것이 최선이다.

이번에는 반짝이 고고 부츠 대신 평범한 돌을 한번 생각해 보자. 계곡 바닥에 모양이 희한한 퇴적암이 하나 있다. 부츠와 달리 이 돌에는 특별한 목적이 없다. 지구가 형성되는 임의적이고 무작위적인 과정에서 만들어졌을 뿐이다. 따라서 이 돌에는 아무 목적이 없다. 그냥 존재할 뿐이다. 이 돌에는 특정한 목적이 없기 때문에 오용할 여지도 없다. 오히려 무엇이 됐든 내가 용도를 결정해서 그에 맞게 사용하면 된다. 나는 이 돌을 밧줄을 자르기 위해 쓰지만 내 친구는 이 돌을 망치로 써서 텐트 말뚝을 땅에 박을수도 있다. (좀 더 냉정하게 말하자면, 친구는 그 돌을 망치 삼아 나를 땅에 박을수도 있다.) 그러나 애초부터 그 돌에 창조 목적 따위는 없기 때문에 돌을 엉뚱한 데 사용하고 있다고 내가 그 친구를 지적하기는 힘들다. 우리 둘 다 자기 뜻대로 그 돌을 사용할 수 있다. 그런 의미에서 돌과 부츠는 전혀 다르다. 치즈 바를 때만 사용하는(더 심한 경우에는 아예 신지도 않고 우중충한 지하실에서 곰팡이 냄새를 풍기며 잠자는) 고고 부츠는 본연의 목적을 달성하지 못한 것이다. 하지만 돌은 소기의 목적을 달성했다고도 또 달성하지 못했다고도 말할 수 없다. 처음부터 그 돌에는 아무 목적이 없었기 때문이다.

독자들이 예상한 대로 부츠와 돌 예화는 사람 이야기를 위한 서두에 불과하

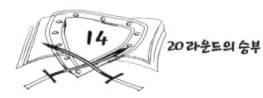

다. 낸시 시나트라의 부츠에는 분명한 목적이 있다. 그렇다면 낸시 시나트라는 어떤가? 우리는 어떤가? 인간에게는 창조 시에 새겨진 객관적인 목적이 있을까? 다시 말해 우리는 특별한 목적이나 용도를 염두에 두고 만들어진 고고 부츠와 비슷한가 아니면 아무 목적 없이 어쩌다 보니 생긴 돌과 비슷한가? 이것은 매우 중요한 질문이다. 우리가 부츠 같은 존재라면 창조 목적을 달성하지 못할 수도 있다. 하지만 돌 같은 존재라면 스스로 선택한 존재 이유나 행동 이유를 제외하고는 아무 목적이 없다. 마치 돌에는 아무 목적이 없어서 사람마다 제각각 돌의 사용처가 다른 것처럼 말이다. 누구라도 조금만 생각해 보면 인간을 돌로 보는 이 하찮은 관점에 반대할 것이다. 확실히 우리는 그저 돌 같은 존재는 아니다. '귀에 걸면 귀걸이 코에 걸면 코걸이'처럼 우리가 아무 목적에나 마구 들어맞는 그런 존재는 아니다. 이런 주장을 뒷받침하는 증거는 무엇인가? 사람들이 세우는 다양한 인생 목표 중에는 태생적으로 남들보다 더 좋은 목표가 있기 마련이다.

예를 들어 몰리 해쳇 Molly Hatchet 같은 연쇄 살인범 창녀를 인생 목표로 하는 사람이 있을 수 있고 마더 테레사처럼 가난한 사람들을 도우려는 사람이 있을 수 있다. 물론 전자보다는 후자가 자신의 삶을 더 잘 활용하는 객관적으로 더 바람직한 경우일 것이다. 마더 테레사의 삶이 몰리 해쳇의 삶보다 객관적으로 더 바람직한 이유는 마더 테레사가 인간이 창조된 목적에 보다 더 근접했기 때문이다.

이 말은 고고 부츠의 적절한 사용법을 안내해 주는 사실이 있듯이 인간의 적절한 삶을 안내해 주는 객관적 사실이 존재한다는 뜻한다. 우리는 인생을 잘 살 수도 있고 망칠 수도 있다. 고고 부츠를 신는 올바른 목적과 잘못된 목적이 있듯이 인간이 삶을 운용하는 올바른 목적과 잘못된 목적이 있다는 것은 누구나 직관적으로 알 수 있다. 그 의도된 목적에서 멀어질수록 우리는 더 불행해질 것이다. 따라서 인생은 돌보다는 고고 부츠에 가깝다. 우리 역시 특정한 목적 하에 창조되었다. 하지만 그 목적이란 대체 무엇일까? 이 질문에 대한 답은 궁극적으로 "누가 우리를 만들었는가?"라는 질문에 대한 답에 의해 좌우된다.

▶ 존의 모두진술

생필품을 갖춘 어느 집에 열 사람이 갇혔다. 이 집에서 나갈 방법은 없다. 누가 무슨 이유로 우리를 가뒀는지는 알 수 없다. 이 집에서 어떻게 지내라는 명령을 받은 적도 없다. 이 집에서 나갈 수 있는지 나갈 수 있다면 그게 언제쯤일지도 모른다. 아무 이유 없이 무작위로 뽑혀 한데 모였다. 자, 그 열 사람은 이제 어떻게 해야 할까?

나라면 이렇게 하겠다. 우선 시간을 때울 수 있는 소일거리를 찾겠다. 생산적인 활동일수록 더 좋다. 나는 사람들에게 관심이 많기 때문에 주변 사람들과 대화를 시도하여 사람들을 알아 갈 것이다. 대화뿐 아니라 함께 할 일도 찾아보겠다. 다 같이 게임을 한다든지 집 안 청소를 한다든지 집에 있는 재료로 다양한 요리를 시도해 보는 것이다. 내가 아직 혼자라면 괜찮은 여자를 찾아서 섹스도 하고 마음속 이야기도 나누려 할 것이다. 우울하거나 마음이 아픈 사람이 있다면 도우려 애쓸 것이다. 주어진 상황에서 가능한 한 많은 의미를 찾으려고 노력할 것이다. 그래야만 온전한 즐거움이 생기기 때문이다. 내 스스로 의미를 만들어 갈 것이다. 목적과 의미가 인간 존재를 가치 있게 만들어 주기에 나는 그 일에 힘쓸 것이다.

세상살이는 그 집에 사는 것과 비슷하다. 물론 우리를 이 세상에 보낸 신 같은 존재는 없기에 이 비유가 딱 들어맞지는 않는다. 그렇지만 우리가 이 세상에 보내 달라고 요구한 적도 없고 이 땅에 온 이유를 들어 본 적도 없다는 점에서는 그 집 속의 열 명과 다르지 않다. 의미 있는 일과 의미 있는 관계로 시간을 채우는 것은 온전히 우리 몫이다. 다른 대안은 없다. 스스로 의미와 목적을 만들어야 한다. 다른 누구도 그 일을 대신해 줄 수 없다. 그러니 자신의 상황을 최대한 선용하여 삶을 온전히 누려야 하지 않겠는가? 공동선 common good을 위해 우리가 할 수 있는 일을 찾아서 공로를 세워야 하지 않겠는가? 이런 논리에는 아무 문제가 없다.

처음에는 능력 밖인 것처럼 보이지만 우리가 할 수 있는 일이 있는가? 거기에 목적이 있다! 우리가 남보다 잘할 수 있는 일이 있는가? 사람들을 위해 좋은 일을 할 수 있는가? 우리가 만난 사람들이 우리가 죽은 후에도 우리를 기억할 수 있

는가? 사람들은 목표를 세우고 살면서 그 목표를 이루려 애쓴다. 단기 목표도 있고 장기 목표도 있다. 그 목표들만이 우리에게 의미와 목적을 준다. 어떤 사람들이 남을 학대하고 자신을 파괴하는 목적을 선택하는 것은 슬픈 일이지만 그렇게 사는 사람들이 분명히 있고 그들을 따르지 않는 것이 상책이다.

우리 존재는 수천 년의 관점에서는 무의미할지도 모른다. 하지만 왜 그런 관점이 우리에게 중요해야 하는가? 우리 삶은 가족과 친구들 공동선에 중요하다. 내가 그들을 아낀다는 사실이 그들에게 어떤 의미가 있을까? 그들이 나를 아낀다는 사실이 내게 어떤 의미가 있을까? 답은 뻔하다. 당연히 큰 의미가 있다.

그렇다면 왜 굳이 현재보다 먼 미래를 소중히 여겨야 하는가? 지금 이 삶이 우리 전부다. 지금 우리가 하는 일은 수 백만 년 후에는 아무 의미가 없다. 그 때문에 속상해야 하는가? 아니다 그때 의미가 있고 없고는 지금 나와 아무런 상관이 없다.

결국 우리가 하는 일이 영원의 관점에서 중요하다는 망상은 거짓 희망을 불러온다. 그런 거짓 희망은 종교는 사후세계에 대한 희망으로 이 땅의 불의라는 고통을 무마하려는 마약과 같다고 한 마르크스의 비판을 받게 마련이다. 하늘에 있는 낙원만 바라보는 신자들은 이 세상에는 쓸모없다. 실제로 사후세계에 대한 희망은 인간의 삶을 평가 절하하는 것이다. 전쟁터에서 사람이 죽어 나가도 누가 신경이나 쓰겠는가? 의로운 사람들은 다 천국에 갈 테니 그냥 전쟁에 나가면 된다. 환경 파괴가 대수이겠는가? 이 땅은 우리의 영원한 집이 아니란다. 해일이 수십만 인구를 휩쓸어 가도 꿈쩍하지 않을 것이다. 하나님이 신자들에게는 영생을 주실 테니 말이다. 예수님은 "가난한 자들은 항상 너희와 함께 있거니와 나는 항상 함께 있지 아니하리라"(마 26:11)라고 말씀하셨다.

그러니 날마다 23,000명이 굶어 죽어도 너무 신경 쓰지 마라. 오로지 신인문주의의 목적들 neo-humanistic purposes 만이 우리를 도울 수 있다.

▶ 랜들의 반박

존이 든 예화는 매우 강력하다. 그는 우리가 인생에 비유한 집에 갇히면 가장 먼저 소일거리를 찾을 것이라고 말한다.

정말로 그럴까?

단순히 시간 때울 일거리를 찾는 게 우리 목표일까?

또한 어떻게 그 일을 해야 할까?

존은 "즐거움을 준다"는 이유로 우리가 남을 도와주리라고 예상한다. 남을 도울 때 기분이 좋은 사람이라면 괜찮지만 남을 해칠 때 기분이 좋아지는 사람들은 어떡할까? 그래도 상관없을까?

존의 대답은 미덥지 못하다.

그에 따르면, 인간 존재는 "무의미하기" 때문에 "스스로 의미와 목적을 만들어 가야 한다"라고밖에 말하지 못한다.

그렇다면 남을 해치는 행위도 괜찮다는 뜻인가?

존은 종교가 거짓 희망을 준다고 주장하면서 나까지 끌고 내려가는 물귀신 작전을 시도한다. 이런 이의 제기는 아이러니한데 만약에 존이 옳다면 의미는 만들어지는 것이기에 종교적 해석은 다른 해석보다 굳이 나쁠 게 없다. 존에게는 안됐지만 그의 설명은 하나님이 만물을 회복하고 계시며 (롬 8:20-21; 골 1:20) 그분의 평화로운 왕국을 위해 열심히 일하는 데서 인생 목표를 찾도록 우리를 초대하셨다는 기독교의 믿음과는 전혀 동떨어져 있다.

기독교는 시간 때우기와는 거리가 멀고 오히려 의미 있는 진정한 삶을 제시한다.

▶ 존의 반박

시나트라의 부츠나 돌이나 인간 그 어느 것도 신이 어떤 목적이 있어 창조한 것이 아니다. 하지만 부츠나 돌과 달리 인간은 스스로 의미를 만드는 존재로 진화했다. 이 세상에 뚝 떨어진 우리는 이제 최선을 다해 이 땅에서 살아가야 한다. 달리 방법이 없다.

행복하고 만족스러운 인생을 살려면 무엇이 필요할까?

사람이 필요하다. 인간은 아무도 홀로 떨어진 섬이 아니다. 사회에서 고립되는 것은 가난이나 질병, 수감 생활만큼이나 고통스럽다. 상식 있는 사람이라면 친구와 재산, 음식, 건강, 그리고 자유를 원하지 고립된 삶을 선택하지는 않을 것 같다.

따라서 이런 혜택을 누리려면 친절하고 신뢰할 만한 성품을 개발하고, 열심히 일하고, 건강하고 적당한 몸을 유지하며 법을 준수해야 한다. 위험한 행동이나 역겨운 공상을 좇는 사람들은 결국 자유를 박탈당할 것이다. 그렇기 때문에 합리적인 사람들은 그런 것들에 한눈을 팔지 않는다.

우리의 가치관이 수도꼭지를 여닫듯 쉽게 변하지는 않기에 우정 · 사랑 · 가치를 포함하는 전반적인 인생 계획을 위해 때로는 눈앞의 사욕에 반하는 행동을 해야 할 때도 있다. 전인적 행복에는 고유한 보상이 따른다.

우리 인생에 필요한 의미는 그것이 전부다.

▶ **랜들**의 최종 진술

존은 인간이 "스스로 의미를 만들어 가는 존재들"이라고 믿는다. 그렇다면 몰리 해쳇은 어찌 된 사람인가?

존은 연쇄 살인범 창녀의 인생을 역겹다고 생각하는데 왜 그것이 그만의 주관적 견해가 아닐까?

인간의 삶이 객관적으로 아무 의미가 없다면 객관적으로 잘못된 인생도 없어야 하지 않을까.

▶ **존**의 최종 진술

인생이라는 집에 일단 갇힌 이상 가치 있는 인생에 따르는 혜택을 원한다면 서로 잘 지내야 한다. 즉 서로 협력해야 한다.

그것을 거부하는 사람은 왕따를 당한다.

다른 사람을 해치는 사람들은 결국 감옥에 갇혀 사회와 격리될 것이다.

REVIEW

▶ **상철**(기독교인)

    내가 돌과 같은 존재라면 나는 굳이 이 세상을 잘 살고 싶지 않다. 나는 돌이 아니기에, 목적을 가진 피조물이기에 나의 인생을 더 잘 살리려고 노력한다.
    어떻게 자신이 그냥 굴러 온 돌과 같은데도 인생에서 의미를 찾고 열심히 살려고 할까? 하나님을 배제하고 스스로를 돌과 같은 가치 없는 존재로 격하시키면서도 눈을 뜨고 사는 무신론자들을 나로서는 도저히 이해할 수 없다.

▶ **민혁**(기독교인)

    '부츠' 와 '돌' 은 존재의 단계가 다르다고 본다.
    돌은 하나의 재료이다. 돌은 무엇을 만들어 어떤 용도로 사용하는가가 중요하지 돌 자체로 존재 의미를 부여할 수 없지 않은가? 부츠는 부츠 이전에 부츠를 만들 재료가 있었다. 헝겊이든 가죽이든 재료가 있었다. 즉 그 재료에 목적을 부여해서 생각해 만든 것이다.
    인간은 하나님이 흙이라는 재료에 분명한 목적을 가지고 만든 존재이다. 즉, 랜들의 비유에 따르면 인간은 부츠와 같은 존재이다.
    인간은 하나님이 만드신 목적에 따라, 즉 하나님의 인도하심에 따라 의미 있는 인생을 살 수 있는 특별한 존재이다. 인간은 돌이 아니다. 인간은 그냥 재료가 아니다. 인간은 하나님의 눈에 좋게 보인 완성품이다.

▶ **승범**(무신론자)

  랜들은 이 글에서 돌을 하찮다고 했지만 돌은 하찮지 않다. 왜냐하면 돌도 존재하기 때문이다. 우리는 존재하다 사라진다. 거기에 억지로 갖다 붙인 종교적 '목적'은 존재 자체가 주는 가치를 왜곡할 가능성이 너무도 많다.
  존재는 언제나 목적보다 앞선다. 존재는 항상 목적보다 중요하다.

▶ **희경**(무신론자)

  의식할 수 없는 물체인 돌을 즉, 살아 움직이지도 않고 스스로의 의지가 없는 무생물을 비유로 존재의 목적을 말하다니 억지스럽기 그지없다.
  신이 진짜로 있다면 우리가 아무리 스스로 대단하다고 생각해도 인간도 결국은 전지전능하다는 그 신 앞에서 아무것도 아니다. 랜들은 부츠가 대단한 듯 얘기했지만 신 앞에서 부츠나 돌이 뭐가 다른가? 어차피 전지전능한 신 앞에서 본질적으로는 인간은 아무런 의지가 없는 존재일 뿐이다. 전지전능이라는 말 앞에서 인간이 가졌다는 '자유의지' 라는 말 자체가 얼마나 억지스러운지 기독교인들은 한 번이라도 생각해 봤을까? 인간은 천상 이미 정해진 길을 가는 그런 존재일 뿐이다. 그래야 전지전능한 신이 말이 된다.
  그러나 각자의 의지로 각자가 알아서 스스로 사는 것이 인간이다. 스스로 자신을 인간이라 생각한다면 의지가 있는 인간이라고 생각한다면 신을 받아들일 수 없다. 나는 인간이다. 내게는 가련한 부츠보다 홀로 선 돌이 더 아름답다.

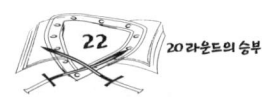

2 라운드

성경에 나오는 신의 개념은 다신교에서 유일신교로 발전했다

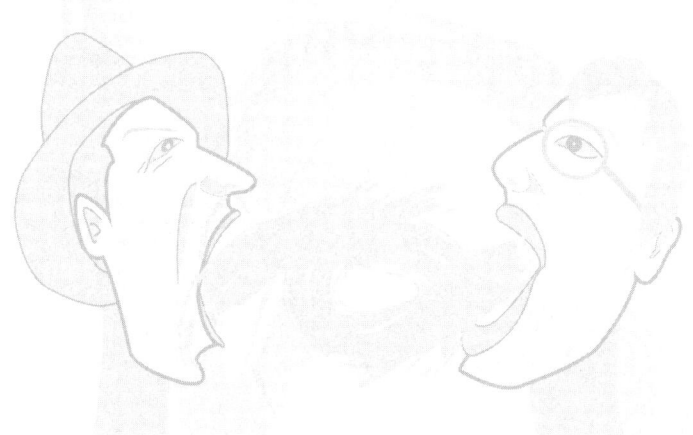

찬성: 무신론자 **존**

반대: 기독교인 **랜들**

▶ 존의 모두진술

성서학자들은 성경의 상당 부분이 추후의 역사적 관점을 반영하기 위해 몇 세기에 걸쳐 기록되거나 편집되었다는 것을 오래전에 인정했다. 이를 통해 편집자들은 왕국 내에서 경쟁 관계에 있는 종교 분파들을 통합하여 정치 세력을 강화했다. 대다수가 문맹이고 소수만이 글을 알던 고대 시대에는 권력 있는 왕과 제사장들을 비판하면 죽음을 면하기 어려웠고 기성 정치 세력은 온갖 호사를 누렸다. 역사를 꾸며 내거나 다시 쓰면 그만이었다. 성경에도 이에 대한 증거가 넘쳐난다.

이 편집자들이 모든 문서를 입수할 수 있는 것은 아니어서 이들도 때로는 실수를 했다. 또한 두루마리에 글을 썼기 때문에 모순되는 내용을 확인하기가 쉽지 않았다. 하지만 모든 내용을 일관성 있게 만들 필요는 없었는데 그들이 백성에게 읽어 줄 내용을 취사선택했기 때문이다. 그런데 7세기 요시야 왕(641-609년경)의 통치기에 오랫동안 방치되었던 율법책이 발견되었다(왕하 22-23장을 보라). 그러나 학자들은 이때에 율법책을 발견한 것이 아니라 율법책의 대부분을 기록하고 편찬했다고 본다. 요시야 왕은 두 대제국 사이에 끼어 정치 혼란 가운데 무너져 가는 왕국을 어떻게든 유지하고자 종교개혁을 단행했다. 이 점은 요시야의 편집자들이 지난 수백 년간 유월절 식사를 지키지 못했다(왕하 23:21-23)고 말하는 이유를 우리에게 설명해 준다. 어쩌면 이 개혁기에 처음으로 유월절 식사를 지켰는지도 모르겠다. 중요한 사실은 히브리인들이 성경의 야훼 하나님을 처음에는 가나안의 신으로 생각했다가 시간이 흐르면서 만신전의 최고신으로, 나중에 이사야서에 와서야 비로소 우주의 유일신으로 선포하게 되었다는 점이다(사 43:10; 44:24).

그런데 이와는 또 다른 생각을 하도록 하는 고고학적 증거와 성경 본문도 많다. 창세기 1장 26절에는 하나님을 평의회처럼 집합적으로 언급하는('엘로힘'은 '신들'이라는 의미의 복수 명사다) 본문이 나온다. "우리의 형상을 따라……우리가 사람을 만들고"(창 11:7도 보라). 원문에는 있지도 않고 나중에 생긴 삼위일체라는 전제를 적용하지 않고 이 구절을 제대로 읽는다면 이미 성경의 첫 장에서부터 복수의 신이 등장한다. 만신전 우두머리인 가나안 신 '엘'(또는 '엘리온')은 이스라엘 백성에게

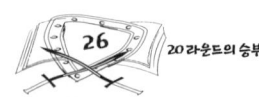

야훼를 허락해서 그들을 다스리게 했다. 신명기 32장 8-9절에 그 내용이 나온다. "엘리온이 민족들을 나누실 때에, 아담의 아들들을 나누실 때에 신의 숫자대로 백성들의 경계를 정하셨도다. 야훼의 분깃은 자기 백성이라. 야곱은 그가 택하신 기업이로다." 내가 기존 역본보다 더 낫다고 보는 톰 스타크 Thom Stark의 이 번역은 마소라 본문 Masoretic text보다 수천 년 앞선 사해사본 4 QDeutq에 기초한 것이다. (주 1) 천상 회의를 암시하는 구절들은 한결같이 다른 신의 존재를 전제한다(왕상 22:19-22). 시편 82편 1절은 "하나님은 신들의 모임 가운데에 서시며 하나님은 그들 가운데에서 재판하시느니라"라고 말한다. 그곳에는 "하나님의 아들들"도 많았다(창 6:2; 욥 1:6; 38:7; 시 29:1).

이 초기 성경 본문들은 다른 신과 그 자녀들의 존재를 부인하지 않았다(삿 11:24; 시 82:6; 89:7; 95:3; 97:7). 십계명의 첫 계명도 다른 신을 예배하지 말라면서 다른 신의 존재를 인정한다. "너는 나 외에는 다른 신들을 네게 두지 말라"(출 20:3). 이 본문들의 요점은 이스라엘이 야훼의 백성이므로 그분만 예배해야 한다는 것이다.

이런 사실은 초승달 지대 무역로로 연결되는 다른 문화권의 다신교(여러 신이 있고 그중 최고신이 나머지 신들을 다스림)와 별반 다르지 않다. 바빌로니아의 주신 마르둑 Marduk과 이집트 신들의 아버지 라 Ra처럼 가나안 사회에는 최고신 엘 El이나 엘리온 Elyon이 있었다. 이 엘리온은 나중에 천상의 주 바알 Baal로 대체되었다. 가나안 문화와 가나안 신 바알이 유대 기독교 문화의 야훼처럼 살아남았다면 바알도 유일신으로 변했을 것이다. 그러면서 바알은 기독교인들이 야훼에 부여한 특징들과 기독교와 동일한 철학적 정교함도 조금씩 획득했을 것이다. 그렇다면 바알 숭배자들은 바알이 선택한 점진적 계시를 이야기했을 테고 바알이 자신이 원하는 방식으로 자신을 드러내면 되지 왜 꼭 인간이 원하는 방식으로 자신을 드러내야만 하냐고 나와 같은 사람에게 따질 것이다.

오늘날 바알을 믿는 사람은 아무도 없다. 그런데 야훼는 왜 믿어야 한단 말인가?

▶ 랜들의 모두진술

500년 전만 해도 서양의 학식 있는 사람들은 모두 천동설을 믿었다. 지구가 활동 중심이었고 가련한 태양은 위풍당당한 고정 기지 주변을 도는 위성에 불과했다. 하지만 지금은 아무리 좋게 말해도 이 그림이 조금 지나쳤다는 사실을 다 안다. 우선 크기 차이를 완전히 잘못 파악했다. 이제는 지구가 (독자들이 이런 표현을 양해해 준다면) 태양의 불타는 엉덩이에 난 뾰루지에 불과하다는 사실이 밝혀졌다. 또한 태양계에서 유일하게 고정된 것이 있다면 우리가 사는 작은 지구에 미치는 태양의 중력이다. 그 중력 덕분에 지구는 수십억 년 동안 한 치의 오차 없이 동일한 비율로 회전할 수 있었다. 요약하자면 지난 200-300년간 천문학의 발전을 훑어보기만 해도 사람들의 우주관이 천동설에서 지동설로 발전했다는 사실을 알 수 있다.

수많은 작은 걸음과 이따금씩 발생한 갑작스러운 도약으로 지구에 대한 관점은 우주의 고정된 중심에서 태양의 세 번째 위성으로 바뀌었다. 거기에는 코페르니쿠스와 갈릴레오 케플러 같은 여러 과학자들의 수고가 있었다. 그 역사를 여기서 자세히 이야기할 필요는 없지만 핵심은 간단하다. 우리가 과거에 천동설을 믿었다는 이유로 지동설을 거부해야 한다고 생각하는 사람은 아무도 없다는 것이다. 그런 주장은 말이 되지 않는다.

자 이제 다시 우리의 토론 주제로 돌아가 보자. "성경에 나오는 신의 개념은 다신교에서 유일신교로 발전했다." 나도 기본적으로는 이 진술에 반대하지 않는다. 그보다는 사람들이 이 진술에서 끌어내리는 의미에 반대한다. 무슨 말인지 설명해 보겠다. 성경에 나오는 하나님의 개념이 다신교 문화에서 시작되어 나중에 엄격한 유일신 교리로 수렴된 것은 사실이다. 하나님이 우르에서 아브람을 처음 불러내신 고대 근동 사회에서는 누구나 다신교 Polytheistic를 믿었기 때문에 아브람도 당연히 다신교를 믿었다. 그는 유일신교 monotheism보다는 유일신 숭배 monolatry (여러 신 중에서 한 하나님을 예배하는 것)로 옮겨갔다는 표현이 더 정확할 것 같다. 수 세기 이후 출애굽 때 히브리인들의 이해는 다시 한 번 발전했다.

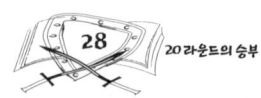

야훼가 애굽의 신들을 차례대로 물리치시는 사이 히브리인들은 단순한 유일신 숭배에서 단일신교 henotheism로 발전했다. 단일신교는 한 하나님이 다른 많은 신보다 훨씬 우월하다는 관점이다. 수 세기가 더 흘러 이사야서의 저술 시점에 이르러 히브리인들의 이해가 다시 한 번 도약했다. 이제 그들은 하나님이 다른 신들보다 월등히 뛰어나서 나머지 신들은 피조물에 불과하고 그분은 비교 대상이 없을 정도라고 생각하게 되었다. "나는 처음이요 나는 마지막이라. 나 외에 다른 신이 없느니라"(사 44:6).

정리하자면 서양 천문학자들이 천동설에서 지동설로 오기까지 수 세기가 걸린 것처럼 이스라엘 사람들이 다신교에서 유일신교로 오기까지는 수세기가 걸렸다. 발전하는 역사를 보여준다는 이유로 천문학의 결과를 거부하지 않는다면 왜 같은 이유로 성서신학의 결과는 거부하는가? 문제는 하나님에 대한 성경적 이해가 계시여야 하고 계시는 작은 단계보다는 비약적 도약으로 주어진다는 이중 전제에 좌우되지 않나 싶다.

대조적으로 이런 관점에서는 과학은 계시 같은 도약보다는 수많은 작은 단계를 거친다고 전제한다. 그러나 이는 과학과 신학 모두를 잘못 묘사한 것이다. 과학에는 새로운 발견에서 얻은 통찰로 인한 비약적 도약이 많은데 과학자들은 그런 통찰을 '유레카의 순간'이라고 부른다. 예를 들면 마이클 패러데이 Michael Faraday가 원의 신비로운 중요성에 대한 신념 (샌디먼파 Sandemanian 신자였던 그의 종교적 신념에서 비롯됨)에 근거해 전자기 유도 법칙 electromagnetism을 발견했을 때를 생각해 보라.

신학자의 경우에는 아브람에서 이사야에 이르는 성경 저자들이 혼란스러운 고대 다신교에서 위엄 있는 한 분 창조자 야훼로 히브리인들을 인도하는 과정에서 헤아리기 힘든 작은 과정들을 거쳤듯이 큰 도약만큼이나 수많은 작은 단계를 거친다. 이것이야말로 진정한 유레카가 아닌가!

▶ 존의 반박

존 그랜트 John Grant의 「폐기된 과학」(Discarded Science)에는 상온 핵융합 cold fusion에서 에테르 ether까지 흥미진진한 내용이 등장한다. 과학은 많은 실수를 저질렀다. 과학자들은 칼 포퍼 Karl Popper가 추측하고(가설을 세우고) 반박 가능 여부를 살피는 것으로 묘사한 과정에서 그런 실수를 통해 배운다. 반박을 제기하면 또 다른 추측으로 반박하고 이런 과정이 반복된다. 이렇게 과학은 일련의 추측과 반박을 통해 발전한다.

그러나 이 과정을 신학과 동일시하는 것은 잘못이다. 신학에서는 세대마다 지식의 진보에 따라 성경 내용을 재해석한다. 사실이 밝혀지고 종교는 진화한다. 이 진화는 기독교뿐 아니라 모든 종교와 사회에서 발생한다. 지식, 특히 과학의 진보에 따라 진화하는 것이다. 인간이 종교를 만들었다면 거기서도 틀림없이 그런 진화가 발견될 것이다. 합리적인 사람이 이 발전 과정을 살펴보면 분명히 드러난다.

랜들이 점진적 계시라고 묘사한 것은 종교의 진화나 마찬가지다. 그렇지 않다면 랜들은 그의 하나님이 자신을 처음부터 정확하게 계시하지 않는 것과 전혀 다를 바 없는 방식으로 스스로를 계시한 이유를 제시해야 한다. 그러나 나는 랜들이 그럴 수 없으리라 본다.

▶ 랜들의 반박

 존은 '성서신학자들'의 언급을 지나치게 일반화하는 습관이 있는 것 같다. 안타깝지만 그 진술 중 다수는 성서신학 분야에서 매우 다양한 해석이 존재한다. 하지만 토론을 위해 존이 재구성한 내용을 인정하고 그의 결론에만 집중해 보기로 하자.

 "이런 사실은 초승달 지대 무역로로 연결되는 다른 문화권의 다신교와 별반 다르지 않다."

 완전히 틀린 말은 아니다. 히브리인들의 종교는 일정 부분 당대의 시공간에서 유기적으로 발전했고 따라서 고대 근동의 세계관을 반영하기 때문이다. 하지만 그것이 왜 문제가 되는가? 새로운 지역에 들어간 선교사는 그 사람들 문화에 맞게 지혜롭게 복음을 현지화한다.

 왜 하나님이 그렇게 하시면 안 되는가?

 존은 바알 같은 다른 고대 근동 신들이 가짜라는 것을 증명하기 위해 야훼가 일종의 추가 증거를 제공해야 한다고 생각하는 듯하다. 좋다. 그렇다고 치자. 하지만 우리에게 그 증거가 있지 않은가? 오늘날 바알을 추종하는 이는 한 사람도 없지만 야훼의 추종자는 20억이 넘는다. 이게 그 증거가 아니란 말인가?

 존은 바알 종교가 지금까지 살아남았다면 기독교처럼 유일신교가 되었으리라고 덧붙인다. 그럴지도 모르겠다. 올즈모빌 Oldsmobile이 지금껏 살아남았다면 차세대 비엠더블유 BMW가 됐을지도 모를 일이니.

▶ 존의 최종 진술

우리가 하나님에게 좀 더 높은 수준을 기대하면 뭐 문제 될 것이 있는가?

하나님이 맘만 먹었다면 그분은 처음부터 자신에 대한 진실을 밝히실 수도 있지 않았겠는가? 이것이 내가 신자가 아닌 여러 이유들 중의 하나인데 그분이 자신을 계시하신 방식이 고대의 주변 문화권과 크게 구분이 되지 않았기 때문이다.

내가 신을 믿으려면 적어도 그 이상이 필요하다.

▶ 랜들의 최종 진술

과학자와 신학자들은 모두 조사 과정에서 전제를 조작한다. 과학 이론과 신학 이론 모두 새로운 정보가 나타나면 시간에 따라 진화한다.

후자를 지식 담론에서 원칙적으로 배제할 수 있는 것은 독단적인 과학만능주의밖에 없다.

REVIEW

▶ **승범**(무신론자)

존의 말대로 신학 또는 성경해석은 그 시대에 맞게 진화한다. 진화한다는 것은 결국 종교가 인간의 발명품임을 의미한다.

칼빈 또는 루터는 지금 랜들처럼 구약은 다신교를 말한다라는 진술에 결코 동의하지 않으리라 본다. 랜들은 21세기의 신학자로 태어난 것이 다행이다. 랜들은 20억이 지금 기독교를 믿기에 기독교가 진리라는 식으로 말했는데 만약 30억이 믿는 다른 신이 있으면 그 신을 진리라고 부를지 그에게 묻고 싶다.

아무리 그 시대 수준에 맞게 야훼가 자신을 계시했다고 하더라도 존재하지도 않는 다른 신들을 섬기지 말라는 명령을 십계명의 첫 번째로 했다는 사실에서 알 수 있는 사실은 다음 두 가지뿐이다.

야훼가 미쳤거나 아니면 지금도 야훼 외에 정말로 다수의 신이 존재하던가.

▶ **희경**(무신론자)

존의 말처럼 하나님은 왜 인간이 다른 신을 만들도록 허락하였는가? 아무리 생각해도 창조주이고 전능한 신이라면 십계명에 '다른 신을 섬기지 말라'라고 굳이 경고할 필요가 있는가? 그렇게 다른 신들이 부담스럽고 무서웠나? 그 명령을 첫 번째로 넣을 만큼? 부모가 자식한테 우리 외에는 다른 남자와 여자를 절대로 '아빠 또는 엄마'라고 부르지 말라고 명령하는 것과 무엇이 다른가?

야훼는 참으로 불쌍하고도 애처로운 신이다. 그에게는 기독교인들의 좀 더 뜨거운 사랑이 필요하다.

▶ **상철**(기독교인)

성경의 저자는 성령님이다. 성령님께서 구약의 하나님을 다신들 중 하나로 묘사하셨을 리가 없다.

나는 랜들이 존의 주장에 일견 찬성하고 있다는 사실에 경악한다. 그가 기독교의 진리를 수호하기에 적합한 토론자인지 확신할 수 없다. 최소한 2장의 주제와 관련해서는 나는 랜들이 왜 여기서 지금 기독교의 진리를 변증 한다고 나와 있는지 이해하기 힘들다. 모르면 차라리 모르겠다고 하라. 랜들이 그렇게 말한다고 기독교의 진리가 흔들리지 않는다. 진리는 여전히 진리일 뿐이다.

▶ **민혁**(기독교인)

하나님은 창조자이다. 창세기에 인간 아담이 범죄함으로 하나님으로부터 멀어져서 우리는 이제 더 이상 하나님과 직접 소통을 할 수 없다. 그래서 아담 이후 인간들은 하나님을 모르게 되거나 아니면 믿음이 약해질 수밖에 없었다.

그러나 인간의 존재는 예를 들어 입양아가 그 뿌리인 부모를 찾듯이 항상 간절하게 자신의 존재를 시작하게 한 그 '신'을 갈망하게 되어있다. 그런 갈망이 없다면 그는 자신의 '인간됨'을 한 번 깊이 숙고해봐야 한다. 아무튼 그런 인간의 갈망은 결국 하나님 외에도 다른 여러 가짜 신들을 만들도록 했다.

결국 하나님만이 진짜이고 나머지 신들은 인간의 갈망이 만들어낸 가짜, 즉 우상이다. 인간의 갈망이 만든 다 가짜 신이다.

같은 맥락으로 창조 시에는 유일한 하나님만이 존재했으나 시간이 갈수록 인간이 만든 여러 신들이 생겼고 결국 그 신들 중 진짜인 하나님만이 아직까지 살아서

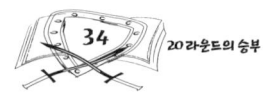

존재하는 진짜, 참 신이시다. 하나님만이 아직도 살아서 우주를 다스리시는 참 신이시다. 나 외에 다른 신을 섬기지 말라는 십계명의 계명은 영적으로 하나님보다 더 사랑하는 것이 있어서는 안 된다라는 의미로 이해하면 전혀 문제가 될게 없다.

3 라운드

하나님이 없다면 무엇이든 허용된다

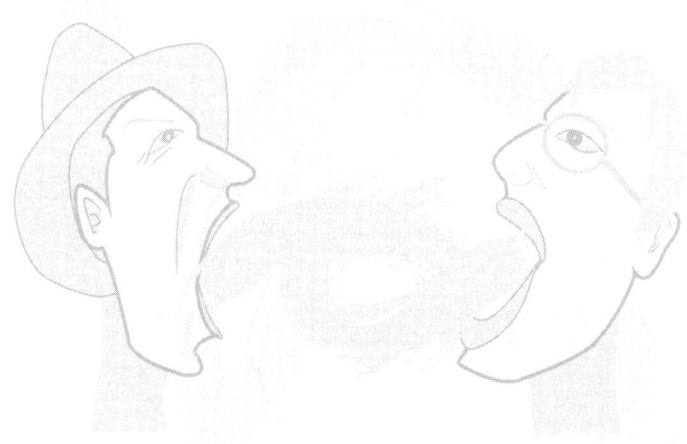

찬성: 기독교인 **랜들**

반대: 무신론자 **존**

▶ 랜들의 모두진술

창 밖에는 추적추적 비가 내리고 있다. 그는 차를 한잔 음미하면서 소리 내어 인생을 돌아본다. "남부럽지 않은 경력이었지만 이제는 은퇴할 때가 된 것 같군. 연쇄 살인범으로 사는 인생은 결코 쉽지 않아. 더군다나 낮에는 다른 일까지 해야 하니까 말이야." 그는 한숨을 내쉬었다. 그러나 이내 그의 얼굴에 미소가 피어오른다. "어쨌든 노력한 대가로 많은 업적을 쌓았으니……." 실제로 그가 저지른 다양한 범죄의 기념품들이 집 안에 널려 있다. 안방 서랍에는 오래된 핏자국이 남은 속옷들이, 욕실 수납장에는 각종 립스틱이, 지하실 냉동고에는 시신 일부가 처박혀 있었다. 은퇴한 회사원이 30년 근속 기념으로 받은 명품 시계를 애지중지하듯 그는 이 모든 트로피를 소중히 여긴다. 그 점은 의심의 여지가 없다. 스스로 생각해도 정말로 만족스러운 인생이었다. 자신의 끝없는 어두운 욕망을 온전히 채우겠다는 유일무이한 목적만 붙들고 살면서 평생 엄청난 쾌감을 느꼈다. 남들은 우정이나 사랑, 자선 같은 평범한 삶의 목표를 더 소중히 여긴다는 걸 잘 안다. "그건 그 사람들 인생이니까. 난 그들의 중산층 감상주의가 반드시 잘못되었다고는 생각지 않아." 하지만 그는 늘 남들과는 다른 데서 쾌감과 목적을 발견하곤 했다. 혼자서 사냥을 준비하고 목표물을 찾아 입에 젖은 수건을 물리고 팔을 묶고……그 이후에 벌어지는 모든 일. 그가 창밖을 내다보며 피해자들의 간절한 눈물과 고통스러운 간청을 떠올리는 동안 그의 얼굴에는 살벌한 미소가 잠시 스쳐 지나간다. 창에서 벽 쪽으로 시선을 돌리자 누런 신문 조각이 눈에 띈다. "경찰 당국, 식인 살인범은 '피도 눈물도 없는 악한'"이라는 제목이 보인다. "악한이라니?" 그는 순간 못마땅한 듯 투덜거린다. "누구에게 묻느냐에 따라 다르지." 그러면서 그는 신문 쪼가리 속 자신을 쳐다보고 있는 침울한 한 경찰관의 사진을 뚫어져라 쳐다본다. 갑작스레 그의 표정이 어두워진다. "도체 누가 날 보고 악한이라고 한 거야?" 그는 분개하며 쏘아붙인다. "사람은 누구나 자신의 가치관을 선택할 권리가 있다고. 당신은 다른 사람들을 돕기로 선택했지." 그는 경찰관의 얼굴에 대고 비난하듯 말한다. "나는 남을 해치기로 작정했고," 그는 갑자기 연기라도 하듯 한 손을 좌우로

흔든다. "인류를 소중히 여기는 사람들이 있는가 하면 점박이 올빼미나 바다거북을 소중히 여기는 사람들이 있지. 어쩌다 보니 난 자신의 성취를 중요시하게 됐을 뿐이야. 충동이야말로 내 차의 엔진이요 내 배의 돛이지. 나도 나름의 윤리적 가치관이 있다고. 사람마다 좋아하는 아이스크림 종류가 다르듯 우린 다 달라. 당신은 초콜릿 아이스크림을 좋아하고 난 바닐라 아이스크림을 좋아하는 것뿐이라고." 이렇게 말하고 비가 들이치는 창틀 쪽으로 돌아서는 그의 표정이 한결 부드러워 보인다. 다 취향의 문제가 아닌가? 빗줄기가 조금씩 가늘어진다. 어떤 사람들은 맑은 날이 좋다지만 그는 평생 어둡고 습한 11월의 밤을 좋아했다. 그는 제일 좋아하는 소파에 편안히 기대앉아 가장 아끼는 시집을 펼친다. 다들 로버트 프로스트 Robert Frost가 지나치게 감상적이라고 하지만 그는 마치 그의 이야기를 들려주는 듯한 그 불후의 시구가 마음에 든다. 그래서 큰 소리로 낭송해 본다.

     숲 속에 두 갈래 길이 있었다고,
     나는 사람이 적게 간 길을 택하였다고,
     그리고 그것 때문에 모든 것이 달라졌다고.(주1)

  그는 생각에 잠겨 말한다. "모든 것이 달라졌고말고. 각자 자기 갈 길을 선택하는 법이지. 덕분에 나는 아주 잘 살았다네." 그는 차를 홀짝이다가 퇴행성관절염이 걸린 손의 통증에 자기도 모르게 얼굴을 찌푸린다. "그렇더라도 이제 나이도 많고 은퇴할 시기가 되기는 된 것 같아." 한숨이 새어 나왔다. 바로 그때 지하실에서 희미한 신음소리가 들렸다. 편안하던 그의 표정에 금세 분노가 차올랐다. 그는 자리를 박차고 일어나면서 으르렁거리듯 말했다. "내일 하자, 그래 은퇴는 내일 하자." 그렇게 휙 돌아서서 방을 나선 그는 지하실 계단으로 사라졌다.

▶ 존의 모두진술

기독교인들은 랜들이 붙인 이 장의 제목을 프리드리히 니체나 장 사르트르, 알베르 카뮈 같은 과거의 무신론적 실존주의자들을 묘사하는 표현으로 인용할 때가 많다. 하지만 무신론자들의 윤리 이해도는 점점 나아지고 있다. 도대체 언제까지 기독교인들은 우리를 이런 식으로 볼 작정인가? 50년 후 아니면 100년 후까지?

내가 만약 랜들의 표현을 내 식으로 바꿔서 '신이 있기에 모든 것이 다 정당화된다'고 말한다면 다시 말해 기독교인들은 십자군 전쟁, 종교 재판, 마녀 사냥, 명백한 운명 Manifest Destiny(1840년대 미국의 영토 확장주의를 정당화한 표현_역주), 노예제도를 아직도 신의 이름으로 정당화한다고 생각한다고 하면 어떻겠는가? 이 말은 공평한가? 기독교인들이 이런 랜들과 같은 헛소리를 얼마나 남발하는지 구역질이 날 정도다.

내가 장담한다. 믿음을 버리면 랜들의 이런 주장이 얼마나 말이 안 되는지 즉시 보일 것이다. 랜들의 주장은 초월적 존재가 허용의 주체라고 추정한다. 하지만 어떤 초월적 존재인가?

기독교 윤리만 보더라도 신에 대한 개념이 다양하다. 또한 어떻게 이 존재가 우리에게 허용 여부를 어떻게 알려 주는가? 성경과 교회사를 보건대 기독교의 신이 인간과 효과적으로 소통하지 못한 것은 분명하지 않은가? 윤리에 기독교의 신이 필요하다는 증거는 전혀 없다. 황금기의 그리스 로마 제국, 중국과 일본처럼 기독교의 영향을 받지 않은 여러 비기독교 문화권에서도 스스로 잘해 왔기 때문이다. 기독교의 신이 없으면 세상은 유지될 수 없다는 식의 생각은 충분한 지식이 뒷받침되지 않은 편협한 주장에 불과하다. 신자들도 세계를 돌아보면 생각이 달라질 것이다.

초월적 존재는 없다. 따라서 허용 주체는 각자의 문화권에서 살고 있는 이 땅에 사는 우리 자신이다. 그렇다고 우리가 모든 것을 허용하지는 않는다. 사회마다 고속도로 속도 제한, 음식 준비 규정, 다양한 사람들에게 접근하는 방법, 공동선에 해로운 범죄 행위 등의 윤리 규범이 있기 마련이다. 모든 것을 다 허용하는 사회가

어디 있겠는가? 완전한 무신론 사회에도 사회 구성원이 건강하고 행복하고 열매 맺는 삶을 살 수 있도록 분별 있고 예의 바르며 생산적인 문명을 갖추기 위한 법규는 엄연히 존재하기 마련이다. 간단한 이야기다. 그렇지 않으면 사회는 스스로 자기 무게를 이기지 못해 무너질 것이다.

과거 여러 사회가 망한 현실에 비추어 볼 때 윤리는 진화하기 때문에 우리는 실수에서 배울 수 있어야 한다. 각 사회가 허용 주체였고 그 사회(설사 전체주의 국가라 할지라도)에 속한 개인은 그 허용된 한도 내에서 선택권이 있었다. (그렇지 않다면, 왜 그런 정권들은 내부에서부터 망했겠는가?) 대다수 윤리 규범은 전 세계 어디서나 비슷하다. 같은 인류이기 때문이다. 그것이 우리가 알 수 있는 유일한 객관적 윤리, 궁극적이거나 절대적이거나 불변의 윤리는 아니라 할지라도 객관적 윤리다. 이 세상이 급속히 지구촌으로 변하면서 우리는 하나의 세계 윤리에 가까워지고 있다. 세계 문화에는(그게 가능하다면) 그에 걸맞은 세계 윤리가 생길 것이다. 이것이 우리가 지구촌에서 기대하는 바다.

윤리는 진화한다. 애초부터 그랬다. 인간에게만 윤리가 있는 것도 아니다. 인간이 아닌 종에서도 윤리의 선도자를 찾아볼 수 있다.

그런데 혹시 내가 잘못 이해하지는 않았을까?

윤리의 존재 여부가 신의 존재에 대한 논거가 되어야 한다면 왜 살아 있는 가장 훌륭한 기독교 변증학자인 리처드 스윈번 Richard Swinburne조차 그것은 성립 불가능하다고 생각할까? "윤리의 존재로부터 신의 존재를 주장하는 논거에는 전혀 설득력이 없습니다."(주 2) 윤리의 전제 여부가 기독교 변증학자도 설득하지 못하는데 나나 다른 누군가를 어떻게 설득하겠는가?

핵심은 이것이다. 윤리는 그것이 무엇인지(식습관? 드레스 코드?), 어떻게 정당화되는지(어떤 윤리 이론?) 우리에게 윤리적 삶을 동기 부여하는 것이 무엇인지(장기적이고 합리적인 자기 이익 정도면 적당하다)를 알아야 하는 문제가 있다. 기독교인들에게도 똑같은 문제가 있다.

플라톤의 대화에 나오는 에우튀프론 Euthyphro 딜레마는 신을 윤리의 근본으로 삼는 것은 답이 아님을 보여준다. 신이 윤리를 만들었는가? 그렇다면 그는 어떤 종류의 윤리도 만들 수 있다. 그리 되면 그저 신의 명령이라는 이유만으로 어떤 행동(끔찍한 행동까지)도 윤리적 의무가 될 수 있다. 그게 아니라면 신은 더 고차원의 근본에서 윤리를 가져와야 했는가? 그렇다면 신도 거기에 순종해야 한다.

기독교 철학자들은 '신의 명령 이론 divine command theory'을 포기하거나 최소한 수정할 수밖에 없다. 그들이 할 수 있는 말이라고는 신은 신이고 신이 하는 일을 한다는 것뿐이다. 그게 전부다.

▶ 랜들의 반박

존은 "윤리에 기독교의 신이 필요하다는 증거는 없다"고 말한다. 그러나 내 주장은 사람이 윤리를 갖기 위해서 기독교의 신 개념이 필요하다는 말이 아니다. 오히려 의미와 목적이라는 초월적 근거가 필요하다. 또는 그 어떤 윤리적 관점도 객관적으로 옳거나 그르거나 선하거나 악하지 않은 윤리적 상대주의가 우리 주변에 만연하다는 것이다.

흥미롭게도 존의 언급은 이런 우려를 확인해 주는데 그가 "사회마다 고속도로 속도 제한, 음식 준비 규정, 다양한 사람들에게 접근하는 방법, 공동선에 해로운 범죄 행위 등의 윤리 규범이 있기 마련이다"라고 했기 때문이다. 그렇다면 우리의 윤리 원칙은 고속도로 속도 제한이나 취사 방식처럼 임의로 선택된 것인가? "시속 100킬로미터 구간입니다. 앞으로 150킬로미터 동안은 강간이나 살인을 금해 주시기 바랍니다." 정말인가? 이게 다인가?

존은 신의 명령 이론을 좋아하지 않겠지만(하지만 비판 내용으로 미루어 보건대 그가 신명론을 얼마나 제대로 이해했는지는 모르겠다) 그가 스스로 의식하지 못하는 사이 그를 향해 지금도 촉수를 뻗치고 있는 윤리적 상대주의를 피하려면 확실히 그에게는 윤리적 가치관이라는 초월적 근거가 필요해 보인다.

▶ 존의 반박

"주님, 당신의 종 안드레아 예이츠가 여기 있습니다. 제게 말씀하소서. 오늘 제가 무엇을 하기 원하십니까? 성경에 뭐라고 말씀하셨는지 볼까요. 음, '네 어린것들을 바위에 메어치는 자는 복이 있으리로다' 라고 말씀하시는군요. 도대체 이게 무슨 뜻입니까? 자녀들을 죽이라는 말씀이신가요? 왜 하필 제 자식들입니까? 예, 우리 애들이 거룩한 일에는 관심 없고 죄가 많은 것은 인정합니다. 다 부족한 어미 잘못이지요. 그런데 왜 접니까? 이삭으로 아브라함을 시험하셨듯이 저를 시험하시려는 겁니까? 이 말씀이 확실합니까? 저는 못하겠습니다. 아이들을 욕조에 빠뜨려 익사시키라고요? 주님의 뜻이라면, 그리 알겠습니다."

이 이야기는 실화인데 이런 예가 허다하다. 이런 이야기들은 무슨 증거인가? 이 세상에는 우리가 잡아서 감금해야 할 환자들이 있는데 이런 악행을 저지르는 사람들은 대다수 종교에 정신 나간 사람들이라는 것.

랜들의 주장과 반대로 오히려 신이 있다면 모든 것이 허용될 수 있다. 신앙에 근거한 추리는 어떤 악행도 정당화할 수 있기 때문이다. 종교 때문에 신앙이 없었다면 멀쩡했을 착한 사람들이 하나님 말씀을 들었다는 이유만으로—귀로 '직접' 들은 경우든 성경에서 특정 구절을 읽은 경우든—악한 괴물로 돌변한다.

▶ 랜들의 최종 진술

나는 윤리적 가치관은 객관적이며 신의 본성이라는 필연성에 뿌리내리고 있다고 믿는다. 존은 윤리적 가치관이 인간의 주관적 변덕에 뿌리내리고 있다고 믿는다.

밤을 견딜 수 있게 만드는 것이라면 무엇이든 상관없잖은가? (존 레넌의 노래 가사—역주). 그 점에서 존과 우리의 은퇴 연쇄 살인범은 진심으로 의견이 일치한다. 차 한잔 하실 분?

▶ 존의 최종 진술

랜들이 의미가 무엇이고 거기서 어떤 윤리를 끌어낼 수 있는지를 진술할 수 없다면 의미를 만드는 초월적 근거가 있다는 그의 주장은 아무 효과가 없다.

그의 잘못된 묘사를 차치하더라도 윤리는 진화한다. 그것이 우리가 아는 바요, 성경과 교회에서도 확인하는 바다.

REVIEW

▶ 상철(기독교인)

천국과 지옥이 없다면 이 세상이 얼마나 불공평한가? 하나님을 믿고 말씀대로 선하게 살지만 이 세상에서 고생하는 사람들에게 하나님이 없다면 그건 살지 말라는 말과 똑같다. 하나님이 안 계신다면 나는 지금처럼 이렇게 손해 보면서 살 이유가 없다.

내가 희생하고 선하게 사는 유일한 이유는 하나님이 계시기 때문이다. 내가 용서할 수 없는 사람도 용서하면서 오늘을 사는 이유가 하나님이 계시기 때문이다.

▶ 민혁(기독교인)

최후의 심판이 없다면 무법천지가 될 것이다. 총 들고 칼 든 인간이 세상을 지배하는 그런 끔찍한 세상이 될 것이다. 생각할수록 정말로 '영생'이 없다면, '마지막 심판'이 없다면 이 세상에 '희생의 가치'는 한낱 바보 천치 짓이 될 것이다. 희생과 사랑 봉사 등의 모든 숭고한 단어들은 사라질 것이다.

하나님이 계시기에 그가 허락하시는 한 이 세상이 그나마 존재하고 아름다울 수 있다. 물론 하나님이 허락하시는 악도 있지만 하나님이 이 세상을 붙잡고 계시기에 그나마 우리가 지금 살아갈 수 있다.

이 점을 생각한다면 하나님 앞에서 오늘도 이 사회를 붙들고 계심에 감사의 기도가 나오지 않을 수 없다.

▶ 승범(무신론자)

내 주변의 기독교인들은 잔인하다. 그 누구보다 돈과 명예를 원한다. 그리고 동성애자와 같은 사회적 소수를 경멸하고 정죄한다. 하나님이 있기에 그들은 맘 편하게 사회적 약자마저 미워하고 저주한다. 다시 말해 나는 오히려 '신의 이름'으로 인간은 그 어떤 잔혹한 짓도 웃으며 할 수 있다고 생각한다. 역사가 그 사실을 증명한다. 신의 이름으로 참혹하게 죽어간 인간들이 얼마나 많은가? 그 점을 생각한다면 인간을 위해 신이라는 개념을 하루라도 빨리 우리 사회에서 몰아내야 한다. 지금 이 글을 쓰는 순간 한 목사가 딸을 때려죽이고 1년 가까이 방에다 시신을 방치했다는 뉴스가 들린다. 기독교인들은 말할 것이다. 이런 사람은 극히 일부라고. 그러나 현실은 이런 일부들이 너무 많아 다 모으면 전체가 되고도 남는다는 점이다. 그 목사도 분명 신의 이름으로 딸을 때렸을 것이다.

▶ 희경(무신론자)

인간은 바보 천치가 아니다. 백 번 양보해 인간이 어리석다고 해도 신이 없기에 스스로를 파괴할 정도로 바보는 아니다. 무엇보다 인간은 스스로 가치를 만들 수 있는 존재이다. 무엇이 옳고 그른지 생각할 수 있다. 오히려 신의 이름으로 무엇이든 허용하는 기독교가 문제이다. 얼마 전에 한국에서는 한 유명 목사가 회칼로 다른 목사를 찔렀다. 그 사람 역시 하나님의 뜻이라며 그랬을 것이다. 하나님이 없으면 모든 것이 허용되어 인간사회가 망가질 것이라고? 오히려 그 반대이다. 하나님이 없었으면 인류는 훨씬 더 일찍 진보했을 것이다. 신이 나날이 사라져가는 유럽과 신이 여전히 그 유세를 떨치는 남미 또는 대한민국을 비교해 보라.

4 라운드

성경의 하나님은 자신을 만족시키기 위해 아동 희생 제사를 요구했다

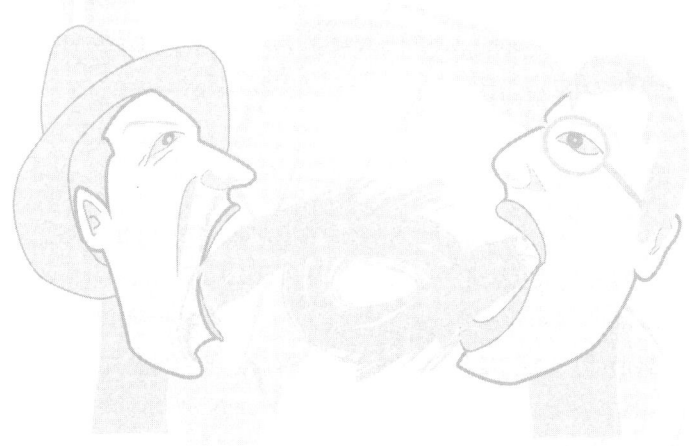

찬성: 무신론자 **존**

반대: 기독교인 **랜들**

▶ **존의 모두진술**

성경의 하나님 야훼는 이스라엘 백성에게 아동 희생 제사를 요구했다. 출애굽기 22:29-30에는 이런 말씀이 나온다.

> 너는 네가 추수한 것과 네가 짜낸 즙을 바치기를 더디 하지 말지며 네 처음 난 아들들을 내게 줄지며 네 소와 양도 그와 같이 하되 이레 동안 어미와 함께 있게 하다가 여드레 만에 내게 줄지니라

이 본문의 문맥에서는 제물과 희생 제사를 다루는데 하나님은 처음 난 아들들을 희생 제사로 바치라고 요구하신다. 나중에 에스겔 20장 25-26절에서 야훼는 다음과 같은 말로 자신이 희생 제사를 명령했다고 인정한다.

> 또 내가 그들에게 선하지 못한 율례와 능히 지키지 못할 규례를 주었고 그들이 장자를 다 화제로 드리는 그 예물로 내가 그들을 더럽혔음은 그들을 멸망하게 하여 나를 여호와인 줄 알게 하려 하였음이라

에스겔은 아동 희생 제사를 혐오했기에 그것을 정죄했다. 아동 희생 제사를 정죄하기 위해 에스겔이 생각해 낸 방법은 애초에 아동 희생 제사가 하나님의 명령이 아니라고 주장하는 것이었다. 그럼에도 불구하고 이스라엘 백성의 마음이 강팍하여 어쩔 수 없이 야훼가 아동 희생 제사를 허용했다고 말하는 것이다. 그러나 변명의 여지가 없는 행동을 변호하려는 그의 논리는 도대체 앞뒤가 맞지 않는다. 야훼가 히브리인 부모들에게 벌을 주기 위해 자녀를 죽이라고(희생 제사) 명령하셨다니 도대체 말이 되는가? 더군다나 야훼는 부모의 죄 때문에 자식들을 벌줘서는 안 된다고 말씀하시지 않았던가? (신 24:16)

많은 구약 시대 사람들이 야훼의 명령을 이해하고 그대로 따랐다. 아브라함은 아들 이삭을 제물로 바치라는 명령이 윤리에 어긋난다며 거부하지 않았고 나중에라도 야훼의 그런 명령에 반대하는 말은 일언반구도 없다(창 22장). 입다는 딸

을 희생제물로 바친다(삿 11:29-40). 다윗(삼하 21:7-9), 아합(왕상 16:33-34), 아하스(왕하 16:2-3), 호세아(왕하 17:17), 므낫세(왕하 21:6; 대하 33:6)도 마찬가지다. 이것은 요시야 왕의 개혁(왕하 23:10)과 예레미야(렘 7:30-31; 19:3-5; 32:35), 에스겔(겔 16:20-21; 20:25-26, 30-31) 시대에 와서야 문제가 되었다. 선지자 미가는 자기 죄를 위해 맏아들을 드려야 할지를 고민한다(미 6:6-8).

미가 6장 6-8절은 매우 흥미로운 본문이다. 이 선지자는 야훼를 기쁘시게 할 방법을 세 단계로 고민하면서 아동 희생 제사를 가장 고귀한 단계로 간주하기 때문이다. 미가는 먼저 일 년 된 송아지 다음으로는 숫양 수천 마리를 드릴까 하다가 결국 야훼께 드릴 수 있는 최고의 제물 즉 자신의 맏아들을 떠올린다. 그의 논리는 송아지나 숫양보다도 아동 희생 제사가 최고의 희생제물이라는 것인데 그마저도 정의가 빠져 버리면 야훼가 기뻐하시지 않는다는 충격적인 결론에 다다른다. 이 모든 행동을 요구하신 분은 야훼인데 정의로운 행동이 없으면 다 헛일이기 때문이다. 달리 말해 아동 희생 제사로도 야훼는 만족하지 않을 수 있다는 것이다.

아동 희생 제사는 요시야의 개혁 이후에야 비로소 악한 일로 여겨지고 그 점은 바벨론 포로기 이후에 강화된다. 그러나 문제는 심지어 이 관행을 정죄한 이후에 기록된 신명기 12장 29-31절과 예레미야 7장 31절, 19장 5절, 32장 25절에서조차도 사람들이 하나님이 아동 희생 제사를 받으신다라고 확신하고 있다는 점이다. 그렇지 않고서야 왜 이 저자들이 굳이 아동 희생 제사를 정죄해야 한다고 생각했겠는가? (달리 말해 사람들이 여전히 야훼가 아동 희생 제사를 기뻐받는다고 '잘못' 생각하고 있기 때문에 어떻게든 그 제사를 정죄해서 사람들을 바로 잡아야 했다는 의미이다_역주) 다른 본문들에서 아동 희생 제사를 정죄하는 주된 이유는 제물을 바치는 대상이 다른 신이었기 때문이다(왕하 17:17; 23:10; 대하 28:3; 33:4-10; 시 106:38; 사 57:5-6; 겔 16:20-21; 20:26, 31; 23:37, 39). 당시 이방 신에게 바치는 아동 희생 제사가 얼마나 만연했든지 야훼가 앗수르를 보내 이스라엘을 정복하게 하고(왕하 17:16-18) 나중에는 바벨론을 보내 유다를 정복하여 포로로 삼은 이유 중 하나가 아동 희생 제사를 막기 위해서라고 거론될 정도이다(왕하 21:1-16; 24:1-4).

따라서 아동 희생 제사는 야훼께 드리는 예배가 아니라는 일부 성경의 권고에도 불구하고 성경을 자세히 들여다보면 이 관습은 야훼 숭배 신학의 주류에 포함되는 것을 알 수 있다. 이스라엘 종교사의 후기에 이르러서야 아동 희생 제사는 야훼의 뜻에 어긋나는 행위로 정착했다.

거의 모든 고대 문화권에서는 신을 만족시키려고 인간(특히 처녀와 아이)을 제물로 바쳤다. 이것은 선하신 하나님이 무엇을 원하시는지 전혀 알지 못했던 야만스런 사람들이 생각해 낸 야만스런 관습이다. 신약 시대 기독교인들은 심지어 예수의 죽음을 우리 죄를 속죄하기 위해 하나님이 자신의 독생자를 희생하신 것으로 해석했다.

하지만 중요한 점은 이것이다. 야훼가 아동 희생 제사를 기뻐했든 안 했든 상관없이 야훼가 아동 희생 제사를 기뻐 받았다고 믿었던 야만적인 사람들이 쓴 책을 내가 받아들여야 할 이유는 없지 않은가? 그렇지 않은가?

▶ 랜들의 모두진술

여기서 문제는 하나님의 존재 여부가 아니라 성경의 하나님 야훼가 아동 희생 제사에 관여했거나 사람들이 그런 행위를 하는 것을 인정했느냐 하는 것이다. 만약 그렇다면 그는 한 분 참 하나님이 아닐 것이다. 언뜻 보면 일부 기독교인들은 어떻게 감히 성경의 하나님과 아동 희생 제사를 결부할 수 있느냐고 생각할 것이다. 성경은 레위기 18장 21절과 에스겔 23장 37절 같은 본문에서 그런 관행을 부인하지 않는가? 물론이다. 하지만 문제를 복잡하게 만드는 다른 본문들도 있다. 예를 들어 사무엘상 15장 3절을 보자.

> 지금 가서 아말렉을 쳐서 그들의 모든 소유를 남기지 말고 진멸하되 남녀와 소아와 젖 먹는 아이와 우양과 낙타와 나귀를 죽이라 하셨나이다 하니

이 본문은 건강한 아이와 영아들, 소와 양, 낙타와 나귀들을 일부러 죽이라고 말하는데 실상은 그보다 더하다. '진멸'이라고 번역한 히브리어 단어는 '헤렘 herem'인데 하나님을 위해 완전히 파괴하도록 구별된 것을 가리킨다. 직설적으로 말하자면 무언가를 '헤렘'해서 바친다는 것은 그것을 하나님을 위해 제물로 바친다는 뜻이나 마찬가지다. 따라서 어린아이를 '헤렘'해서 바친다는 것은 그 아이를 하나님께 희생제물로 드린다는 뜻이다.

이 말은 기독교인들을 삼자 택일의 궁지로 몰아넣는다. 우리는 다음 세 명제 중에서 어느 것을 거부할지 결정해야 한다.

1. 야훼는 하나님이다.
2. 어린아이를 제물로 바치는 것은 언제나 옳지 못하다.
3. 야훼가 아동 희생 제사를 승인하는 성경 본문은 올바로 해석한 것으로 아무 오류가 없다.

이 세 명제가 모두 사실일 수는 없다. 예를 들어 하나님이 사람들에게 잘못된

행동을 명령하지 않으신다고 가정하면, 야훼가 하나님이고 아동 희생 제사는 잘 못이지만 그가 아동 희생 제사를 명령할 리는 없다. 하지만 그렇게 되면 하나님이 사울에게 아말렉의 어린아이들을 '헤렘' 해서 바치라고 한 성경의 확실한 증언은 어찌 되는가. 사람들 말마따나 모든 걸 다 가질 수는 없는 노릇이다.

   기독교인 중에 1번 명제를 포기할 수 있는 사람은 아무도 없다. (이 대안은 내 무신론자 친구에게 남겨두겠다.) 하지만 2번 명제를 거부해서 이 위기를 넘어가려는 사람들은 많다. 그들은 하나님은 주권적이시고 피조물에 대한 권리가 있기에 아동 희생 제사를 요구할 권리도 있다고 주장한다. 기독교인들이 이 명제를 택하는 이유는 이해가 가지만 내가 보기에는 우선순위가 잘못된 것 같다. 우리는 직관적으로 어린아이를 제물로 죽이는 행동은 언제나 잘못이라고 여기는 것 같다. 그러면 2번 명제를 받아들일 수밖에 없다. 구체적인 시나리오를 한번 생각해 보면 이 문제에 대한 우리의 직관이 얼마나 강한지를 알 수 있을 것 같다.

   이 점을 염두에 두고 텍사스 주 플래이노의 데나 슈로서 Dena Schlosser가 벌인 끔찍한 사건을 생각해 보자. 2004년 11월, 데나는 하나님의 명령을 받았다면서 어린 딸 매기의 양팔을 절단했다. (대다수 기독교인을 포함한) 대다수 사람들은 하나님이 그런 무시무시한 행동을 명령하시지 않았고 하실 수도 없다고 가정한다. 동감이다. 나는 하나님이 아기 엄마에게 그런 악행을 명령하실 수 없다고 확신한다. 두말할 것 없이 나는 사무엘상 15장 3절이 하나님이 사울에게 실제 명령하신 내용을 정확하게 진술하고 있다는 확신보다 하나님은 결코 아기 엄마에게 자식을 죽이라는 명령을 하실 리 없다는 확신이 더 강하다.

   결국 나는 야훼가 하나님이라는 주장도 포기하지 않고 미국인이든 아멜렉인이든 어린아이를 죽여서 바치라는 명령이 언제나 옳지 못하다는 나의 직관도 포기하지 않겠다는 말이다. 그러나 사무엘상 15장 3절 같은 구절을 아무 오류가 없다고 그대로 해석하는 데는 반대한다. (위에 진술한 1,2,3번 중에 저자는 3번 질문에 '아니다' 라고 말하겠다는 의미_역주)

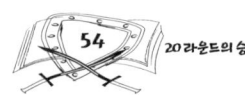

이렇게 되면 약간 혼란스럽다. 하나님이 궁극적으로 성경의 주 저자라면 왜 그분을 '헤렘'을 요구하는 분으로 부적절하게 묘사하는 본문을 집어넣으셨을까? 이것은 절대 간단한 질문이 아니다. 그렇지만 이런 보편적 딜레마는 성경에만 나타나는 문제는 아니라서 훌륭한 저자의 고전 치고 해석과 관련된 논쟁이 분분하지 않은 경우는 드물다. 왜 저자는 이런 문장, 이런 상황, 이런 인물, 이런 결말을 집어넣었을까? 저자가 매우 유능하고 그가 쓴 책이 고전으로 인정받는 경우라면 독자들은 논란이 되는 부분을 거부하기보다는 그 내용을 끌어안고 고민하는 편이 현명할 것이다. 하나님이 가장 유능한 저자이고 성경이 인류 최고의 고전이라는 점을 고려한다면 이 문제에서도 그런 반응이 바람직하지 않을까 싶다.

▶ 존의 반박

랜들은 지금 (나도 공유하는) 자신의 윤리적 직관을 지지하면서 성경을 거부하고 있다. 그가 한 번 이렇게 할 수 있다면 나처럼 계속해서 거부하지 못할 이유도 없지 않은가? 그는 아무 증거가 없는데도 뻔뻔스럽게 하나님이 "가장 유능한 저자"라고 선언한다. 하지만 그렇다 치더라도 어째서 그의 하나님은 수많은 아이들이 무의미하게 학살당하는 무능한 방식을 명령하셨는가?

우선 랜들은 어디서 이런 윤리적 직관을 얻었을까? 확실히 성경은 아니다. 역사를 보면 모든 고대 문화에서 인간을 신에게 바쳤다. 현대인들은 그렇게 하지 않는다. 무슨 일이 있었을까? 많은 일이 있었다. 무엇보다도 우리는 신들이 하늘의 발코니에서 땅을 내려다보며 살타는 냄새를 맡지 않는다는 것을 알게 되었다. 하늘에서 수문을 열어 비를 내려 곡식을 자라게 하지도 않는다.

우주는 그보다 훨씬 더 크고 비는 자연적으로 내린다. "저 위에" 우리가 달래야 할 신 같은 존재는 없다. 그러니 비를 내리기 위해 우리 아이들을 죽여야 할 이유도 없는 것이다.

▶ 랜들의 반박

옛날에 히브리인들이 인간 제물을 하나님께 드리는 게 적절하다고 믿었다는 증거는 충분하다. 하지만 우리는 그 사실을 어떻게 생각해야 할까? 일부 기독교인들은 그들이 옳았다고 믿는다. 그때는 하나님이 희생 제사를 통해 사람들과 관계를 맺으셨다고 보고 하나님은 하나님이시기에 그것이 그분의 특권이라는 것이다. 그런가 하면 히브리인들은 이것이 하나님과 관계를 맺는 올바른 길이라고 생각했겠지만 그들이 잘못했다면서 이의를 제기하는 기독교인들도 있다. 당시에는 하나님이 그들의 생각에 맞추셨지만 이후로는 우리가 그것을 넘어서게 하셨다는 것이다. 이것이 기독교 내부의 논란임을 깨닫는 것이 중요하다.

내 진정한 관심은 인간 희생 제사에 대한 존의 맹렬한 도덕적 분노에 초점이 맞춰져 있다. 그는 이것이 '야만스러운' 행위라고 했다. 그 말은 무슨 뜻인가? 어느 관현악단 지휘자가 자기 아들의 헤비메탈 음악을 '야만스럽다'고 했다. 하지만 이것이 단순한 취향 문제가 아니라고 어느 누가 말할 수 있겠는가?

존의 신념처럼 우리 인생에 아무런 객관적 목적이나 가치가 없다면 인간 희생 제사에 대한 그의 분노 역시 또 다른 취향의 문제가 아니겠는가?

▶ 존의 최종 진술

하나님이 그분의 이름으로 어린아이를 학살해야 한다고 생각하는 사람들에게 맞춰 줘야 할 이유가 도대체 무엇일까? 좋은 부모라면 "안 된다. 그러지 마라"고 말해야 하는 것 아닌가? 이것은 신에 대한 궁색한 변명에 불과하다.

아동 희생 제사는 랜들의 기준에서도 야만스런 관행이다. 이것이 핵심이다.

▶ 랜들의 최종 진술

사도 바울은 사람들의 윤리적 직관이 "마음에 새겨져"(롬 2:15) 있음을 알았다. 다시 말해 선천적으로 아는 것이다. 따라서 그 윤리적 직관 덕분에 성경을 제대로 읽을 수 있다.

하지만 존에게 윤리적 직관이란 주관적 취향에 지나지 않는다. 나는 초콜릿 아이스크림을 좋아하고 당신은 바닐라 아이스크림을 좋아하는 것처럼 나는 어린아이들을 아끼고 당신은 아이들을 제물로 바치기 좋아한다는 식이다.

REVIEW

▶ **승범**(무신론자)

　대답하기 곤란하면 기독교는 상징이니 예수 구원사역의 그림자니 하는 말들을 한다. 그렇다면 실제로 죽어나간 구약의 어린이들은 20세기와 21세기 신자들을 구원하기 위한 교보재로 쓰였단 말인가? 당신의 자녀가 지금 25세기 신자들에게 새로운 영적 깨달음을 위해 죽은 채 제사상에 올려져서 교보재로 쓰인다면 기분이 어떻겠는가? 당신은 여전히 미가 선지자와 같이 고민하겠는가?

　놀랍게도 랜들은 사무엘상 15장 3절의 번역에 문제가 있다고 말한다. 그러면서 이 세상 모든 고전은 해석에 문제가 있기에 성경에 문제가 좀 있는 게 뭐가 대수냐는 의미로 얘기한다. 놀랍다! 이 구절 하나 때문에 하나님을 믿지 못하고 지옥에 가서 영원히 고통받는 사람이 생긴다면 어떡하는가? 어떻게 괴테의 파우스트의 해석적 논란과 성경을 비교하는가?

　앞 장에서 존이 말했듯이 무엇보다 성경은 성령님이 저자인데 왜 좀 더 잘할 수 없었을까? 성령님이 쓰시면서 고작 이 정도밖에 못하시는가?

　성경 말씀에 오류가 있다는 랜들의 진술은 그의 정직함으로 충분히 존경받을 수 있으나 동시에 궁색하기 이를 데 없다. 그리고 앞에서 다뤘던 주제, '하나님이 없으면 모든 것은 허용되어서 세상이 망할지도 모른다'라는 점과 관련해 한 마디 하지 않을 수 없다.

　어린아이를 바치는 것은 잘못되었다는 기독교인 랜들의 직관은 성경과 관계없이 인간인 자신의 양심에서 나온 것이다. 오히려 성경의 야훼는 애들을 제사로 바치라고 한다.

　자, 이 경우 자신의 양심을 믿고 사는 세상이 옳은가? 아니면 하나님을 믿고 성경말씀대로 사는 세상이 옳은가? 모든 것을 허용하는 주체가 과연 누구인가?

▶ 희경(무신론자)

구약의 시대에만 그랬다고 보면 안 된다. 현재에도 신의 이름으로 아이들을 희생하는 부모와 성직자, 기독교인들이 꽤 있다고 들었다. 성경해석을 도대체 어떻게 해야 그럴 수 있는지는 잘 모르겠다.

예전에 종교적인 이유로 자신의 아이를 제대로 치료하지도 먹이지도 않아 처참하기가 소말리아 기아로 죽기 직전의 어린아이와 같이 된 한 여자아이가 구출되는 프로그램을 본 적이 있다. 그의 부모와 그들을 인도한다는 종교지도자들의 말은 무엇을 잘못했는지, 무엇이 잘못되었는지를 전혀 모르고 있었다. 아니, 잘못이 아닌 이상한 종교적 확신에서 자행한 일이었다. 그들의 사고방식이라며 이 모든 일이 하나님 뜻에 의한, 하나님이 하시는 일이다. 많은 종교적 불합리함이 있지만 이런 종교의 이름으로 자행되는 아동학대는 실로 참담하기 이를 데 없다.

하나님이, 정말로 그들이 눈물 흘리면서 노래까지 부르는 '좋으신 하나님'이 진짜로 있다며 왜 그 좋으신 하나님은 울분을 참고 계실까?

▶ **상철**(기독교인)

 이런 지엽적인 구약의 구절 하나하나를 가지고 신앙이 흔들린다면 애초에 그는 하나님의 선택을 받지 못한 사람일 수 있다. 우리는 이해할 수 없는 성경 구절을 앞에 놓고 고민하기보다 하나님 앞에 더 무릎 꿇고 내가 하나님의 지혜를 다 이해할 수 없는 피조물임을 고백하는 자세가 중요하다. 예수 그리스도를 통한 구원이 성경의 핵심이다. 숲을 보지 못하고 나무를 보다가 숲 속에서 길을 잃는 비극을 맞지 않는 것이 중요하다. 무엇보다 나는 성경말씀에 일부 오류가 있다는 식으로 말하는 랜들을 이해할 수 없다. 성령께서 쓰신 성경에 오류가 있다고? 랜들은 우리의 얄팍한 이성으로는 결코 판단할 수 없는 하나님의 숨겨진 뜻이 있고 그 뜻 앞에 우리의 이성을 내려놓는 것이 맞다라고 말했어야 한다.

▶ **민혁**(기독교인)

 부모가 자식을 때린다고 그 부모를 향해 잔인하다고 말할 수 없다. 우리가 하나님이 참 하나님이시고 좋으신 하나님이심을 의심 없이 믿는다면 성경에, 그것도 오래전에 쓰인 구약 말씀 중에 이해할 수 없는 몇몇 구절은 믿음으로 읽으면 아무런 문제가 없다. 이 모든 제사는 다 예수님께서 궁극적으로 우리에게 오셔서 우리를 구원하실 그 구원 사건을 예시한다고 보면 별 문제가 없다. 조금만 이성을 가진 사람이라면 하나님이 아이들을 제물로 바치라고 그런 요구를 하실 리가 없다는 것은 너무도 자명하지 않은가? 설혹 이해가 어려운 성경말씀을 읽으면서도 하나님을 더 찬양할 수밖에 없는 이유가 여기에 있다. 그 속에는 언제나 예수 그리스도의 복음이 숨어있기 때문이다.

5 라운드

과학은 종교의 대체물이 아니다

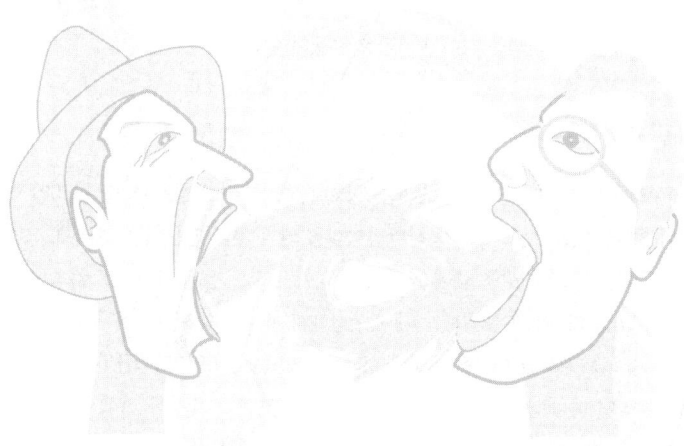

찬성: 기독교인 **랜들**

반대: 무신론자 **존**

▶ 랜들의 모두진술

존경받는 과학자이자 유명한 개미 권위자 사회생물학의 아버지인 윌슨 E. O. Wilson은 「통섭」(Consilience, 사이언스북스)에서 '계시보다 객관적 실재에 대한 탐구를 선호하는 것은 종교적 갈망을 채워 주는 또 다른방식'(주1)이라고 썼다.

과학적 시도가 종교적 의미로도 기능할 수 있다는 것은 윌슨만의 견해는 아니다. 쳇 레이모 Chet Raymo를 생각해 보라. 그가 쓴 「회의주의자와 진정한 신자 Skeptics and True Believers」의 어떤 부분을 보면 〈보스턴 글로브 Boston Globe〉에 기고하는 존경받는 과학 저술가라기보다는 차라리 뉴 에이지 권위자 같은 인상을 준다.

창 밖 풍경, 물리학이 밝혀 낸 우주의 공간과 시간에 당신의 영혼을 잠시 자유로이 풀어놓아 보라. 거기서 입을 떡 벌리고 할 말을 잊은 채 새와 선천성 결함, 나무와 암, 쿼크와 은하수, 지진과 초신성의 신을 만나 보라. 놀랍고 유익하며 끔찍하고도 선하고 또 필요 이상으로 더 아름답고 끔찍하다. 그 앞에서 어떤 말과 논리도 초월하는 경배와 두려움으로 당신의 말문이 막히게 하라. 그것이 무엇인가? 존재하는 모든 것이다.(주2)

당신도 느꼈는가? 레이모에 따르면 신이 있는데 그 신은 …… 다름 아닌 우주다. 혹시나 해서 말해 두지만 레이모는 범신론자 pantheist가 아니다. 최소한 전통적 의미에서 범신론자는 아니다. 오히려 그는 신이 제거된 우주를 그 깊은 실존적·종교적 갈망을 채워 주는 수단으로 새롭게 부각하는 데 여념이 없어서 난감해하는 기색 없이 피조물 숭배를 이야기하는 듯하다. 같은 책에서 그는 이렇게 덧붙인다.

> 우주 폭풍 가운데 눈송이처럼 휘날리는 500억 은하계로 구성된 우주도 대단하지만 그보다 더 대단한 것은 1킬로그램 정도에 불과한 고깃덩어리―인간의 뇌―가 그런 희미한 빛의 우주를 건설하고 마음속으로 유지하고 그 가운데 살고 즐기며 그것을 찬양하고 그 의미를 궁금해할 수 있다는 점이다.(주3)

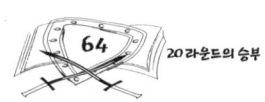

찬양받을 대상들은 날로 더해만 간다.(과학적 발견이 점점 더 많아진다는 의미_역주) 우리는 이 사실을 어떻게 이해해야 할까? 나는 이제 사전에서 종교적 의미가 부과된 이 용어를 자세히 들여다볼 때라고 생각한다. 그런 의미에서 '찬양(칭찬)하다'라는 말을 한번 생각해 보자. 이 동사에는 두 가지 기본적인 뜻이 있다.

1. 인정이나 확인을 표현하다.
2. 신에게 감사의 뜻을 나타내다.

레이모가 우리는 우주를 찬양해야 한다고 말할 때 나는 그가 "엄마는 빌리가 변기를 사용했다고 칭찬해 주셨다"라는 문장과 같이 첫 번째 뜻을 의도한다고는 생각하지 않는다. 오히려 두 번째 종교적 의미에 더 가깝다고 본다. 그는 우리가 신성한 땅에 서 있다고 믿는다. 이 점을 염두에 두고 확연히 대조되는 다음 두 진술에 주목해 보라.

쳇은 십자가 형상을 바라보면서 무릎을 꿇고 예수님을 찬양했다.
디터는 허블 딥 필드 사진을 보면서 무릎을 꿇고 우주를 찬양했다.

이 차이점은 온갖 종류의 질문을 제기한다. 우주를 찬양할 때는 어떤 전례를 이용해야 하는가? 루크레티우스 Lucretius를 읽어야 하나? 헨리 데이비드 소로 Henry David Thoreau를 읽어야 하나? 아니면 쳇 레이모도 약간 곁들인 채 스티븐 제이 굴드 Stephen Jay Gould를 읽어야 하나? 적절한 예배 장소는 어디일까? 열대 우림? 하와이 마우나로아 관측소? 마지막으로 십일조도 해야 하는가?

칼 세이건 Carl Sagan은 옛 종교를 찾는 지적인 세속주의자를 위한 또 다른 가능성을 제시하는데 바로 외계인이다. 맞다, 그 외계인 말이다. 1996년에 세이건이 사망할 무렵 사람들은 이미 오래전부터 그의 이름에서 '외계 지적생명체 탐사 SETI'를 떠올렸다. 그는 우주에서 외계 지성체를 찾는 데 막대한 노력과 희망을 쏟아부었다. 여러 시사평론가들은 이 과정이 세이건에게는 마치 유사 종교 행위와 같은 역할을 했다고 논평했다. 그는 우리가 언젠가는 고도의 윤리와 지성을 갖춘 생물체들을 만날 수 있으리라고 기대했다.

나에게는 이런 발견이 마음을 설레게 만든다. 그것은 모든 상황을 바꿔 버린다. 우리는 확실히 지구인이 아닌 다른 지성적 존재—수십억 년에 걸쳐 따로 진화하여 우주를 아주 다르게, 아마 더 현명하게 바라보고 있는—로부터 소식을 듣고 있는 셈이다.(주4)

세이건은 고도의 지성을 갖춘 이 외계인들이 인간의 컴퓨터 속도와 연비 효율을 높여 줄 뿐 아니라 "분쟁으로 갈라진 우리 행성을 통합하는 커다란 역할을 하게 될지도 모른다"(주5)고 고대했다.

흠, 끊임없이 계속되는 모든 인간 갈등을 종식하고 세계 평화 시대를 여는 방편이라고? 그렇다면 거의 인류 구원 수준이 아닌가?

종교적 갈증을 채워 준다? 예배와 찬양으로 반응한다? 분열된 인류가 한 목소리로 "쿰바야"를 합창하게 만들어 준다? 이와 같은 영성의 세속 버전을 생각하다 보면 "하나님을 예배하지 않는 사람은 아무것도 예배하지 않는 것이 아니라 오히려 다른 모든 것을 예배하기 쉽다"는 옛 속담이 떠오른다.

창조주를 예배하고 싶은 충동을 억지로 누르면 인간은 찬양받을 만한 다른 대상을 찾기 마련이다. 그래서 우리 주변에는 과학적 방법, 우주, 심지어 워너브라더스 만화 주인공 화성인 마빈 등 예배와 헌신을 바칠 새로운 대상이 끊임없이 등장한다. 그러면서 그들은 삼위일체 교리가 이상하다고 말한다.

▶ 존의 모두진술

이 주장의 핵심은 우리가 하나님을 예배하지 않으면 다른 대상을 찾을 텐데 무신론자들의 신은 과학이라는 것이다. 뿐만 아니라 종교는 과학이 줄 수 없는 뭔가를 줄 수 있다는 주장을 하고 있다.

예배는 하나 이상의 신성에게 기도, 찬양, 순종을 바치는 종교 행위다. 예배에는 믿음이 있어야 한다. 그러나 과학에는 믿음이 아니라 충분한 증거와 방법론적 자연주의 원칙에 근거한 의심이 필요하다. 방법론적 자연주의는 모든 결과에는 자연적 원인이 있다고 전제한다. 이것은 파벌주의(즉 다양한 종교와 달리 과학에는 분파가 없다)에 빠지지 않도록 할 뿐 아니라 계속해서 결과물을 내어놓는다.

과학에는 종교가 우리에게 주지 못한 진리에 도달하는 방법론이 있다. 과학자들은 똑같은 실험을 되풀이하면서 다양한 가설을 시험하는데 이 과정에서 스스로를 수정해 나간다.

과학의 특징은 의심인데 우리가 감지할 수 없는 것은 애초에 발견할 수는 없기에 과학은 발견 가능한 것에 초점을 맞춘다. 과학이 모든 문제를 해결하지는 못했고 앞으로도 그것은 불가능할지도 모른다. 하지만 지금까지 많은 문제를 해결했고 더 많은 문제를 해결해 줄 것이다.

철학자들은 과학을 구성하는 세부 사항을 두고 논쟁하지만 과학은 세상에 대한 인간의 지식을 계속해서 발전시키고 있다. 천문학자들은 우주의 나이가 137억 년쯤 되었고 그 크기가 어마어마한 것을 알게 되었다. 지질학자들은 지구의 나이가 40억이 조금 넘은 것을 알게 되었다. 진화생물학자들은 살아 있는 모든 유기체는 공통된 조상에서 나온 것을 알게 되었다. 의생명과학자들은 인체의 호르몬계, 소화계, 근육계, 신경계, 생식계, 호흡계, 골격계, 면역계, 순환계에 대한 지식을 습득함으로써 사람을 어떻게 치료해야 할지 알게 되었다. 물리학자들은 에너지가 사건의 인과관계에서 어떻게 전환되어 보존되는지를 발견했다. 화학자들은 원자 단계까지 이르는 물질의 합성과 구조, 특징을 발견했다. 기상학자들은 대기의 복잡한 운동과 함께 바람, 구름, 온도, 강수와의 상호 작용 방식을 발견했다. 고

고학자들은 20만 년 전에 아프리카에서 기원한 호모 사피엔스가 5만 년 전 무렵에 이르러 완전한 행위적 근대성(복잡한 상징적 사고와 문화적 창조성, 언어 발달 등 현대의 인류를 다른 영장류와 구분해 주는 일련의 특징을 가리킨다—역주)에 도달한 사실을 보여주었다. 신경학자들은 인간 뇌의 작용 기제를 발견하여 인간 심리를 더 잘 알게 되었다.

물론 이 각 과학 분야 내부에도 논란은 있지만 현역 과학자들이 모두 동의하는 기본 사상은 있기 마련이다. 그런데 종교인들 사이에는 과연 그런 합의 사항이 있는가?

특별히 성경과 관련해서 고고학자들은 노아와 방주 이야기에 나오는 세계적인 홍수는 없었다는 점을 보여주었다. 이스라엘 백성의 출애굽 사건도 없었고 성경의 기록과 달리 다윗 왕의 통치기가 그리 길지도 않았으며 예수님 탄생 당시에 인구 조사도 없었다는 사실을 증명해 주었다. 철학자와 역사학자들은 모세오경의 저자는 모세가 아니고 다니엘서의 예언들은 이미 일어난 사건들을 날짜만 늦추어 기록한 것에 불과하며 사복음서는 예수님 당시에 기록되지 않았고 목회서신의 저자 역시 사도 바울이 아니라는 점을 밝혀 준 바 있다. 과학은 질문에 답하고 문제를 해결한다.

종교가 답을 주거나 해결한 문제는 단 하나도 없었다. 기독교의 하나님은 독의 원인이 무엇인지 오염된 물을 마시면 죽을 수도 있다는 사실을 우리에게 말씀해 주지 않으셨다. 어떤 동물에게 물리면 목숨을 잃을 수 있는지 결핵이나 소아마비를 치료할 수 있는 페니실린이나 백신을 어떻게 발견할 수 있는지도 말씀해 주지 않았다. 이런 것들을 우리 스스로 발견할 수밖에 없었고 미처 해결책을 발견하기도 전에 그 과정에서 사람들(대다수는 어린아이들)이 죽음을 맞을 수밖에 없었다. 참 고맙기도 하셔라.

그런데 종교는 불신임과 폭력이라는 위협으로 발목을 잡으면서 늘 창의적인 과학에 반대했다.

과학자들은 과학을 예배하지 않는다. 자신이 내린 결론을 끊임없이 점검하고 재점검하여 경이로운 결과를 내놓는다. 예를 들어 칼 세이건은 과학이 내놓은 결

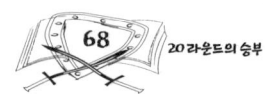

과물에 경이로움을 금치 못했다. 우주에서 천문학이 내놓은 결과물을 보노라면 감탄이 절로 나온다. 대단한 예술 작품을 보거나 아름다운 노래를 듣는 것과 비슷하다. 위로는 별들에서부터 아래로는 깊은 바닷속에 이르기까지는 우주는 경이로운 볼거리로 가득하다. 그러나 우주를 있는 모습 그대로 진실하게 보려면 종교가 아니라 과학적 발견에 기대야 한다.

과학은 예배의 대상이 아니다. 우리는 과학이 내놓은 결과물을 신뢰할 뿐이다. 과학은 끊임없이 결과물을 내놓았다. 나는 지금까지는 종교가 과학에 필적할 만한 뭔가를 내놓았다고 믿기 어렵다. 그런데 왜 종교를 믿는가? 종교는 압도적 가능성의 반대편에 거는 것이다. 이성의 반대편에 거는 것이다.

▶ 랜들의 반박

할리 데이비슨을 너무 사랑해서 자신의 오토바이와 결혼하기로 했다는 어느 여성의 사연을 들은 적이 있다. 안타깝게도 오토바이는 교통수단으로는 더할 나위 없을지 몰라도 배우자로는 부적합했다. 과학에 경도된 나머지 그것을 초월적 의미와 목적의 근거로까지 격상한 세속주의자들을 생각하면 그 이야기가 떠오른다.

과학은 자연계를 연구하는 훌륭한 방법이지만 초월적 의미와 목적을 제공해 줄 수는 없었다. 물론 존은 이 세속주의자들이 과학이나 자연계를 예배한다고는 생각하지 않는다. 그가 예배를 "하나 이상의 신성에게 기도, 찬양, 순종을 바치는 종교 행위"로 정의하기 때문이다. 하지만 예배 대상이 꼭 신일 필요는 없다.

예배란 어떤 사람이 신성하고 숭배할 만하고 가장 중요하게 여기는 대상에게 영예와 존중을 표하는 것이다. 따라서 하나님도 예배 대상이 될 수 있지만 과학적 방법이나 자연계, 뛰어난 외계인도 그 대상이 될 수 있다.

물론 당신이 우주를 예배할 수 있다고 해서 반드시 그래야 한다는 뜻은 아니다. 마치 당신이 관습을 탈피한 특이한 결혼을 주례할 의향이 있다고 해서 오토바이 신랑을 타고 입장해야 하는 것은 아니듯이 말이다.

▶ 존의 반박

인간의 뇌는 낮은 종의 동물에서부터 진화했기 때문에 그들에게서 물려받은 행위자 탐지자 agency detector가 내재되어 있다. 살아남은 동물들은 나뭇잎과 숲 속 나무들에서 얼굴을 봤다. 이것은 수많은 가짜 경고의 원인이 되었지만 그 덕분에 진짜 포식자를 피할 수 있는 시간을 벌었다.

마찬가지로 행위자 탐지자인 고대인들은 자신이 살던 세계에서 벌어진 희한한 사건들에서 신의 행위자들을 보았다. 뇌우와 일출, 남자아이의 탄생에서 이런 현상을 읽었다. 그들은 이런 현상의 배후에 있는 신의 행위자라고 생각한 것들을 예배하기 시작했고 이 행위자들에 맹목적으로 순종하는 데 일생을 바쳤다.

과학은 이에 대응하는 관계가 아니라 그 해독제다. '예배'는 구체적인 것을 의미해야지 그렇지 않으면 무슨 의미든 될 수 있다.

아이작 뉴턴 Isaac Newton 경은 세 가지 운동 법칙을 발견했다. 공을 멀리 던지고 싶으면 땅에서 정확히 45도 각도로 던져야 한다.

뉴턴이 이런 놀라운 발견을 했다고 해서 우리가 그를 예배하는가? 아니다. 내가 우리 어머니를 사랑하고 무조건 신뢰하지만 그렇다고 그분을 예배하지 않는 것과 마찬가지다.

▶ 랜들의 최종 진술

존은 과학과 자연계에 대한 윌슨과 레이모의 찬사에 동의하지 않는가? 그는 외계인에 대한 세이건의 존재론적 갈망을 회피하는 것인가?

그는 대답을 삼간다. 존이 옳다. 예배 대상은 구체적이어야 한다. 그런데 윌슨, 레이모, 세이건 모두에게는 최대한의 가치를 부여하는 예배할 만한 가치 worth-ship 를 가진 매우 구체적인 대상이 있다.

▶ 존의 최종 진술

랜들은 '예배 worship' 라는 단어를 두고 의미 없는 말장난을 하고 있지만, 그렇다고 해서 달라지는 건 없다.

우리는 오래전에 죽은 과학자들을 위해 기도하는 교인들을 위해 대성당을 짓지는 않는다. 우리가 입증하지 못하는 한 죽은 과학자들의 말에는 권위도 없다. 과학이 발견한 우주에 대해서도 마찬가지다.

REVIEW

▶ 상철(기독교인)

과학을 하나님보다 더 사랑한다면 과학은 우상이다.

지금도 주변에는 하나님의 말씀보다 다른 것들을 더 중요시하는 사람들이 많다. 심지어는 기독교인들 중에서도 과학을 말씀보다 더 신뢰하는 사람들이 있다. 참으로 가슴 아픈 일이다. 자연이 신비롭고 놀라운 것은 사실이다. 하지만 잊으면 안 된다. 이 자연을 만드신 창조주이다. 자연이 놀라울수록 우리는 그 자연 뒤에 숨은 창조자를 보며 그분께 찬양해야 한다. 왜 예술작품을 보고 놀라면서 그 작품을 만든 고흐나 미켈란젤로를 무시하는 오류를 범하려고 하는가?

창조주를 보아야 한다. 그 분만이 찬양받으시고 예배받으셔야 한다.

▶ 민혁(기독교인)

당연히 과학은 하나님을 대신할 수 없다.

우주 만물을 창조한 하나님을 확인하기 위한 도구일 뿐이다. 하나님이 창조주이기 때문에 과학이 증명하고 발견하는 것은 하나님 아버지가 만드신 피조물의 아주 일부분일 뿐이다. 과학이 발견한 어마어마한 우주가 곧 신의 능력인 것이다.

그 발견이 크고 많을수록 하나님이 얼마나 위대하신지를 볼 수 있을 뿐이다. 또한 동시에 과학이 여전히 풀지 못하는 모든 것이 다 신의 영역인 것이다.

그러므로 하나님이 존재하시는 것이고 하나님을 통해서만이 모든 것이 존재할 수 있다. 과학의 시작과 마지막도 언제나 하나님이 되어야 한다.

우리의 헤아림으로 헤아릴 수 없는 그 무엇들이 모두 하나님에게 있으므로 나는 오늘 이 순간도 그 하나님을 믿는 것이다.

▶ **승범**(무신론자)

    과학은 활용의 대상이지 숭배의 대상이 아니다. 중력의 법칙은 이용할 뿐 중력을 예배하지 않는다.
    애초에 랜들이 이 주제를 자신의 신이 존재함을 강조하기 위해 선택했다는 점 자체가 이해되지 않는다. 존의 말대로 무신론자에 대한 잘못된 전제가 동기가 되었다고 볼 수밖에 없다. 하지만 유신론자도 상당수는 하나님을 이용만 하지 숭배하지 않는다. 내 주변의 신자들을 볼 때 하나님을 믿는 사람들은 거의 없다. 결국 기독교인이나 무신론자나 피차 다 이용한다는 점에 있어서 생각해보면 내 결론은 이렇다. 있지도 않는 신을 이용하는 것보다는 (물론 심리적 자기 위로를 빼고는) 확실한 과학을 이용하는 무신론자가 더 유리하다는 것이다.
    아무리 좋게 보려고 해도 랜들은 '예배'라는 단어의 정의를 절대시 한 채 말장난을 하고 있다. 물론 그 정의도 얼마든지 시대 상황에 따라 변할 수 있음에도 불구하고, 이번 장의 주제는 랜들이 정한 것이다. 자신이 선택한 주제라면 랜들은 이것보다는 더 잘 싸웠어야 했다. 그의 주장이 실망스럽다.

▶ 희경(무신론자)

존이 언급하기를 과학의 특징은 의심이라고 했다. 의심하기 때문에 발견하고 그 발견으로 세상을 발전시키고 문제를 해결한다고 했다.

기독교는 '의심하지 말고 믿으라고' 한다. 그 믿음이 기독교의 믿음의 전부이다. 과연 이런 식의 믿음으로, 의심이 설 자리가 애초에 없는 이런 믿음으로 신이 존재한다고 확신할 수 있는지 모르겠다. 보이지도, 들리지도, 확실하게 증명되지 않는 신의 역사를 도저히 믿을 수 없어서 과학이 보여주는 놀라운 결과물을 소중히 하는 모습이 문제가 있는가? 그 모습을 보고 과학이 종교의 대체물이라고 주장하는 랜들을 이해할 수 없다. 뭘 그렇게 쪼잔하게 과학을 샘을 내는가? 물론, 대부분의 기독교인은 과학이 주는 산물들을 누리면서 이것 또한 '신이 주었다, 하나님이 하셨다' 라고 주장한다. 그럼 아직도 풀리지 않는 의문과 문제는…… 그 의문까지도 하나님이 주었다, 허락했다라고 편하게 생각한다.

이런 막무가내식 믿음이 가져오는 비합리성과 비과학적 사고가 인류 역사 발전에 공헌한 것이 무엇인가? 종교는 그나마 잘해야 발전하는 사회의 뒤꽁무니를 붙잡고 스스로를 수정하거나 진화할 뿐이다. 그리고는 또 그것도 다 하나님이 하셨다고 한다. 애초에 '그렇게 되도록' 하나님께서 다 준비하셨다고 한다.

그러니 지금 기독교 안에 진화론을 받아들이는 사람들이 얼마나 많은가? 그게 100년 전에 과연 가당키나 했는가? 기독교인의 주장처럼 종교가, 신이 과연 '선'한가? 스스로 정직하게 생각해보길 바란다.

6 라운드

성경의 하나님은 종족 학살을 명하셨다

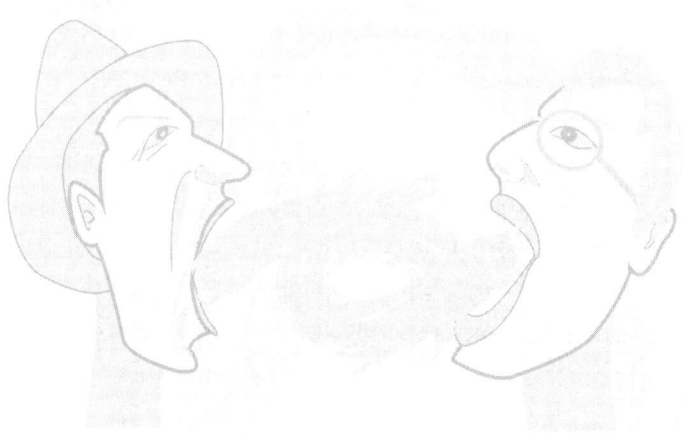

찬성: 무신론자 **존**

반대: 기독교인 **랜들**

▶ 존의 모두진술

성경의 하나님 야훼가 종족 학살을 언급한 본문은 여럿인데 여호수아 6장 16-25절; 신명기 2장 4-34절; 7장 1-6절; 민수기 31장 7-18절(참고, 사 13:13-22; 시 137:7-9) 등을 예로 들 수 있다. 신명기 20장 16-18절은 다음과 같다.

> 오직 네 하나님 여호와[야훼]께서 네게 기업으로 주시는 이 민족들의 성읍에서는 호흡 있는 자를 하나도 살리지 말지니 곧 헷 족속과 아모리 족속과 가나안 족속과 브리스 족속과 히위 족속과 여부스 족속을 네가 진멸하되 네 하나님 여호와[야훼]께서 네게 명령하신 대로 하라. 이는 그들이 그 신들에게 행하는 모든 가증한 일을 너희에게 가르쳐 본받게 하여 너희가 너희의 하나님 여호와[야훼]께 범죄 하게 할까 함이니라

사무엘상 15장 1-3절은 다음과 같다.

> 사무엘이 사울에게 이르되 여호와[야훼]께서 나를 보내어 왕에게 기름을 부어 그의 백성 이스라엘 위에 왕으로 삼으셨은즉 이제 왕은 여호와[야훼]의 말씀을 들으소서. 만군의 여호와[야훼]께서 이같이 말씀하시기를 아말렉이 이스라엘에게 행한 일 곧 애굽에서 나올 때에 길에서 대적한 일로 내가 그들을 벌하노니 지금 가서 아말렉을 쳐서 그들의 모든 소유를 남기지 말고 진멸하되 남녀와 소아와 젖 먹는 아이와 우양과 낙타와 나귀를 죽이라 하셨나이다 하니

복음주의자들이 종족 학살을 합리화하는 근거는 실패했는데 무고한 시민을 살해하는 행위를 규탄하는 제네바 협정을 지지하는 시대가 아니라 해도 그것을 정당화할 수 있는 방법이 없기 때문이다. 랜들도 그런 복음주의자의 한 사람이므로 그가 어떻게 정당함을 입증하는지 한 번 보려고 한다.

그런 시도는 모두 허사다. 그렇게 하려면 문화적 상대주의를 어쩔 수 없이 받아들여야 하기 때문이다. 이 점은 앞의 본문들이 말하는 내용에 반하는 두 가지 근거를 남긴다.

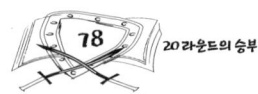

첫째, 옹호자들은 성경에 모순되는 구절들이 등장하고 문화인류학적 증거가 부족하다는 이유로 이런 종족 학살이 실제로는 없었다고 주장하고 있다.

성경 본문은 여호수아가 가나안 백성을 진멸하지 않았음을 시사한다는 것이다. 여호수아가 그리했다고 말하는 여호수아 10-12장과 여호수아 사후에도 가나안 사람들이 여전히 그 땅에서 살았다고 말하는 사사기 1장 21-36절을 비교해 보라.

또한 문화인류학적 증거는 이 본문이 대략 주전 7세기 상황을 반영하고 있음을 보여준다. 당시에는 이 도시 중 여럿은 존재하지 않았거나 훨씬 이전에 멸망했다.

나는 이 증거에 반박할 생각이 없다. 실제로도 이스라엘의 출애굽과 가나안 정복에 대한 증거는 턱없이 부족하다. 성경에 모순되는 내용이 있다는 사실도 잘 알려진 바다. 옹호자들은 성경의 불일치(그들이 다 죽었다, 다 죽지는 않았다)를 자신에게 유리한 쪽으로 사용하고 있다. 하나님의 무죄를 입증하려고 이런 구절들을 자기에게 유리하게 해석함으로써 성경이 하나님의 계시라는 근거를 오히려 약화시키고 있다. 이에 대해서는 이 정도로 해 두겠다.

옹호자들이 사용하는 두 번째 근거는 하나님이 애당초 종족 학살을 명령하신 적이 없다고 주장하는 것이다. 성서학자들은 이 구절들이 요시야 왕이 주전 7세기에 다른 국가들에 대한 권력 우위를 주장하기 위한 민족 기원 신화라고 주장한다. 과장된 수사법이라는 것이다. 후대의 모순되는 본문들은 요시야 통치기에 쓰였을 테니 여호수아는 요시야의 모형이 되고 이야기는 선전 기능을 한다. 이전 거주자들을 멸망시킨 데서 볼 수 있듯이 이 땅은 하나님이 우리에게 허락하셨다는 식이다.

하지만 이런 주장에는 문제점이 있다. 앞서 언급했듯이 종족학살을 증명하는 문화인류학적 증거가 부족하다는 점이 확실하지만 동시에 이스라엘 때문에 일부 도시가 망했다는 점도 똑같이 확실하다. 이 부분은 어떻게 할 것인가? 또한 사사기 19-21장에서 베냐민 자손을 전멸하다시피 한 사건과 신명기 31장과 사무엘상 15장에서 여자와 아이들의 처형을 명령하는 야훼에 대해서는 뭐라고 말할 것인가? 이 경우에는 수사법이라는 구실로 야훼에게 책임이 없다고 말하기 힘들다. 무고하게 죽은 사람들의 숫자가 좀 부풀려졌다 하더라도 종족 학살이 부도덕해지기 전까지 야훼가 죽인 여자와 아이들의 숫자는 도대체 몇 명까지 정당화될 수 있는가? 더군다나 이 본문들은 수사학적 과장이라 쳐도 같은 본문이 십자군 전쟁이나 지난 세기 나치 정권의 종족 학살을 정당화하는 데도 사용되지 않았느냐 말이다.

다신교와 아동 희생 제사와 관련해서 랜들은 유일신교를 옹호하고 야훼에게 바치는 아동 희생 제사를 정죄한 요시야 이후의 개혁(입장)을 따를 것이다. 그러나 종족 학살에 대한 본문은 요시야의 개혁 이후에도 나타나기 때문에 이제 그는 선택해야 한다. 랜들이 일관성이 있으려면 다신교와 아동 희생 제사와 관련해서는 이런 개혁을(요시아 이후의 입장) 채택하면서도 나중에 종족 학살에 관해서는 개혁의 입장 즉, 종족학살을 정당시 하는 입장을 정죄해서는 안 된다. 랜들이 점진적 계시를 유지하기 원한다면 종족학살과 관련한 방향은 잘못 흘러갈 것이다. 왜 야훼는 굳이 이렇게 과거로 역행하는가?

▶ 랜들의 모두진술

"『걸리버 여행기 Gulliver's Travels』를 쓴 조너선 스위프트 Jonathan Swift가 익명으로 출판한 소책자에서 아일랜드 아동을 대량 학살하여 시장에 고기를 내다 팔라고 말했다는 사실을 아십니까? 충격적이지만 사실입니다! 믿거나 말거나, 뻔뻔하게도 그는 그 책에 『겸손한 제안 A Modest Proposal』이라는 제목까지 붙였다고 합니다. 대량 학살과 식인에 '겸손'이라는 말을 갖다 붙이다니! 그 내용이 분명히 글로 인쇄되어 있으니 찾아서 읽어 보십시오. 스위프트는 종족 학살과 식인을 주장했습니다. 이상입니다."

상대방이 대답한다.

"벗이여, 당신의 의분은 높이 삽니다만 방향이 잘못된 듯합니다. 스위프트는 종족 학살을 주장하는 소책자를 썼습니다만 그렇다고 해서 정말로 종족 학살을 권한다고는 할 수 없죠!"

나는 상대방을 의심의 눈초리로 살핀다.

"그가 종족 학살을 권하는 것이 아니라면 도대체 무슨 의도로 그런 책을 썼다는 겁니까?"

상대방이 조심스럽게 설명한다.

"풍자죠. 때로는 자기주장을 내세우기 위해 역설이 가장 효과적일 때가 있잖습니까. 스위프트는 영국 귀족들이 아일랜드 소작농들을 부당하고 혹독하게 대하는 현실에 반박하고 싶었던 것이 분명합니다. 그래서 철저하게 역설적인 산문으로 그런 태도를 풍자한 것이죠. 그렇게 해서 스위프트는 영국 귀족들의 부당한 압제를 직설적으로 공격하는 것보다도 훨씬 더 효과적으로 그들의 전제에 도전할 수 있었습니다."

나는 생각에 잠겨 고개를 주억거린다.

"무슨 말씀인지 알겠습니다. 그러니까 작가들은 실상은 그렇게 말하려는 의도가 아닌데도 그렇게 말하는 경우가 있을 수 있다는 것이죠. 그렇다고 주장하면서 실제로는 오히려 그것을 비판한다는 말씀이죠."

"그렇죠."

상대는 만족하는 듯이 고개를 끄덕인다.

"이제야 알아들으시네요. 그러면 스위프트가 어떻게 역설을 통해 종족 학살을 공격했는지를 더 파고드는 것보다 성경에 나오는 종족 살해를 연구해 보면 어떻습니까?"

"글쎄요. 성경이 묘사한 종족 학살에도 동일한 핵심이 적용되지 않을까요."

상대방은 수상쩍은 듯이 나를 쳐다본다.

"뭐라고요? 잠깐만요. 지금 하나님이 '가나안 족속을 모두 죽이라'고 하신 말씀이 진짜 그 뜻이 아니었다고 말씀하시는 건가요?"

"그럴 수 있죠. 한번 생각해 보세요. 당신은 스위프트가 역설을 사용하고 있다는 걸 어떻게 알 수 있습니까?"

"몇 가지 방법이 있죠. 첫째, 스위프트의 성품을 조금이라도 안다면 그가 종족 학살 같은 끔찍한 일은 권하지 않을 사람이란 걸 알 수 있습니다. 둘째, 그 사람이 쓴 다른 책들을 보면 정의에 대한 관심이 높은 걸 알 수 있어요. 그런데 그게 성경의 종족 학살과 무슨 상관이죠?"

"첫 번째 방법을 한번 봅시다. 우리는 일반 계시로 하나님을 알 수 있습니다. 사람들은 일반 계시를 통해 하나님이 가장 완벽하고 사랑이 많은 존재라는 걸 알 수 있죠. 그 점을 염두에 둔다면 가장 완벽하고 사랑이 많은 존재가 나치 독일의 유대인 학살이나 르완다의 투치 족 학살을 명령하셨을 리 없다고 생각하는 건 매우 합리적인 사고입니다. 그렇다면 하나님이 고대 팔레스타인에서 가나안 종족 학살을 정말로 명령하셨을까요? 솔직히 저는 좀 의심스럽습니다."

"그러면 당신은 이성으로 성경을 거부하는 겁니까?"

"그렇지 않습니다. 오히려 저의 윤리적 직관을 성경 해석의 안내자로 삼는 것이죠. 사실 모든 기독교인이 그렇게 합니다. 또한 성경 자체를 성경 해석의 안내자로 삼기도 하는데 그러면서 자연스럽게 두 번째 방법으로 이어집니다. 우리가 성경을 스위프트의 저술처럼 궁극적으로 한 저자의 작품으로 가정한다면 스위프트가 쓴 책의 일부분을 다른 저술의 관점에서 해석해야 하는 것처럼 성경의 일부분도 나머지 내용에 비추어 해석할 수 있습니다."

"예를 든다면……?"

"예수님의 삶은 종족 학살을 유발하는 내집단과 외집단 구분의 조직적 해체를 대변했습니다. 그분은 가난한 사람, 간통한 사람, 세리, 어린아이, 사마리아인처럼 권리를 빼앗긴 외집단 사람들을 환영하셨습니다. 동시에 자신은 내집단에 속해 있다고 확신하는 사람들의 권위와 지위에 도전하셨습니다. '또 네 이웃을 사랑하고 네 원수를 미워하라 하였다는 것을 너희가 들었으나 나는 너희에게 이르노니 너희 원수를 사랑하며 너희를 박해하는 자를 위하여 기도하라. 이같이 한즉 하늘에 계신 너희 아버지의 아들이 되리니' (마 5:43-45). 예수님의 사역 전반은 종족 학살을 불러일으키는 내집단과 외집단 양분화에 반대하는 방향성을 띠었습니다. 그분은 '나를 본 자는 아버지를 보았다' (요 14:9)고 말씀하셨습니다.

    이렇게 본다면 종족 학살은 조너선 스위프트의 「겸손한 제안」과 비슷하게 악을 역설적으로 묘사했다고 보는 것이 가장 좋은 해석이 아닐까 싶습니다. 그게 아니라면 종족 학살을 직접적으로 명령하신 것이 아니라 그 본문에서 하나님이 의도하신 다른 뜻이 있었으리라 봅니다. 하지만 어떻게 해석하든 예수 그리스도 안에 계시된 사랑과 자비의 하나님의 관점에서 볼 때 저는 그 본문들을 그대로 받아들이기는 어렵습니다."

▶ 존의 반박

랜들은 하나님이 역설을 통해 종족 학살을 정죄하셨을 수도 있다고 주장한다. 하지만 성경의 하나님과 세상에 중요한 영향을 끼친 조너선 스위프트의 「겸손한 제안」에는 세 가지 중요한 차이점이 있기 때문에 그의 유추는 성립하지 않는다.

첫째, 조너선 스위프트는 식인을 비판하지 않았다. 아일랜드 아동을 착취하는 행위를 비판했을 뿐이다. 그가 쓴 책의 원제목은 「아일랜드의 가난한 아이들이 부모나 국가에 부담이 되지 않고, 대중에게 유익을 끼치게 만들 수 있는 겸손한 제안」이다.

둘째, 스위프트 시대 사람들은 아무도 식인을 진지하게 받아들이지 않았다.

셋째, 아무도 스위프트의 말을 신의 말씀으로 믿지 않았기에 그의 제안을 따르겠다는 사람은 없었다. 반대로 성경의 하나님은 소위 그분의 '풍자' 때문에 아동 착취를 오히려 악화시켰는데 그 당시는 종족 학살을 윤리적으로 미심쩍게 여기지 않는 시대였기 때문이다. 사람들은 성경을 하나님의 말씀으로 믿고 그대로 순종했다. 스위프트의 책은 풍자가 확실했지만 성경의 하나님은 경우가 달랐다. 랜들은 윤리적 직관 때문에 또다시 성경을 거부하고 말았다.

▶ 랜들의 반박

하나님이 종족 학살을 명령하셨다는 것은 필연적 결론이 아니다. 다음 예를 생각해 보자.

> 이와 같이 여호수아가 그 온 땅 곧 산지와 네겝과 평지와 경사지와 그 모든 왕을 쳐서 하나도 남기지 아니하고 호흡이 있는 모든 자는 다 진멸하여 바쳤으니 이스라엘의 하나님 여호와께서 명령하신 것과 같았더라 (수 10:40)

많은 학자들이 이런 구절들은 과장해서 해석해야 한다고 주장했다. 마치 야구 중계 해설자가 "양키스가 다저스를 끝장 냈습니다"라고 표현하듯이 말이다.

이스라엘 백성에게 가나안 거주자들을 진멸하라고 해놓고 그들과 혼인하지 말라고 명령하는 신명기 7장 2-3절의 모순은 그런 결론을 뒷받침해 준다. 더욱이 이 본문이 종족 학살을 언급한다고 인정한다고 해서 그것이 우리를 위한 메시지라는 법은 없다.

예를 들어 더글러스 얼 Douglas Earl은 여호수아 1-11장을 종족 학살을 가능케 하는 내집단과 외집단 구분에 대한 공격으로 해석한다.(주 1) 이를 위해 그는 라합의 중심 역할을 지적한다. 신명기 7장 2절과 달리 오히려 내부자 아간은 쫓겨나고 외부자 라합이 안으로 들어온다.

정리하자면 기독교인들은 성경이 종족 학살을 명령한다고 인정하지 않아도 된다.

▶ 존의 최종 진술

성경은 하나님이 종족 학살을 명령했다고 말한다. 하지만 랜들이 성경의 모순을 자기에게 유리한 쪽으로 사용하기 때문에 다른 쪽으로 한번 생각해 보자.

도대체 어느 현대 사회가 종족 학살이 자행되고 있지도 않는데 종족학살을 하지 말라는 그 명령을(풍자적, 역설적 또는 반어법적이든 관계없이) 윤리적 교훈으로 받아들이겠는가? 그러나 고대 사회에서 종족 학살은 윤리적으로 미심쩍은 행위가 아니었다.

▶ 랜들의 최종 진술

기독교인들은 하나님이 종족 학살을 명령하셨다고 믿지 않아도 된다.

문헌을 해석하는 방법은 다양하고 하나님은 원래 저자들과는 매우 다른 목적으로 인간의 글을 그분의 성경으로 전용하실 수 있었을 것이다.

아무도 이 구절들을 풍자라고 하지 않았지만 그렇다고 문자 그대로만 읽어야 한다는 법도 없다. 그게 핵심이다.

REVIEW

▶ **승범**(무신론자)

　종족학살의 '명령'이 악을 역설적으로 묘사했다는 랜들의 진술은 가련함마저 느끼게 한다. 종족학살이 전혀 이상하지 않던 시대에 종족학살의 문제점을 지적하기 위한 방법으로 이런 역설적 방법을 선택했다는 야훼는 수준이 낮아도 보통 낮은 게 아니다. 있지도 않은 다른 신들을 섬기면 안 된다고 안절부절못하는 모습과 별반 다르지 않다.

　랜들의 주장에는 몇 가지 문제가 있다. 먼저 왜 굳이 이렇게 오해의 소지가 많은 사례를 썼을까? 다시 말하지만 지혜로운 접근은 아니다. 랜들은 예수의 사랑으로 볼 때 더욱이 종족학살의 명령은 말이 안 된다고 했다. 그러나 신약의 예수는 믿지 않는 자들에게는 잔인한 얘기, 특히 지옥과 관련해서 많이 했다. 이스라엘이 아닌 이방인의 종족학살이나 믿지 않는 자들의 지옥행이나……뭐가 크게 다른가?

　무엇보다 존의 말대로 종족학살과 관련된 구절들이 얼마나 많은 생명을 죽이는 데에 쓰였는가? 다시 말하지만 야훼는 별로 스마트하지 않다. 야훼의 어리석음이 많은 사람들의 생명을 앗아갔다. 한 가지 덧붙이자면 왜 랜들은 이 장에서 주장한 풍자 또는 역설이라는 논리를 앞선 아동 제사에서는 사용하지 않았는지 궁금하다. 별 반 다를 게 없는 주제인데 말이다.

　랜들 같은 기독교인은 참 편하다. 랜들이 마지막에 말했듯 문자적으로 읽고 싶은 건 문자적으로 읽고 그리고 싶지 않은 구절은 다른 방식으로 편하게 읽으면 되니까 말이다.

▶ 희경(무신론자)

랜들의 최종 진술에서 '문헌을 해석하는 방법은 다양하고…… 그렇다고 문자 그대로만 읽어야 한다는 법도 없다. 그게 핵심이다.' 라고 했다.

구차한 변명처럼 보일 뿐이다. 성경에 쓰인 '진노하는 하나님, 불을 내려 다 태워버리는 하나님, 징계하시는 하나님, 진멸하라고 명령하는 하나님……' 등등에 대해 해석 방법이 그럼 달리 있는가? 문자 그대로 읽으면 안 된다는 것인가?

그럼 성경의 일점 일획이라고 바꿔서는 안된다는 말은 무엇인가? 해석 방법이 다양하니 본인이 취사선택에서 모든 것을 이해하면 된다는 소리인가? 주일을 거룩하게 지키라는 명령을 사람에 따라서 누구는 문자 그대로, 누구는 상징으로 누구는 또 은유로 등등…… 하면 된다는 소리인가?

하나님이 비록 '문자로는' 분명히 죽이라고 명령했지만 그의 진심은 제발 인간들이 그 명령을 문자 그대로 이해하지 말고 도리어 사람들을 살리는 명령으로 이해하기를 간절히 원했다는 것인가? 그럼 하나님의 기대를 저버리고 그 말을 문자 그대로 읽고 종족을 학살한 역사 속의 수 많은 기독교인들은 랜들에 따르면 결국은 다 하나님을 배신한 자들인가?

멍청하게 성경을 문자로 읽은 기독교인이 문제인가? 아니면 문자 그대로 읽히면 문제가 되는 구절들을 마구 성경에 들어가도록 한 하나님이 문제인가?

랜들에게는 누가 더 문제인가?

▶ 상철(기독교인)

영적으로 해석해야 할 말씀을 문자적으로 해석할 때 우리는 흔히 시험에 빠질 수 있다. 그런 시험에 빠져 성경을 비판하는 사람들을 항상 주변에서 만났다. 하나같이 불쌍한 영혼이다. 존이 딱 그런 사람이다.

이 구절은 하나님께서 얼마나 악을 미워하시는지를 보여주는 상징이다. 하나님께서 악을 미워하시는 마음, 달리 말해 죄를 싫어하시는 마음은 오죽하면 당신의 아들 예수 그리스도를 죽기까지 하실 정도였다.

왜냐하면 하나님은 거룩하시기 때문이다. 나는 종족학살과 관련한 구절을 볼 때마다 그 앞에서 무릎 꿇고 내 속의 죄성을 본다. 그리고 그 죄를 미워하시고 그 죄를 내 속에서 깨끗이 '학살' 하시기 위해 죽으신 나의 구주, 예수 그리스도를 생각한다. 구약의 종족학살과 관련한 구절들을 볼 때 나는 하나님에 대한 의문이 아니라 오히려 하나님의 사랑에 더 감격하게 된다. 그게 은혜받은 사람의 특징이다.

문자적 해석에 얽매여 구원의 큰 그림 속에서 드러나는 상징마저 구분하지 못하면 결국 은혜의 길로 들어설 수 없다. 다시 말하지만 그런 면에서 존은 불쌍한 영혼이다. 그에게 영원히 성경은 미스테리한 책일 것이다. 은혜의 눈으로 보지 않을 때 성경은 이해될 수도 깨달아질 수도 없다. 그게 은혜의 신비이며 기독교의 진리를 더 소중하게 만드는 이유이기도 하다.

▶ **민혁**(기독교인)

　인간은 범죄했고 타락했으며 이 세상은 사탄이 자유롭게 활동하는 무법천지가 되고 있다.

　하나님은 악을 미워하신다. 그리고 선과 악은 인간이 완벽하게 판단할 수 있는 그런 영역이 아니다. 하나님의 거룩하신 뜻을 인간이 완전하게 이해할 수 없다. 하나님의 뜻을 우리 인간이 완전히 완벽히 이해할 수 있다면 하나님이 굳이 우리에게 수많은 명령을 내리실 리가 없다.

　하나님은 우리에게 오늘도 살아 역사하시며 말씀하시는 성경도 굳이 필요 없다. 이것은 곧 인간이 하나님일 수 없으므로 그분의 말씀을 해석하는 믿음이 필요함을 알려준다. 달리 말해 말씀을 해석할 때도 우리는 거룩하시고 선하신 하나님에 대한 믿음을 부여잡고 해야 한다는 말이다.

　한 가지 무신론자들을 위해 예를 하나 든다면, 만약 부모가 사랑하는 자식을 권면하기 위해 '죽도록 노력하라'라고 했다고 그 자식이 정말로 죽을 때까지 노력하다가 반드시 죽으라는 말은 아니다. 그것은 죽으라는 말이 아니라 '살라'는 말이다. 하나님의 말씀을 그렇게 읽어야 한다. 죽이라고 했다고 죽이라는 게 아니다. 그것은 도리어 살리라는 말씀이다. 종족을 전멸시키라는 말은 사실상 그 종족을 하나님 앞으로 돌이키도록 살리라는 말씀이다. 성경 전체 속에 드러나는 구속사적인 관점으로 볼 때 그러하다.

　하나님은 사랑의 하나님이고 우리에게, 믿는 자녀에게 은혜 주시기를 열망하시는 우리의 아버지이시다. 자비하신 사랑의 하나님을 믿는 믿음만이 우리를 평안하게 한다. 말씀을 제대로 이해하도록 하나님의 성품을 붙잡고 말씀을 읽을 때 우리는 하나님 안에서 평화를 누릴 수 있다.

7 라운드

하나님이 모든 것에 대한 최상의 설명이다

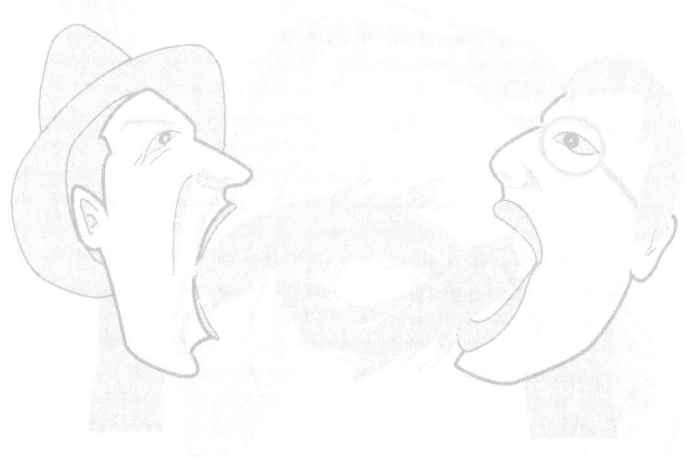

찬성: 기독교인 **랜들**

반대: 무신론자 **존**

▶ 랜들의 모두진술

흘러간 노래를 틀어주는 라디오 프로그램에서 토니 올랜도 Tony Orlando의 70년대 히트곡 "문을 세 번 두드려 주세요 Knock Three Times"를 들어봤을 것이다. 벽의 수도관 두드리는 소리를 듣는 어느 외로운 남자의 노래다. 보통 사람들은 수도관 두드리는 소리가 나면 관을 통과하는 온수의 온도가 올라가면서 나는 소리라고 생각하겠지만 이 외로운 사내는 아래층에 사는 예쁜 아가씨가 모르스 부호로 자신에게 추파를 던진다고 생각한다. 이런 신념이 확고해진 이 외로운 사내는 자기가 마음에 들면 문을 세 번만 두드려 달라고 아가씨에게 노래를 한다. 아, 부디 이 사내를 위해서라도 그 소리가 온수 소리가 아니기를 바란다.

이 노래는 70년대 팝 음악의 기이한 측면을 잘 보여주면서도 철학자들 사이에 논란이 분분한 두 종류의 인과를 소개하는 데도 유용하다.

> 사건 인과 event causation: 한 사건이 원인이 되어 다른 사건이 일어나는 과정.
> 행위자 인과 agent causation: 한 행위자가 어떤 사건의 원인을 일으키고 그 행위가 사건을 일으키는 과정.(주1)

흥미롭게도 이런 정의는 너무 광범위해서 이 두 가지로 모든 사건을 설명할 수 있을 정도다. 즉, 이 세상 모든 일은 어떤 사건 아니면 행위자에 의해 발생한다는 것이다.

우리가 수도관에서 문 두드리는 소리를 들으면 단순한 사건 인과(예를 들면 온수)로 결론을 내릴 것이다. 하지만 우리의 외로운 친구는 행위자 인과(즉, 예쁜 아가씨)가 인사를 하려고 노크 소리를 냈다고 믿는다.

행위자 인과의 정의에서 '일으키다'라는 말을 주목하라. 이것이 사건 인과와 행위자 인과의 주요 차이점을 시사한다. 어떤 일의 원인을 사건으로 돌리면 그 사건에 앞선 원인이 무엇인지 질문하게 된다. 예를 들어 수도관 소리가 온수 때문이라면 온수의 흐름을 설명해 줄 또 다른 원인을 요구하게 되는 것이다. 그렇게 해

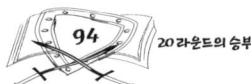

서 보일러를 지적하면 보일러의 기능을 설명해 줄 또 다른 원인이 필요한 식이다. 행위자 인과는 다른데 결과에 대한 설명을 이전 사건이 아니라 근거나 의도 또는 바라는 결과에서 찾기 때문이다. 따라서 행위자는 사건 인과를 사전에 정하지 않고도 얼마든지 새로운 사건에 착수할 수 있다. 스스로 행동을 선택할 수 있다. 그런 의미에서 행위자는 '독특한 sui generis 인과'로 행동한다.

이 두 가지 설명의 포괄적 성격을 고려해 본다면 어떤 일이든 그것의 이전 사건 또는 어느 행위자에 의한 결과이다.

이 방법을 통해 우주에서 일어나는 특정 사건들의 원인까지 우리는 탐색할 수 있다. 즉, 137억 년 전에 벌어진 엄청나게 큰 사건에 대해서도 우리는 질문할 수 있다. 우주학자들에 따르면 137억 년 전에 갑자기 무에서 우주가 생겨났다고 한다. 우리가 경험한 사건들을 설명해 줄 원인을 찾듯이 우주 탄생이라는 최대의 사건을 이해할 수 있는 원인을 찾는 것도 타당하다고 할 수 있다. 하지만 어떤 유형의 원인이 가장 이치에 맞을까?

우주의 기원을 사건 인과로 설명하려는 시각은 앞서 언급한 이유로 가망이 없어 보인다. 사건 인과는 이전 원인들을 해결해야 하기 때문이다. 사건 인과에 기대려면 그 사건 이전에 벌어진 모든 사건을 설명할 수 있어야 하는데 그러면 무한한 인과 회귀 infinite regress of cause가 발생하고 이것은 결국 아무것도 설명해 주지 못한다. 뿐만 아니라 우리는 무한한 인과 회귀를 경험한 적이 없기에 이것은 순전한 임시변통에 지나지 않는다.

마지막으로 사건 인과는 이 신비로운 무한한 인과 관계의 원인을 설명해 주지 못하기에 가짜 설명이 되고 만다. 이런 딜레마는 지구가 거북이 등에 얹혀 있다(사건 인과)고 설명하는 아버지를 떠올리게 한다. 아들이 거북이 밑에는 뭐가 있느냐고 묻자 아버지는 지구 아래로 무한대로 거북이가 있다고 대답한다. 사건 인과가 무한히 반복된다는 설명이 어린아이의 호기심을 만족시켜 줄 수 있을지는 모르나 우주에 대한 형이상학적 설명으로는 적절하지 않다.

그러면 남은 대안은 한 가지뿐이다. 새로운 사건을 유발하기 위해 자기 의지로 행동할 수 있는 행위자 인과. 이것이야말로 우리가 우주를 설명할 때 필요한 종류의 원인 독특해서 무한 회귀를 피할 수 있는 그런 원인이다.

실행 가능한 유일한 인과적 설명이 행위자뿐임을 알게 되면 우리는 그 정체성에 대해 질문할 수 있다.

당연히 설명이 필요한 사건이 물질적 우주, 즉 모든 것의 궁극적 기원일 때는 가능한 행위자 인과는 한 가지밖에 없는데 곧 하나님이다.

▶ 존의 모두진술

모든 것의 존재를 설명해 주는 최상의 답은 아직은 다 알 수 없다는 것이다. 과학이 이 문제의 해결을 도와줄 때까지 우리는 아는 체해서는 안 된다.

고대 프톨레마이오스의 지구 중심 우주 또는 태양계 모델은 복잡한 괴물이었다. 당시 사람들이 우리는 태양이 중심인지 지구가 중심인지 잘 모른다고만 말했다면 어떻게 됐을까? 아이작 뉴턴 이전에 사람들이 우리는 사물이 어떻게 움직이는지 모른다고만 말했다면 어떻게 됐을까? 찰스 다윈 Charles Darwin 이전에 사람들이 우리는 다양한 종이 존재하는 이유를 모른다고만 말했다면 어떻게 됐을까? 판구조론을 발견하기 전에 사람들이 우리는 지진이 발생하는 이유를 모른다고만 말했다면 어떻게 됐을까? 현대 의학이 발달하기 전에 사람들이 우리는 인간이 병들고 죽는 이유를 모른다고만 말했다면 어떻게 됐을까? 정신 건강과 관련된 직업이 생기기 전에 사람들이 우리는 사람이 조울증에 걸리는 이유를 모른다고만 말했다면 어떻게 됐을까?

이런 답변들을 좋은 답변으로 간주해서는 안 되는 이유라도 있는가? "하나님이 하셨다"는 답변과 비교한다면 오히려 이것들이 최선의 답변이었을 것이다. 현대 과학의 맹습이 얼마나 많은 신비를 해결했는지 모른다.

반면 하나님이라는 설명은 너무나 많은 성공을 망쳤기에 아직도 그것을 내세운다면 참으로 놀라운 일이 아닐 수 없다.

토마스 아퀴나스 Thomas Aquinas는 하나님은 존재의 거대한 고리에서 가장 높은 계층까지 도달하는 일련의 동시 발생 사건들에서 부동의 동자 unmoved mover 라고 주장했다. 하지만 그런 주장은 관성이라는 개념의 관점에서는 가짜가 된다. 관성은 어떤 움직임을 인과의 무한 회귀나 부동의 동자로 설명할 필요를 없애 주기 때문이다. 따라서 그것은 신의 존재에 대한 다른 모든 우주론적 주장과 설계 주장에 대해서도 마찬가지다. 여기서는 더 이상 언급하지 않겠다.

이렇게 한번 생각해 보자. 기독교인들은 과학 지식의 공백에 근거해서 논증하거나 아예 하지 않거나 둘 중 하나다. 전자의 경우 이전의 공백을 줄이면서 점점 더 많은 것을 알아내는 과학의 성공과는 대조적으로 그들은 무지(또는 잘 알려진 비형식적 오류)에 근거해서 논증하고 있다. 또는 후자의 경우처럼 그들의 하나님이 창조물을 유지하는 분에 불과하다고 주장한다면 하나님이 있는 우주는 하나님이 없는 우주와 외관상 별 차이가 없다. 어느 쪽이든 하나님으로 설명하는 것은 무지에 근거하든 그것을 불필요하게 묘사하든 우리에게는 있으나 마나 한 것이 분명해 보인다.

현대 과학이 진보하면서 과학자들이 해결하고 있다는 새로운 신비들은 점점 더 늘어간다. 따라서 신앙은 늘 신비에서 기반을 찾을 것이다.

이 점이야말로 랜들이 자신의 믿음이 사실이 아닐지도 모른다는 생각을 하기 전에 내가 그가 가진 믿음이라는 것이 아예 불가능함을 먼저 보여주어야 하는 이유이다. 이는 물론 지나친 기준이다.

내 요지는 신앙이 아니라 과학이 과거의 신비를 해결했다는 것, 신앙이 아니라 과학이 오늘날 새로운 신비들을 발견했다는 것이다. 이와 대조적으로 신앙에는 아무런 방법론도 없고 아무 신비도 해결하지 못한다. 신앙은 마치 기생충처럼 생명이 있는 것을 의지해야만 살아남을 수 있다. 신앙 자체로는 아무것도 생산하지 못해서 신비 없이는 죽은 것이나 마찬가지다.

내가 말할 수 있는 건 설사 신이 있다 하더라도 에드워드 트라이언 Edward Tryon과 스티븐 호킹 Stephen Hawking이 '양자 요동 quantum wave fluctuation'(주 2)으로 묘사한 것을 창조하고는 그 후에 자살을 했거나 아니면 창조하기 위해 죽었다는 것이다. 그게 아니라면 우주를 안내하고 있는 신은 궁극적으로 악한 목적을 위해 존재하면서도 우리를 속이려고 자비로운 신으로 스스로를 드러내기로 선택했는지도 모른다. 그런 사기꾼 신이 존재한다면 그리스도인들이 자신들의 선한 신이 존재한다고 결론을 내리게 만드는 모든 증거는 그 동일한 신이 우리를 속이려고 주입한 것에 불과하다.

나는 우리가 이 가설들을 일단 논의하기로 한 이상 이 다른 신-가설들에 타당한 반대를 찾을 수 없다. 여타 기독교인이나 무슬림이나 유대인이 믿는 것과 마찬가지로 그것들도 가능하다. 과학자들이 신을 우주 기원에 대한 설명으로 받아들

이지 못하는 이유가 바로 그 때문이다. 우리가 그것을 받아들이기로 한다면 어느 신이라도 상관이 없기 때문이다.

  따라서 설사 만물을 창조한 하나님이 있다 하더라도 내가 말할 수 있는 건 이 신이 랜들의 하나님이라고 믿을 하등의 이유는 없다. 그러므로 그런 독립체는 불필요한 가설이다. 오히려 역사가 반복해서 보여주듯 그런 독립체는 존재의 신비를 푸는 데 오히려 방해만 될 뿐이다.

▶ 랜들의 반박

존은 우리가 과학이 우주의 기원을 설명해 주기를 기다려야 한다고 생각한다.

예를 들어, 그는 '관성의 개념'(뉴턴의 제1운동법칙)이 '부동의 동자'(행위자 인과)의 필요를 없애 준다고 생각한다. 그러나 이것은 문제 이해에 근본적으로 실패한 것이다.

우주의 에너지와 물질(뉴턴의 제1운동법칙)을 모두 포함하는 우주 전체와 시간까지도 137억 년 전에 무에서 갑작스레 존재하게 되었다. 과학은 일단 우주가 존재하기만 하면 연구할 수 있지만 어떻게 우주가 존재하게 되었는지는 설명하지 못한다. 그것을 설명하려면 무지의 공백이 아니라 관찰된 효과를 내놓을 수 있는 알려진 유일한 원인인 '위대한 행위자'로부터 추론해야 한다.

그 행위자가 하나님과 비슷하다면, 잘된 일이다.

▶존의 반박

내가 설명했듯이 유일한 가짜 설명이 있다면 신 설명이다.

왜 이 소위 행위자는 모든 것이 존재하기 시작하고 존재가 끊어지는 우리의 모든 경험에서 면제되는가? 만약 그가 예외라면 왜 우주는 예외일 수 없는가? 이 행위자가 천지 창조 이전부터 있었던 시간을 초월한 영적 존재라고 가정하면 문제는 더욱 악화한다. 도대체 이 행위자는 언제 자신의 성품을 선택하거나 자신이 아는 것을 배울 기회가 있었을까?

우리는 아무것도 배운 적 없는 존재를 정말로 상상할 수 있는가? 생각하는 것은 아직 도달하지 못한 결론을 의미하기 때문에 (달리 말해 아직 고민한다는 것을 의미하기 때문에_역주) 아예 생각할 수 없는 존재를 정말로 상상할 수 있는가? 이 행위자가 물질세계와 공유하는 바가 전혀 없다면 어떻게 이 비물질 행위자는 무에서 물질 우주를 창조할 수 있었을까? 우주를 창조하기로 한 결정이 시간과의 접점이 필요한 창조 행위와 동시에 일어났을 텐데 어떻게 시간을 초월한 이 존재는 시간에 있는 우주를 창조할 수 있었을까? 따라서 그가 우주를 창조했다면 우주는 영원할 것이고 그 우주를 창조한 존재는 시간을 초월할 수 없다.

마지막으로 그 행위자에게 아무런 필요나 욕구가 없다면 도대체 그는 왜 애초에 이 세상을 창조했을까?

▶ 랜들의 최종 진술

존은 모든 사건은 이전 사건이나 어떤 행위자에 의해 발생한다는 주장에 반박하지 못했다. 우주의 궁극적 기원을 이전 사건으로 설명할 수 있다고도 설명하지 못했다.

따라서 우리의 선택은 분명하다. 관찰된 효과를 만들거나 과학의 절대 권력에 대한 잘못된 신념과 신비를 언급하기 위해서는 유일하게 알려진 유형의 원인인 행위자로 우주를 설명하는 것이다.

▶ 존의 최종 진술

랜들의 신 설명에 따르면 우주의 존재 이유를 탐구할 이유가 없는데 그가 과학은 그것이 불가능하다고 말하기 때문이다. 이것은 과거의 풀리지 않는 신비를 다루는 유신론의 전형적인 반응이다.

지금까지 신앙은 아무것도 해결하지 못했는데 계속해서 신앙으로 신비를 해결하려 하는 이유는 무엇인가?

REVIEW

▶ **상철**(기독교인)

    부모가 없이 스스로 태어났다고 주장하는 사람은 없다. 아무리 불효자라도 그래서 부모를 저주한다고 해도 부모의 존재는 인정한다. 하늘로부터 뚝 떨어졌다고 말하는 사람은 없다.

    어떻게 원인이 없는데 결과가 있는가? 내가 존재하는 것은 나를 존재하도록 한 원인이 있기 때문이다. 그 원인이 나와 같은 피조물은 결코 될 수 없다. 반드시 나와는 차원이 다른 어떤 존재여야만 한다. 우주도 피조물이고 자연 만물도 다 피조물이다. 따라서 같은 피조물이 피조물을 만들 수 없다면 답은 하나뿐이다. 창조주가 피조물을 만들었다.

    나는 내가 창조주 하나님의 창조행위에 의한 피조물임이 너무도 자랑스럽다. 시간이니 물질이니 떠드는 존이 불쌍하다. 우리의 영혼을 시간과 물질을 가지고 잴 수 있다고 생각하는 그가 안쓰럽다.

    하나님은 그런 물질과 시간 너머에 존재하신다. 그 너머에 계시지만 동시에 그 속으로 오실 수도 있다. 바로 육체를 입으시고 우리 역사 속에 오셨던 예수님이 확실한 증거가 아닌가?

    나는 이 토론에서 랜들이 너무 현학적으로 말한다고 생각한다. 그냥 순수한 복음을 전함으로 우리는 하나님이 이 세상 모든 것의 최상의 답임을 알 수 있다.

    논리가 아닌 복음을 전하는 변증가가 이 시대에 많지 않음이 늘 아쉽다.

▶ 민혁(기독교인)

모든 것은 시작이 있기에 존재한다. 하나님이 창조한 세상과 피조물 인간이 있기에 내가 존재할 수 있다.

인간은 기계의 사용설명서도 제대로 읽고 실천하지 못한다.

어떤 무신론자들은 하나님이 신비주의로 인간을 무지하게 만들어 지배한다는 식으로 주장하는데 그것은 하나님을 전혀 모르기 때문이다.

우리 기독교인들도 다 생각하고 고민한다. 그러나 중요한 것은 알고자 하는 자신의 교만한 의지마저 하나님 앞에 내려놓는다는 사실이다. 그렇게 하나님 앞에 내려놓아야 비로소 성령님께서 지혜를 주셔서 우리를 하나님께로 인도하신다.

그분은 우주의 창조자이고 주권자이다. 인간의 인지능력은 나중에 배워서 알게 되는 것보다 먼저 내재된 것들이 많다. 즉, 밝음은 밝음이라, 어둠은 어둠이라, 붉은 것은 붉음이라, 검은 것은 검다라고 이미 인지 속에 존재하는 것처럼, 인지 속의 의식처럼 하나님이 인간에게는 그러하시다. 그렇게 하나님은 우리 인간 속에 존재하신다.

그러므로 모든 것이 하나님에게서 나와서 모든 것이 다 하나님에게로 돌아가는 게 인생이고 자연의 이치이다. 그러므로 하나님으로 우리는 모든 것을 다 설명할 수 있다.

하나님이 모든 것의 주인이시기 때문이다.

▶ **승범**(무신론자)

　도저히 설명할 수 없는 것은 무조건 '신의 개념'으로 설명하고 해결하라.
　못할 것이 없다. 우주의 기원이든, 죽음 이후든 또는 고통의 문제든 다 해결된다.
　왜 이 세상 모든 존재에 대해서는 그 '존재 원인'을 물으면서 신에게만은 묻지 않는가? 스스로 존재해서? 그런 '면제'의 근거가 무엇인가? 신이게만 그런 면제의 특권을 부여하는 이유가 무엇일까? '신'이라는 단어의 애초의 개념 때문에? 나는 그럼 지금 당장 그 개념을 콩나물에게 부여하겠다. 그래서 스스로 존재하는 '콩나물'이 이 우주를 만들었고 내가 도저히 이해할 수 없는 삶의 모든 부분들을 '콩나물'이 주관한다고 생각하겠다.
　랜들이 말하는 그 잘난 행위자를 콩나물로 생각하겠다. 뭐가 달라지는가? 아무 개념이나 또는 아무 사물이나 그냥 지금 '신'에게 부여하는 '특권'을 주라. 결과는 똑같다. 내가 그 대상을 하나님이라고 부르든 콩나물이나 꼴뚜기라고 부르든 취나물이라고 부르든 달라지는 것은 없다.
　나는 그런 비양심적이고 또 지적인 자살을 할 수 없다.
　살아있는 나라는 존재는 말도 안 되는 신이라는 개념보다 소중하기 때문이다.

▶ **희경**(무신론자)

　랜들의 주장처럼 하나님이 모든 것에 대한 최상의 설명이라고 한다면 그리고 하나님이 모든 것을 다 하셨다면 과학이 발견하고 발명한 제품의 설명서나 주의사항처럼 왜 좀 미리 알려줘야 할 것들을 미리 알려주지 않으셨을까?
　그러면 기독교인은 말한다. 그것도 '하나님의 뜻'이라고.
　왜? 알게 되면 인간이 너무 똑똑해져서 하나님을 믿지 않을 수도 있으니까.
　기독교의 하나님은 분명 무지한 인간을 더 사랑하실 것이다. 무지할수록 신앙은 더 굳건해지니까. 기독교의 하나님은 천동설을 믿는 인간들의 수준에 딱 맞는 신이다.
　누군가 내게 신앙이 뭐냐고 묻는다면 나는 신앙은 '무지함'을 '신비함'으로 둔갑시키는 뻔뻔한 능력이라고 대답하겠다.
　만약 모든 세상의 인과관계가 하나님으로 설명이 가능하다면 우리가 눈으로 보고 귀로 듣고 또 확인할 수 있는 과학보다 더 분명하고 똑똑하게 하나님을 만날 수 있어야 하지 않는가? 하나님이 알 수 없는 신비한 장소 어딘가에서만(기독교인들은 그곳을 '영의 세계'라고 부른다) 존재한다면 그 신비주의로 신은 왜 인간이 세상을 다스릴 권리를 제대로 누리지 못하게 하는가?
　아무튼 신앙의 가장 큰 권력은 신비주의로 과학이 아직 해결 못한 문제를 '하나님만이 다 안다'는 식으로 주장하는 탁월한 뻔뻔함이다.

8 라운드

성경의 하나님은 노예제도에 무신경하다

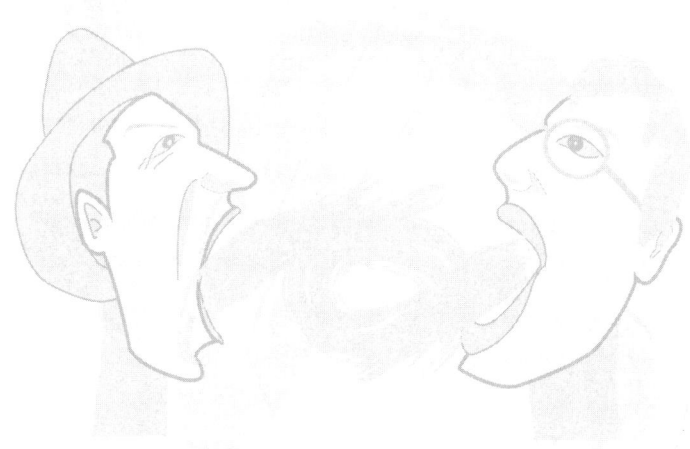

찬성: 무신론자 **존**

반대: 기독교인 **랜들**

▶존의 모두진술

이 주제는 선하고 전능하고 전지한 하나님에 대한 성경에 나오는 신의 계시가 과연 선하냐의 문제를 제기한다. 또한 그런 하나님이 존재한다면 왜 고통 또는 악이 이 세상에 존재하느냐 하는 문제를 제기한다. 성경의 하나님이 선하다는 주장에 이의를 제기하는 이슈가 있다면 나는 바로 이 문제가 아닐까 싶다.

노예 출신인 프레더릭 더글러스 Frederick Douglass는 기독교인인 자기 주인이 어린 자신 앞에서 숙모에게 매질을 하던 장면을 다음과 같이 묘사했다.

> 그는 숙모를 부엌으로 데려가 상의를 벗긴 다음 의자 위에 세우고는, 들보에 있는 커다란 갈고리에 손을 묶었다. 그는 소맷자락을 말아 올린 후 두툼한 쇠가죽 채찍으로 매를 가하기 시작했다. 이내 따뜻한 붉은 피가 마루에 뚝뚝 떨어졌다.……유혈이 낭자한 희생자가 하는 그 어떤 말도, 어떤 눈물도, 어떤 기도도 피를 보고자 하는 그의 냉혹한 마음을 움직이지 못할 것처럼 보였다. 그녀의 비명 소리가 커지면 커질수록 그는 더욱더 세게 채찍질을 했다. 그는 피가 가장 많이 나는 곳만을 골라 가장 많이 채찍질을 했다. 그는 그녀가 비명을 지르도록 채찍질을 했고 또 조용하게 하려고 채찍질을 했다. 그는 피로가 몰려오기 전까지는 피범벅이 된 쇠가죽 채찍 휘두르기를 멈추지 않았다.(주1)

우리는 종교가 무방비 상태인 약자를 어떻게 대우하는지를 보고 그 종교를 판단해야 한다. 노예는 스스로를 방어할 수 없는 사람들 중에서도 가장 약한 이들이 아닌가. 성경과 역사에 드러난 노예에 대한 가혹한 처우를 볼 때 교양 있는 사람이라면 기독교를 야만스런 시대에 탄생한 종교로 거부해야 마땅하다.

노예제 찬성 운동 쪽의 주장이 오히려 더 나았다. 그들은 성경이 노예제를 비판하지 않고 오히려 족장들이 신의 재가를 받았으며(창 9:24-27; 12:5, 16; 14:14; 16:1-9; 20:14; 24:35-36; 26:13-14; 47:15-25) 이스라엘 민족의 법규에 포함되었고(출 21장; 레

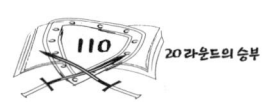

25장) 예수님(눅 12:35-48; 14:15-24)과 사도들(엡 6:5; 골 3:22-25; 딤전 6:1-6; 딛 2:9-10; 몬 1장; 벧전 2:18-19)도 노예를 인정했다고 주장했다. 그들은 다른 본문들에서는 주인과 종의 사회적 구분이 없었다(고전 12:13; 갈 3:28; 골 3:11)고 한 폐지론자들의 주장을 부인했는데 사도들이 또 다른 곳에서는 사람이 종이 된 것(고전 7:20-22)이나 가혹한 주인 밑에서 고통받는 것(벧전 2:18-19)이 '부르심' 이라고 말했기 때문이다.

성서학자 헥터 아발로스 Hector Avalos는 갈라디아서 3장 28절에 대해 이렇게 반박한다.

"바울은 종이 실제로 더 이상 존재하지 않는다고 말한 것이 아니다. 달리 말해 '종이나 자유인이나 하나이니라' 라는 말은 '종이나 자유인이 더 이상 존재하지 않는다' 는 뜻이 아니다. 종이 더 이상 존재하지 않는다면 자유인도 존재하지 않는다."(주2)

단지 학대는 안 된다는 것인데(골 4:1), 성경은 노예를 죽기 직전까지 때리는 행위를 학대로 간주하지 않는다(출 21:20-21).

일부 옹호자들은 구약 성경에 나오는 노예라는 단어 '에베드' ebed가 그 사람을 소유한다는 뜻은 아니라고 주장한다.

하지만 아발로스는 그런 결론은 레위기 25장에 "확실히 위배된다"고 반박하는데 "왜냐하면 그 본문에서 이스라엘 백성에게 노예를 살 수 있다고 말하면서 '에베드' 라는 단어를 사용하기 때문이다. 45절은 '에베드' 가 '너희의 소유가 될지니라' 고 말하고 주인 자녀들에게 물려줄 수도 있다(46절)." 아발로스는 " '에베드' 를 사고 물려주는 것이 '그 사람을 소유한다는 뜻' 이 아니라면 도대체 무슨 뜻인가? "라고 묻는다.(주3)

성경이 노예 폐지 운동에 영향을 미쳤다고 주장하는 옹호자들과는 반대로 아발로스는 "노예제에 대한 성경의 입장은 폐지론자들에게 막대한 때로는 극복할 수 없는 도전을 제기한다"고 설득력 있게 주장한다.(주4)

악한 사람들이 자신의 탐욕을 채우려고 성경을 왜곡했다고 말하는 것은 사실을 무시하는 것이다. 우리가 백인으로 태어나 남북 전쟁 이전의 남부에서 자랐다면 달리 생각했으리라고 말하는 것은 사실을 무시하는 것이다. 하나님이 성경에서 명백하게 노예제를 정죄하지 않으셨을 수도 있다 정도로 말하는 것 또한 명백한 사실을 무시하는 것이다.

그럼에도 왜 선하신 하나님은 인간에게 우리가 너무나도 심각하게 악용한 이런 자유를 주셨을까?

두 살짜리 아이에게는 면도칼을 주면 안 된다. 그랬다가 아이나 다른 사람들이 다치면 우리는 책임을 면치 못할 것이다. 선물 받을 사람이 선물을 남용하리란 사실을 미리 알고도 선물을 주면 준 사람이 비난받는다.

마찬가지로 하나님이 다른 사람을 노예 삼을 자유를 우리에게 주셨다면, 우리가 그 선물로 한 행동에 대한 책임은 그분께 있다.

하나님이 모든 사람에게 똑같은 피부색을 주셨다면 인종 차이로 인한 노예제도는 애초에 없지 않았겠는가.

인간에게 남을 노예 삼지 못하게 하는 불가침의 도덕률을 심어 주시거나 그런 생각만으로도 구역질이 나게 만드실 수도 있었을 텐데 그분은 그러시지 않았다.

▶ 랜들의 모두진술

1787년 10월 28일, 젊은 정치인 윌리엄 윌버포스 William Wilberforce는 일기장에 이렇게 적었다.

> "전능하신 하나님이 두 가지 큰 목표를 내게 주셨다. 노예무역 금지와 관습 또는 윤리의 개혁이다."

윌버포스는 이 소명을 따라 영국 하원의원으로 먼저는 노예무역 폐지를 위해(1807년 폐지) 이후로는 노예제도 폐지를 위해(1833년 폐지) 일평생 힘썼다. 하나님은 모든 민족을 해방시키기 원하신다는 확신이 그의 원동력이었다.

그런데 가만, 윌버포스는 하나님이 노예제에 무심한 것을 몰랐을까? 하나님은 고대 이스라엘의 노예제도를 승인하시지 않았던가. 또한 사도 바울은 도망친 노예 오네시모를 주인에게 다시 돌려보내기도 했다(몬 1:12).

윌버포스는 「노예무역 폐지에 대한 편지 A Letter on the Abolition of the Slave Trade」에서 성경에 나타난 노예제의 역할을 다룬다. 그는 첫머리에 하나님이 고대 이스라엘의 노예제를 인정하셨다고 믿는다고 해서 오늘날 반드시 그 제도의 윤리성을 받아들여야 하는 것은 아니라고 지적한다. (비유로 말하자면, 개발도상국 경제에 보호무역 경제 정책이 필요하다는 사실을 수긍한다고 해서, 선진국 경제에도 동일한 정책을 옹호할 수 있다고 결론지을 필요는 없다.) 더 나아가 그는 하나님이 노예들을 자비롭게 대하라고 명령하시고 정해진 기간 이후에는 노예를 해방하라고 규정하신 점을 지적한다.(주 5) 마지막으로 윌버포스는 지금 우리는 그리스도가 "민족의 구별을 없애고 인류를 거대한 한 가족으로 만드셨으며 모든 피조물까지도 우리 형제 삼으신" 전혀 다른 상황에 있다고 지적했다.(주 6) 실제로 이 주제는 윌버포스가 자신의 책 속표지에 인용한 다음 두 성경 구절에 잘 드러나 있다.

> 거기에는 헬라인이나 유대인이나 할례파나 무할례파나 야만인이나 스구디아인이나 종이나 자유인이 차별이 있을 수 없나니 오직 그리스도는 만유시요 만유 안에 계시니라. 그러므로 너희는…… 긍휼과 자비와

겸손과 온유와 오래 참음을 옷 입고
(골 3: 11-12)

[하나님이] 인류의 모든 족속을 한 혈통으로 만드사 온 땅에 살게 하시고 그들의 연대를 정하시며 거주의 경계를 한정하셨으니
(행 17:26)

윌버포스의 관점은 다음과 같이 요약할 수 있겠다. 하나님이 역사에 들어오시면서 당대의 부당한 사회 제도를 따르셨다. 하지만 동시에 모든 민족을 해방한다는 최종 목적을 갖고 이런 제도들을 완전히 개혁하기 시작하셨다.

이런 맥락에서 도망친 종 오네시모를 빌레몬에게 돌려보낸 바울의 결정도 이해할 수 있다. 그는 오네시모를 돌려보내지만 동시에 그 주인에게 그를 맞이하듯이 오네시모를 맞아 달라고 부탁한다(몬 1:17). 바울은 한 사람이 은혜의 복음을 온전히 이해하고 억압받는 계층도 우리와 완전히 동등하다는 사실을 받아들이면 더 이상 노예제가 유지될 수 없다는 것을 알았다. 다시 말해 '빌레몬서'는 노예제를 인정한 것이 아니라 그 중심에 파고든 트로이 목마다.

윌버포스의 구속적 역사관은 칭찬할 거리가 많지만 그럼에도 불구하고 일부 기독교인들은 하나님이 노예제를 받아들이셨다는 개념 자체를 꺼릴 것이다. 그런 사람들을 위해서 좀 더 급진적인 가능성이 있다.

고대 이스라엘 사람들이 하나님이 노예제도에 동의하셨다고 잘못 믿었다는 것이다. 그들은 출애굽의 교훈을 잊어버리고 다른 사람들을 종으로 삼으면서 자신들의 행동이 여호와의 뜻이라고 믿었는지도 모른다. 그리고 하나님은 그분의 뜻을 잘못 이해한 사례를 성경에 포함하셔서—우리도 해방을 맛보고 금세 남을 억압할 수 있음을 보여주는—엄중한 경고로 삼으셨는지 모른다. (예를 들어, 마태복음 18:21-35에 나오는 무자비한 종의 비유를 생각해 보라.) 이런 관점에서 에스겔 같은 선지자들이 암시는 타민족에 대한 억압과의 긴장이 그리스도의 생애와 가르침, 희생적 죽음에 온전히 부각된다.

고대 이스라엘의 노예제에 대한 평가를 두고 이 두 관점이 첨예하게 나뉘지만

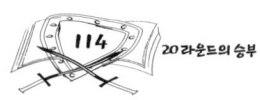

두 관점 모두 하나님이 그리스도를 보내셔서 모든 사람을 위한 자비와 정의의 나라를 세우게 하셨다는 데는 동의한다.

> 너희는 유대인이나 헬라인이나 종이나 자유인이나 남자나 여자나 다 그리스도 예수 안에서 하나이니라 (갈 3:28)

우리가 고대 이스라엘의 노예제를 어떻게 생각하든 열방을 축복한다는 이 주제는 아브라함을 부르신 사건(창 18:18)에서부터 새 예루살렘의 완성(계 21:26)에 이르기까지 성경 전체에 일관되게 나타난다. 또한 18세기 윌리엄 윌버포스로부터 21세기 국제 정의선교회 International Justice Mission에 이르는 기독교 개혁가들에게 영감을 준 것도 바로 이 주제와 소망이다. 그런 까닭에 마틴 루터 킹 주니어 박사는 그 날을 위해 힘쓰는 세상 모든 기독교인들을 다음과 같이 아름답게 묘사했다.

> 모든 하나님의 자녀, 즉 흑인과 백인과 유대인과 이방인과 개신교인과 가톨릭 교인들이 서로 손을 잡고 함께 흑인 영가를 부를 날이 올 것입니다. "끝내 자유를 얻었다! 드디어 자유다! 전능하신 하나님께 감사하라! 우리는 드디어 자유인이다!"

▶ 존의 반박

윌버포스 관련 자료가 너무 오래됐다. 그는 노예제에 대한 논쟁에서 성경을 사용하는 것을 원치 않았고 '도제 살이 apprenticeships'로 흔히 알려진 시에라리온의 또 다른 형태의 노예제도를 지지했다.(주 8)

바울은 사도행전 17장 27절에서 기본적으로는 세네카와 키케로의 정서를 반복하고 있어서 그 내용을 기독교로 간주하기 어렵다.(주 9)

윌버포스 같은 기독교인들이 하나님은 노예제를 폐지하기 위해 최선을 다했다고 주장하는 모습은 멍청하기 짝이 없다.

하나님은 처음부터 노예제를 정죄하고 초지일관 "너희는 인간을 노예 삼거나 두들겨서 노예로 만들지 마라"고 말씀하실 수도 있었다. 어떤 경우에도 사랑의 하나님이 이렇게 비도덕적 제도를 허용해도 괜찮겠다고 생각하실 수는 없는 법이다. 절대로.

그게 아니라 이스라엘 백성이 하나님의 말씀을 오해했다면 그들은 하나님의 존재와 관련해서도 얼마든지 잘못 생각했을 수 있다.

따라서 하나님이 최선을 다하시지 않았든지 고대 이스라엘인들이 노예제가 허용되었던 시대에 스스로 미신적이고 야만적인 관점에서 자신들만의 신을 하나 만들어 냈든지 둘 중 하나다.

▶ 랜들의 반박

존은 노예제에 대한 문제적 본문이라고 주장하는 성경 구절들을 세심하게 모았지만 갈라디아서 3장 28절 같은 핵심 본문은 무시하다시피 했다.

폴 주이트 Paul Jewett와 마거릿 슈스터 Marguerite Shuster는 그 구절을 "인류의 마그나 카르타 Magna Carta (근대적 영국 헌법과 입헌 정치의 제 원칙을 확립하는 데 중요한 역할을 수행한 대헌장_역주)"(주 10)라고 제대로 지적한다. 존은 바울이 노예의 존재를 부인한다고 볼 수 없다는 헥터 아발로스의 지적을 인용하면서 이 구절을 간단히 다룬다. 그 말은 사실이지만 부적절 irrelevent 하기도 하다.

여기서 진짜 중요한 교훈은 이 본문이 그리스도 안에서 모든 사람이 평등함을 확인해 준다면 노예제에 대한 윤리적 정당성은 확실히 약화된다는 것이다.

기독교인들은 노예제도와 싸우라는 분명한 명령을 받았음에도 불구하고 생기는 존의 의분은 도대체 어디에 근거를 둔 것인가?

역설적이게도 존은 기독교 전통의 윤리적 절대성을 슬며시 끌어와 노예제에 대한 기독교 전통을 비판하는 것 같다.

▶ **존**의 최종 진술

　무신론자가 성경이 지지하는 노예제도와 관련해 의분을 느끼며 성경의 문제점을 말하는 것이 부적절 irrelevent하다.

　현실을 보라. 지금의 현실은 무엇이 진짜 문제인지를 잘 보여준다. 진짜 문제가 무엇인가? 바로 성경이 지지하는 노예제도와 같은 문제 때문에 기독교인들이 신앙을 떠나고 있지 않은가?

　정작 랜들의 하나님이 노예제도를 반대하는 랜들의 분노를 공유하지 않는데 랜들의 분노는 도대체 어디에서 나오는 것일까?

　랜들의 분노 역시 나와 마찬가지로 진보하는 문화와 과학에서 나온 것이다.

▶ **랜들**의 최종 진술

　존은 하나님이 노예제를 더 분명히 반대하셨어야 한다고 반박한다.

　나는 존이 노예제에 대한 비판을 유발하는 객관적 근거를 더 분명히 했어야 한다고 반박하련다.

　윌리엄 윌버포스부터 마틴 루터 킹 주니어에 이르는 개혁가들은 모든 사람이 하나님의 형상대로 지음 받았다는 선천적 평등성에 이끌려 평화로운 하나님 나라를 위해 일했다.

　존의 동기는 과연 무엇인가?

REVIEW

▶ **승범**(무신론자)

만약 변호사 랜들의 변호(?)를 받는 피고가 있다면 그는 유죄를 받을 가능성이 거의 99%이다.

최종 진술에서 랜들은 윌버포스와 마틴 루터 킹 등은 하나님의 형상대로 지음 받은 선천적 평등성으로 살았다고 말했다. 도대체 랜들에게 그럼 성경은 무슨 의미가 있는가? 성경을 읽다가 '아 이건 따르고, 아 이 부분은 무시하고 나의 선천적 평등성을 따르자.' 이렇게 하라는 소리인가? 랜들은 모두 진술에서 하나님이 역사에 들어오면서 당대의 부당한 사회 제도를 따랐다고 했다. 하나님도 따른 당대의 부당한 사회 제도를 윌버포스와 마틴 루터 킹은 왜 건방지게 도전했는가? 랜들은 또 모두진술에서 성경의 저자가 하나님을 오해하고 잘못 적었을 수도 있다고 했다.

두 가지이다. 앞 장 어딘가에서 존이 지적했듯이 그런 무식한 저자가 지은 책에 내 생명을 걸고 믿으라고? 또 하나는 성경은 성령이 저자가 아닌가? 성령이 하나님을 오해했나? 실제로 쓴 것은 사람이니까 그 부분을 오해하지 말라고? 아니 성령이 실제로 쓰는 사람의 손가락 정도를 주관하지 못하시나? 그렇게도 무력한가? 성령이?

랜들은 또 모두진술에서 앞선 주제에 썼던 방식을 다시 들고 왔다. 즉, 노예제도와 관련해서도 하나님이 잘못된 것을 알려주시기 위해 역설 또는 풍자의 방법을 썼다고도 했다.

굳이 이 부분까지 반박할 가치를 못 느낀다. 랜들이 자신의 아이에게 칼을 쥐어주고 그 칼을 가지고 하루 종일 놀도록 하지는 않으리라 생각한다.

랜들이 바라는대로 그의 하나님이 정말로 노예제도를 증오하셨을까?

그랬다면 그는 노예제도와 관련해 한 구절 십계명에 넣었어야 했다.

남의 아내를 탐하지 말라? 탐하지 말라고 해서 안 탐해지고 탐하고 싶다고 해서 탐해지는가? 이런 말도 안 되는 명령 말고 십계명에 '같은 인간을 노예 삼으면 안 된다'는 한 구절을 넣었어야 한다.

인류 역사상 인종의 차이, 지역의 차이 그리고 성별의 차이 등으로 인해 죽어간 사람의 수가 과연 몇 억이나 될까?

▶ 희경(무신론자)

이번 라운드에서 랜들은 시간과 공간을 초월한 하나님을 인간의 문화와 역사와 마찬가지로 진화와 발전 그리고 변하는 하나님이라 말하는 것과 별로 달라 보이지 않는다. 이 주제를 놓고 볼 때는 성경은 조금의 염치라도 있다면 할 말이 없어야 한다.

성경은 요소요소에 주종관계의 표현과 (신과 인간 그리고 인간과 인간 사이에서도) 충성과 복종(순종)의 미덕을 강조한다. 그래서 인간은 하나님 앞에 잠잠하고 그의 처분만 바래야 하고 또 그가 무엇을 하든지 욥처럼 순종해야만 한다. 하나님이 온 가족을 말살시켜도 감사하는 마음으로 기왓장으로 자기 몸을 박박 긁고 있어야 한다.

그런 하나님이라면 아마도 노예제도를 가장 기뻐했을지 모른다. 하나님의 잔인한 성품과 노예제도는 가장 잘 어울린다. 그는 언제나 주인을 섬기는 종의 도리를 강조하는 신이니까 말이다. 아니, 하나님은 잘해야 노예제도에 무관심하지 않았을까?

▶ **상철**(기독교인)

하나님의 말씀을 읽을 때는 항상 다음 두 가지를 유념해야 한다. 첫째는 숲을 봐야지 나무를 보면 안 된다는 점이다. 두 번째는 비록 숲을 보더라도 잘못된 해석은 생길 수 있다는 여지를 생각해야 한다는 것이다.

성경을 읽은 미국 대통령 아브라함 링컨은 하나님의 말씀을 근거해서 노예제도와 싸웠다. 그에게 성경말씀이 없었다면, 신앙이 없었다면 그는 노예제도를 없애려고 그렇게까지 싸울 필요가 없었다. 결국 나중에 링컨은 노예제도 폐지를 위해 싸웠기에 암살까지 당했다. 링컨에게 그런 동기를 준 분이 누구신가? 하나님이시다. 성령님이시다. 따라서 그런 명확한 역사적 증거가 있는데도 불구하고 성경의 몇몇 구절 속에 드러나는 당시의 상황을 볼 때 얼마든지 이해할 수 있는 몇 구절을 가지고 꼬뚜리를 잡는 것은 성경을 대하는 바른 자세가 아니다. 역사적으로 노예제도와 관련해 잘못 해석하고 자기 유익대로 쓴 잘못된 사람들이 분명히 있다. 그러나 우리는 랜들의 말대로 그런 잘못된 사람을 보기보다 윌버포스와 같이 성경을 제대로 이해한 신앙의 선배를 보아야 한다. 그리고 언제나 성경은 하나님의 거대한 구속 사역의 흐름 속에서 읽어야 한다. 구약을 그렇게 읽지 않으면 우리는 율법주의에 빠질 수도 있고 또 여기 존과 같이 하나님을 떠나는 비참한 운명에 처할 수도 있다.

각종 인터넷의 잘못된 정보들을 비롯해 사탄이 우는 사자와 같이 다니는 지금 이때에 우리는 바울의 말대로 정말 매일 매일 구원을 이루기 위해 두려움으로 임해야 할 하루 하루이다.

▶ **민혁**(기독교인)

인간은 악하다. 하나님께 나아감으로 비로소 인간은 선하고 의롭게 될 수 있다.

하나님은 노예제도를 절대로 무신경하게 보지 않으셨다. 하나님은 노예제도를 가장 증오하셨다. 인간의 타락으로 인한 죄를 범하고 예수 그리스도의 십자가와 부활 사건으로 죄 문제를 해결할 동안 제 갈 길로 그릇 움직이는 양 같은 인간에게 욥의 고통을 허용하신 것처럼 하나님께서는 노예제도도 잠시 목적을 가지고 가만 두실 수밖에 없었다.

어쨌든 자식을 사랑하는 부모가 자식의 모든 행동을 항상, 늘, 언제나 통제하는가? 특히 여러 자녀를 둔 경우의 부모는 형제들에게 일어나는 모든 일과 분쟁 및 관계에 다 관여하지 않는다. 그게 그들을 존중하는 사랑의 태도이다.

역사적으로 기독교인이 저지른 모든 잘못이 다 하나님의 탓은 아니다. 그럼 기독교인이 노예를 해방시키고 자유를 위해 희생하고 노력한 경우는 무엇인가?

오래 참으시는 하나님 아버지를 믿는 믿음이 더 절실히 필요한 말세의 때이다.

9 라운드

하나님이 없다면 우리는 아무것도 알 수 없다

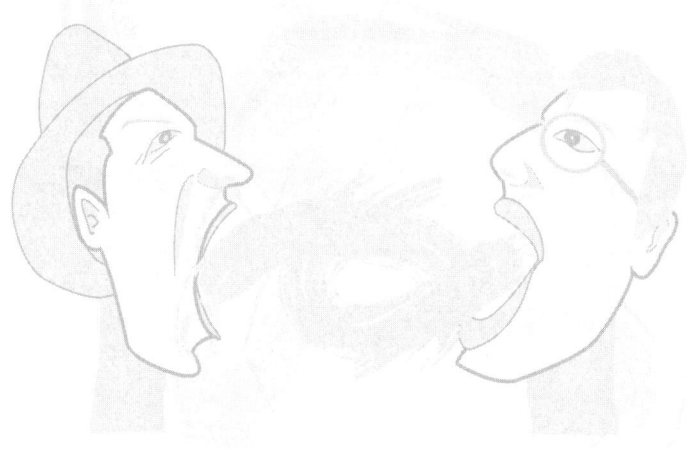

찬성: 기독교인 **랜들**

반대: 무신론자 **존**

▶ 랜들의 모두진술

지난 두어 시간 당신은 간간이 눈에 띄는 돌 무더기를 따라 험준한 알프스의 암벽 등산로를 걸었다. 등산객이 길을 잃지 않도록 산림 경비원들이 등산로를 따라 돌 무더기를 쌓았다고 믿었다.

그런데 등산로 끝에 다다르니 그 돌 무더기는 산림 경비원들이 쌓은 것이 아니라 풍화 작용으로 우연히 만들어진 것 같다는 생각이 들었다. "이 돌 무더기가 우연히 쌓였다면 내가 제대로 된 등산로를 따라왔다고 할 수 있을까?" 뒤돌아서서 이제 막 가로질러 온 광활한 암벽을 둘러본다. 아무렇게나 쌓인 돌 무더기를 따라 암벽을 건너오긴 했지만 제대로 된 등산로를 따라왔다고 믿을 수 있는 근거는 별로 없다. 암벽을 가로지르는 길은 수없이 많을 테니 제대로 된 길을 따라왔을 가능성은 매우 낮다.

이 등산객의 딜레마는 무신론자의 지식 문제를 여실히 보여준다. 무신론에 따르면 인간의 인식력은 이 돌 무더기와 유사하다. 돌 무더기가 등산로와는 아무 관계없이 형성된 것처럼 인간의 인식력도 진리를 아는 것과는 아무 관계없이 형성되었다. 제대로 된 등산로가 아니더라도 암벽을 가로지를 수 있는 방법은 무한하듯 이 세상에 대한 참된 믿음이 없더라도 세상을 헤쳐 나갈 수 있는 방법은 무한하다. 돌 무더기의 위치가 진리를 따라 지휘하는 지성과 전혀 상관이 없다고 믿게 되면 등산로를 잘 따라왔다는 확신도 사라지듯 우리의 인식력도 그와 비슷하다고 믿게 되면 진리를 제대로 따라가고 있다는 확신도 약해진다.(주 1)

따라서 우리의 인식력이 전반적으로 단순한 적응이 아니라 진리를 향하고 있다고 받아들여야 할 이유는 없다. 이것은 인간이 적응 가능한 믿음이 아니라 참된 믿음을 가지고 있다고 믿을 이유가 없다는 뜻이기도 하다.

무신론자들은 이렇게 따질 것이다. "하지만 참된 믿음이 가장 적응력이 뛰어나기 때문에 자연선택은 가장 효과적인 진리 생산 능력을 선별할 것이다. 인간이라는 종이 살아남았기에 우리는 인간이 대체적으로 참된 믿음을 가지고 있음을 알 수 있다." 문제는 이것이 사실이라고 생각할 근거가 없다는 것이다.

이런 예를 들어보자. 한 사내가 숲 속을 걷다가 유독 식물을 발견한다. 그가 이 식물을 먹지 못하게 만드는 믿음은 상황에 따라 얼마든지 바뀔 수 있다. "이 식물에는 독이 있다"는 참된 믿음이 한 가지라면 거짓 믿음은 헤아리기 힘들 정도로 많다. "이 식물은 신성하다." "이 식물을 먹으면 재수가 없다." "이 식물은 우리 삼촌이 환생한 풀이다." 이 모두는 식물을 먹지 못하게 하는 적응 행동을 낳지만 진실은 오로지 한 가지뿐이다.

따라서 우리의 인식력이 대체로 적응하는 믿음뿐 아니라 대체로 참된 믿음을 낳는다는 믿음은 내가 산 복권이 당첨되리라는 생각만큼이나 근거가 없다. 누구나 복권 당첨을 기대하지만 이성적으로 그렇게 믿지는 않는다.

이 문제에 정직하게 접근하는 무신론자들은 다소 극단적인 반응을 보일 때가 많다.

철학자 리처드 로티 Richard Rorty의 경우를 생각해 보라. 그는 '실재와의 일치'라는 진리의 개념 자체를 내다 버리고 실용주의적 유용성의 측면에서 진리를 재정의했다. 다시 말해, 꼭 제대로 된 길이 아니더라도 암벽을 건너게만 해주면 참된 믿음이라는 것이다.

> 참된 믿음을 '사물의 본질 the nature of things'을 드러내는 그 무엇이다라는 기존의 개념 대신 적절한 행동을 취하도록 하는 하나의 성공적인 법칙으로 받아들이자. 그렇게만 된다면 우리는 실용주의적 입장에서 진리를 추구하는 데 있어서 보다 더 실험적이고 오류를 크게 두려워하지 않는 태도를 권면하기가 훨씬 더 쉬워진다. (주2)

이처럼 로티가 급진적으로 재정의한 진리는 무신론적 세계관 내부의 긴장을 잘 보여준다. 그렇더라도 이런 정의는 본론을 피해 가는 것이다. "진리와 무신론 중에서 반드시 선택해야 한다면 누가 굳이 후자를 택하겠는가?"

▶ 존의 모두진술

진화를 과학적 사실로 고려한다면 이것은 전혀 틀린 말이다. 동물에게서도 윤리, 양심, 도구 제작, 학습, 문제 해결, 공동체, 의사소통 능력(주 3) 등 인간 추론 능력의 전조를 볼 수 있다. 어느 순간 인간은 사과(A)는 오렌지(O)가 아니라 사과라고 즉 $A=A$이고 $A \neq O$라고 이해할 수 있게 되었다. 또한 살아남으려면 반드시 해야 하는 일들도 알게 되었다.

    1. 살려면 먹어야 한다.
    2. 우리는 살고 싶다.
    3. 따라서 먹어야 한다.

긍정식 modus ponens이라는 가장 기본적인 논법이다. 이것을 알리고 굳이 하나님까지 필요한 이유를 모르겠다. 각 단계를 산출하는 정보 처리기 즉 뇌만 있으면 된다. 진화는 그 기원을 잘 설명해 준다. 이 우주가 합리적이지 않다면 이 우주를 관찰하는 데서 비롯된 논리를 발전시키지 못했을 것이다. 다양한 우주는 다양한 종류의 논리—그게 정확히 뭐가 됐든—를 생성하는데 인간의 뇌는 그 논리를 산출하는 방향으로 진화했다.

  개, 원숭이, 돌고래의 뇌는 각각의 생존을 돕기 위해 작용한다. 침팬지, 병아리, 다람쥐의 뇌는 각각의 생존을 돕는다. 돼지, 고슴도치, 오리너구리의 뇌는 각각의 생존을 돕는다. 이 동물들의 뇌가 현재와 같이 진화하지 않았다면 그들은 생존하지 못했을 것이다. 그런데 왜 굳이 인간만 달라야 하는가?

  랜들은 인간의 뇌가 단순히 신뢰하기 힘들 뿐 아니라 진리를 아는 데는 운이 아니라면 전혀 신뢰할 수 없다고 주장한다. 즉, 자연주의가 맞다면 우리는 인간의 뇌를 절대 신뢰해서는 안 된다는 것이다. 내가 보기에는 말이 안 되는 주장인데도 그는 이런 주장을 하고 있다.

  물론 인간의 감각을 온전히 신뢰할 수는 없지만 꽤 신뢰할 만하기는 하다. 인간의 추론에는 결함이 많지만 더 좋은 방법과 더 나쁜 방법의 차이를 구별하는 데는

충분하다. 인간의 뇌는 다양한 정보 처리 과정을 운영할 수 있도록 진화된 컴퓨터다. 우연보다는 진리를 발견하는 데 더 성공적이라서 인간의 뇌로 진화했다. 그러나 100퍼센트 성공은 아니다. 그래서 우리는 도구－새로운 과학기술－를 만들어서 정보 처리의 정확도를 높였는데 이 도구에는 언어, 수학, 논리, 과학적 방법 등이 있다. 이 도구들은 인간의 뇌가 생물학적으로 일으키기 쉬운 오류를 수정하기 위해 뇌에 운영하는 소프트웨어 패치와 같다. 그러나 논리, 수학, 과학적 방법은 진화의 산물이 아니라 인간 지능의 산물이다. 마치 더 잘 보기 위해 발명한 안경, 현미경, 망원경, 나무를 잘 쪼개기 위해 발명한 도끼, 물건을 편리하게 옮기려고 발명한 바퀴와 비슷하다. 우리는 온갖 종류의 논리 추론을 대신해 주는 우리 자신의 컴퓨터도 만들고 스스로 논리적 추론을 배울 수 있는 컴퓨터까지 만들었다.

우주의 운행 원리를 밝히는 데 필요한 요령을 배우고 도구를 발명할 수 있는 능력은 상징 언어를 사용하는 진화된 능력과 가설 설정과 실험을 통해 문제를 해결하고 행동을 예측하는 진화된 능력에서 비롯된다. 이 모든 능력은 생존에 매우 중요할 뿐 아니라 자원 획득, 위협 회피, 사회 체제 관리 등 직접적으로 유용한 영역은 물론 어느 지식 영역을 망라하고 동일한 일을 할 수 있는 능력을 수반한다.(주4)

기독교인들은 이성을 정당화할 때 나름의 어려움이 있다. 윌리엄 오컴(William of Ockham, 1288-1348)을 따르는 유명론자 Nominalists들은 하나님에게는 본질이 없기 때문에 이성이라는 특성 또는 속성도 없다고 주장한다. 기독교인들은 하나님이 이성을 창조했다는 것이 그분에 대한 온전한 개념이라고 주장하면서 그게 아니라면 도대체 어디서 이성이 왔느냐고 묻는다. 하나님이 이성의 요구를 따라야 한다는 대안적 생각은 이성이 신과 별도로 존재함을 암시한다. 그게 사실이라면 이성을 정당화하려고 굳이 하나님이 필요하지는 않다. 그렇다면 기독교적 근거로 볼 때 도대체 이성이 어디에서 비롯되었는가?

▶ 랜들의 반박

존은 "개, 원숭이, 돌고래의 뇌는 각각의 생존을 돕기 위해 작용한다. 침팬지, 병아리, 다람쥐의 뇌는 각각의 생존을 돕는다. 돼지, 고슴도치, 오리너구리의 뇌는 각각의 생존을 돕는다. 이 동물들의 뇌가 현재와 같이 진화하지 않았다면 그들은 생존하지 못했을 것이다"라고 말한 다음 "그런데 왜 굳이 인간만 달라야 하는가?"라고 미심쩍은 듯 질문을 던진다. 다르지 않다. 그게 바로 문제다.

존의 무신론에 따르면 인간의 뇌는 진리를 발견하기 위해서가 아니라 생존을 돕기 위해 진화했다. 존이 하는 모든 말은 환경에 적응하는 믿음이 대개 참된 믿음이라고 가정함으로써 논점을 교묘하게 회피한다.

그러나 내가 암벽 등반과 유독 식물의 예화에서 지적했듯이 참된 믿음은 하나뿐인데 거짓 믿음은 헤아릴 수 없이 많다. 따라서 존의 인식력에 대한 확신은 당신이 복권에 당첨된다는 믿음만큼이나 근거가 없다.

그가 마지막에 절박한 심정으로 언급한 윌리엄 보컴의 말은 내가 유명론(정신세계가 인지할 수 있는 유일한 실체는 감각에 의해 체험되는 구체적이고 검증 가능한 개개의 사물뿐이다라고 주장하는 학설_역주)을 거부하기 때문에 이 논의와 관련이 없다.

▶ 존의 반박

인류 이전의 어떤 종이 치명적인 유독 식물을 발견하고 먹었다면 그 종은 유독 식물을 먹지 않은 다른 종들을 대신하여 멸종된 셈이다. 잘못된 행동 때문에 종 전체가 멸종했다. 그 결과 지구에 존재했던 모든 종의 99퍼센트가 멸종했다. 이것이 진화의 작용 원리인데 낭비가 심하다. 그러나 인간이라는 종은 살아남았기 때문에 우리가 전반적으로 참된 믿음을 습득했음을 알 수 있다.

우리는 아직 살아 있지 않은가! 진화는 사실이기 때문에 이 점은 논란의 여지 없이 확실하다.(물론 진화의 사실성 여부는 랜들이 이 책에서 다루려고 선택한 주제는 아니다.) 안타깝게도 어떤 사람들은 유독 식물이 신성하다고 결론을 내릴지도 모른다. 그들은 과연 살아남을까?

어떤 것이 우리에게 유익하지도 않고 시행착오를 거쳐 발견하지도 않았는데 어떻게 랜들은 우리가 그것을 알 수 있다고 제안하는가?

임마누엘 칸트가 주장한 것처럼 우리가 물자체 things-in-itself에 접근할 수 없다는 점을 고려하면 분명히 그는 진리에 대한 유사성과 일관성 이론들의 난점을 알고 있다. 우리는 존재론 oncology의 관점이 아니라 인식론 epistemology의 관점에서 항상 이야기하고 있다.

랜들은 이 결론이 맘에 들지 않겠지만 실용주의는 유효하다.

▶ 랜들의 최종 진술

존은 인간이 살아남았기 때문에 우리에게 있는 믿음은 참된 믿음일 수밖에 없다고 반복해서 말한다.

하지만 나는 참된 믿음이 한 가지라면 거기에는 헤아리기 힘든 수많은 거짓 믿음이 있다고 이미 지적한 바 있다. 다음으로 그는 내가 그에게 동참할 수밖에 없다고 주장하면서 칸트의 회의론 skepticism을 인정한다.

미안하지만 존, 나는 당신의 인식론적 함정에 동참하고 싶은 마음이 조금도 없소이다. 하지만 당신만 준비되어 있다면 유신론은 완벽한 도피처를 제공할 것이오.

▶ 존의 최종 진술

적응하는 믿음은 인간의 생존에 유용하다. 나머지 믿음들은 인간의 생존에 부적절하거나 오히려 해롭다.

나는 종교적 신념은 대량학살 무기를 장착한 세상에 사는 우리의 생존에 대체적으로 해가 된다고 생각한다.

REVIEW

▶**상철**(기독교인)

철학은 한 때 신학의 시녀였다. 그러나 윌리엄 보컴과 같은 유명론자 등의 의해 인본주의, 이성주의가 판을 치게 되었다.

인간의 이성은 철저히 하나님의 주권 앞에 복종될 때에만 그 이성이 가치 있다. 인간의 몸속에 있는 바이러스는 꼭 필요하다. 그러나 그 바이러스가 도를 넘으면 병이 된다. 인간의 생명은 세포로 유지된다. 그러나 세포분열이 마구 일어나는 경우, 즉 세포분열이 도에 넘치는 경우 그 결과는 암이라는 병이 되어 인간을 죽인다. 뭐든지 지나치면 안 된다는 말이다.

인간의 이성은 하나님이 주신 선물이다. 그러나 그 이성은 하나님의 절대적 통치라는 그 한계 속에 있을 때 이성으로서의 가치 있고 아름답다. 그 한계를 벗어나 절대자에게 질문을 던지거나 나아가서 절대자에게 도전하는 경우 그 이성은 미친 바이러스나 암세포와 조금도 다르지 않다.

나는 이 토론을 계속 읽으면서 존을 위해 기도한다. 존은 영적으로 볼 때 암에 걸린 사람이다. 영적으로 볼 때 심각한 바이러스에 감염된 사람이다. 그의 이성은 하나님을 향해, 그의 창조주를 향해 복종하지 않고 대항한다. 감히 고작해야 몇십 년을 더 살고 죽을 인간 주제에 말이다. 우리가 그토록 대단하다고 생각하는 이성도 하나님 앞에서, 그의 심판 앞에서 사그라드는 아무것도 아님을 안다면 우리는 이성이라는 이름으로 절대자 앞에서 조금도 까불어서는 안된다. 존은 언젠가 죽음 앞에 섰을 때 자신이 덤볐던 하나님을 생각하고 후회의 눈물을 흘리게 될 것이다. 그가 그 전에 회개하고 돌아오도록 그의 영혼을 위해 기도한다.

▶**민혁**(기독교인)

지각에 뛰어나신 하나님이 깨닫게 해주신다. 인간의 모든 지식은 알게 모르게 하나님이 주신 것이다.

믿음이 있는 자는 하나님께서 주신 것은 어디서 왔는지 영적으로 바로 안다. 그러나 무신론자는 인간의 업적만을 바라보고 하나님이 주셔도 그게 어디서 왔는지조차 모른다. 유신론자에게는 하나님이 주시는 선물인 믿음은 필연적인 결과이지만 무신론자에게는 하나님을 모르는 상태가 무지 그 자체인데도 자기네들은 스스로 똑똑한 줄 안다.

하나님이 없다면 우리는 아무것도 알 수 없다는 이 장의 주제는 결국 믿음이 있냐 없냐의 문제이다. 무신론자와 이런 주제를 놓고 아무리 얘기해도 아무 소용없다. 시간 낭비일 뿐이다. 맹인에게 코끼리를 아무리 설명해도 그 맹인이 이해할 수 없는 것과 같다.

▶승범(무신론자)

랜들이 선택하는 주제는 주로 구체적이지 않은 철학적이고 거대담론적이다. 거창한 철학 용어들을 가지고 마치 대단한 진리를 알고 있는 양 치장하는 그런 식이다.

그에 비해 존은 철저하게 하나님이 자신을 드러낸 유일한 특별 계시라는 성경의 내용을 가지고 논쟁한다. 사실상 성경과 완전히 동떨어진 주제들을 선택하는 랜들의 경우 그의 주장을 옹호하기 위해 그는 굳이 성경의 하나님을 필요로 하지 않는다. 오히려 무식한 성경 속의 하나님보다는 좀 더 똑똑한 신이 그의 곁에 있으면 그는 좀 더 유리할 것이다. 다시 말해 성경처럼 지금 시대에 맞지 않는 수 많은 내용들을 가진 책 속의 신이 아니라 좀 더 합리적인 신을 선택해서 그가 주장을 펼친다면 오히려 더 설득력이 있을지도 모르겠다. 나는 랜들이 좀 더 '나은 신'을 찾아야 한다고 본다.

이미 지적되었듯이 시대의 변화와 교육에 의해 발전된 그의 윤리적 직관을 담기에 성경의 하나님은 너무도 수준이 떨어진다. 랜들은 절대적인 진리를 말하기 전에 왜 그 절대적 진리의 대상으로 삼는 그의 신이 굳이 성경의 하나님이어야 하는지부터 설명해야 한다.

▶희경(무신론자)

실용주의적 무신론적 세계관을 비판하는 랜들에게 나는 묻고 싶다.

실용주의적 증거 곧 신앙의 간증을 통한 하나님이 인도하셨다라고 말하는 기독교인의 인식이 과연 인간에게 완벽한 도피처가 되는지를 묻고 싶다.

인간이 태어나는 순간부터 하나님이 없으면 우리는 아예 아무것도 알 수 없는 존재로 생각하는지 랜들에게 묻고 싶다. 태어나 신앙을 갖게 되는 경로를 한 번 눈을 제대로 뜨고 살펴보라. 신앙이란 단순한 적응이다. 그 이상도 이하도 아니다. 하나님이 알려준 게 전혀 아니다. 적응해서 사는 방식의 하나가 신앙이다. 실재해서가 아니라 그냥 적응에 의해서, 사는 방식에 의해 '하나님'으로 모든 현상을 설명하고 그냥 세상만사에 다 '하나님'을 갖다 붙일 뿐이다. 사실 굳이 필요 없는, 아니 없으면 차라리 훨씬 더 나았을 아주 어리석은 삶의 방식이다. 하나님이 없었으면 하나님이라는 개념이 없었으면 우리는 아무것도 알 수 없는 게 아니라 지금보다 훨씬 더 제대로 알고 살아갈 수 있다. 최소한 엉터리 설명 하나가 줄어들었으니까 말이다.

아리아나 그런데 Ariana Grande의 유명한 노래가 있다. '네가 없어져서 나한테 문젯거리가 하나 줄어들었어'라는 뜻의 'one less problem without you'이다. 나는 그 제목을 이렇게 바꾸고 싶다. 기독교 신이 없어져서 인간에게 문제점 하나가 줄어들었어 one less problem without a christian god라고.

10 라운드

성경의 하나님은 여성에 무신경하다

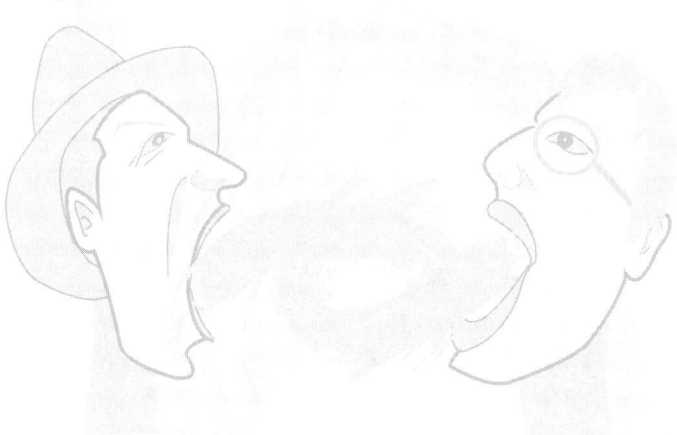

찬성: 무신론자 **존**

반대: 기독교인 **랜들**

▶ **존의 모두진술**

앞서 언급했듯이 종교는 스스로를 보호하기 힘든 약자를 어떻게 다루느냐에 따라 판단해야 한다.

성경에서 유래하여 서양에 뿌리내린 남성 지배 사회에서 여성은 대체로 약자였다. 성경과 역사에 드러난 여성에 대한 부당한 대우를 고려할 때 교양 있는 사람이라면 야만스럽고 성 차별적 시대에 탄생한 기독교를 거부해야 마땅하다.

성경에도 긍정적 여성 역할 모델과 여성을 지지하는 언급이 나오기는 하지만 성경의 내용은 전반적으로는 반여성적이라고 할 수 있다. 그런 구절들은 대충 얼버무리고 지나갈 것이 아니라 자세한 설명이 필요하다.

남자가 여자보다 먼저 창조되었기 때문에 바울은 남자만 하나님의 형상대로 창조되었다고 주장했다(고전 11:3-9).

여자는 남자를 돕는 배필로 창조되었을 뿐이다(창 2:18-24). 하와가 아담을 꾀었듯이 여자는 쉽게 유혹에 넘어가 남자를 꾈 수 있는 연약한 성으로 간주된다(고전 11:3; 벧전 3:7). 그래서 하나님은 남자가 여자를 다스릴 것이라고 말씀하셨고(창 3:16), 바울은 여자에게 교회에서 잠잠하라고 명령했다(고전 14:34-35; 딤전 2:11-14도 보라). 아내들이 "범사에" 자기 남편에게 복종해야 하는 이유도 그 때문이다(엡 5:24).

성서신학자 마이클 쿠건 Michael Coogan은 "남편과 아버지는 아내와 딸에게 사실상 절대 통제권을 가졌다"(주 1)고 주장한다.

사라는 남편을 "주인"이라 부르고(창 18:12), 그에게 "순종했다"(벧전 3:6; 1-6절을 보라). 쿠건은 이런 내용이 아내의 지위를 반영한다고 보는데 "아내는 남편의 지배 아래 있었고 그의 재산"(주 2)이었기 때문이다. 재산으로서 여성의 가치는 집보다는 못했지만 종이나 소와 나귀보다는 위였는데 십계명에 나열된 순서에 따르면 그렇다(출 20:17).

성서학자 드로라 오도넬 세텔 Drorah O'Donnell Setel은 구약 성경 법 문서에는 '결혼'이나 '아내', '남편' 같은 단어가 없었고 "이런 용어들은 (뭔가를 소유한다는 의미

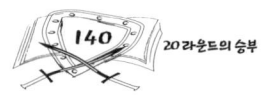

에서) 흔히 '소득'으로 번역되었다"(주3)고 알려 준다.

아버지는 원하기만 하면 딸을 종으로 팔 수 있었다(출 21:7-11).

쿠건은 "여자의 결혼은 노예로 팔려가는 것과 큰 차이가 없었다"고 말하는데, 여자를 꾀거나(출 22:16-17) 강간한 다음(신 22:28-29) 늘 값을 치르고 신부를 샀기 때문이다.(주4)

또한 신의 승인을 얻어 처녀들을 전리품으로 성 노예로 잡아가거나(신 31:17-18) 남에게서 그냥 뺏어올 수 있었다(삿 21:10-23).

성서학자 캐럴 메이어스 Carol L. Meyers는 "성경 전체는 주제와 권위 그리고 관점의 측면에서 전반적으로 남성 중심적이다"(주5)라고 말한다.

성경 시대 여성들은 가치 있고 권위 있는 지위에서 배제되었으며 성경에 나오는 명령들은 여성을 전혀 배려하지 않는다. 그중에서도 가장 끔찍한 내용은 야훼가 부정한 아내 이스라엘을 대하는 모습이다.

성서학자 수잰 숄츠 Susanne Scholz는 "신은 강간범이나 마찬가지"(주6)라고 말한다.

신의 아내는 다른 남자들을 쫓아다니는 매춘부로 묘사되고 야훼는 부정한 아내를 성폭행하고는 그 아내는 마땅히 받아야 할 벌을 받았다고 말한다.

성서학자 셰릴 엑섬 J. Cheryl Exum은 이사야 3장 17절을 이렇게 번역한다. "주께서 시온의 딸들을 대머리로 만드시고 여호와께서 그들의 성기를 드러내시리라."(주7)

예레미야 13장 22-26절에서 야훼는 예루살렘을 강간하되 "음부를 완전히 드러내기 위해 다리를 머리 위까지 끌어올려 여자들을 노출시키는 음란한 풍습"대로 하겠다고 말씀하신다.(주8)

야훼는 사마리아와 예루살렘에서 부정한 아내들을 이렇게 처벌하셨다. (그렇다, 야훼는 일부다처 주의자였다!) 호세아(2장), 예레미야(13장), 에스겔(16, 23장) 선지자가 그런 처벌을 우리에게 말해 준다. 야훼의 부정한 아내들은 군중 앞에서 벌거벗

기고 불구가 되고 죽음을 당했다.

물론, 선지자들은 이런 형벌을 부부 관계를 사용한 비유로 받아들였을 것이다. 그러나 그 내용에는 말씀을 듣는 사람들에게 전달하려는 의미가 반드시 있었을 것이다. 그렇지 않다면 굳이 그런 비유를 사용할 이유가 없지 않은가.

그다음에는 야훼가 주시는 경고가 뒤따른다.

> 이같이 내가 이 땅에서 음란을 그치게 한즉 모든 여인이 정신이 깨어
> 너희 음행을 본받지 아니하리라 (겔 23:48)(주 9)

틀림없이 당시 남자들은 야훼와 똑같이 이런 구절들을 이용하여 자신의 성적 처벌을 정당화했을 것이다.

그러니 성경 시대 여성들의 삶은 얼마나 아름다웠을까?

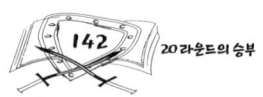

▶ **랜들**의 모두진술

1843년 6월 1일, 이사벨라 바움프리 Isabella Baumfree는 난생처음 성령님의 부르심을 들었다. 그 후 그녀는 "소저너 트루스 Sojourner Truth"로 개명하고 감리교 신자가 되어 노예제 폐지와 여성 인권 운동에 앞장섰다. 이후 10년이 못 되어 소저너는 자신의 이야기를 친구 올리브 길버트 Olive Gilbert에게 들려주었고 그 내용이 「소저너 트루스의 이야기 Narrative of Sojourner Truth」로 출판되었다. 소저너는 그 책에서 예수님과의 만남을 다음과 같이 묘사한다.

> 그 뚜렷한 형상은 거룩한 아름다움과 사랑으로 밝게 빛나고 있었다. 소저너가 "당신은 누구십니까?" 하고 외쳤다. 그런 다음 소리를 내어 이 신비로운 방문객에게 말을 걸었다. "저는 당신을 알기도 하고 모르기도 합니다." 그 말은 이런 뜻이었다. "당신은 매우 친숙한 존재입니다. 당신이 지금 저를 사랑하실 뿐 아니라 늘 저를 사랑해 주신 것을 압니다. 그런데도 저는 당신을 모릅니다. 당신의 이름을 부를 수 없습니다." 소저너가 "당신을 압니다"라고 말했을 때 이 형상은 잠잠했다. "당신을 모릅니다"라고 말했을 때는 물이 흔들리듯이 안절부절못하며 움직였다. 그래서 소저너가 쉬지 않고 "당신을 압니다, 알아요"라고 반복하자 그 형상은 그대로였다. "당신은 누구십니까?"는 소저너의 마음에서 우러나온 외침이었다. 그녀의 온 영혼은 오직 한 가지 깊은 기도에 빠져 있었다. 이 천상의 존재가 스스로를 드러내고 그녀와 함께 머물러 달라는 기도였다. 소저너의 영혼과 몸이 이 강력한 열망에 잠기고 나서 한참 후에, 호흡과 힘이 달리고 자세를 더 이상 유지하기 힘들어졌을 때 홀연히 "내가 예수다"라는 분명한 대답이 귀에 들려왔다. 소저너가 대답했다. "그렇습니다. 당신은 예수님이십니다." (주 10)

이 놀라운 체험을 통해 소저너는 역사상 가장 위대한 여성 인권 운동가로 거듭날 수 있었다. 하나님의 부르심으로 그분의 인도와 담대함을 얻은 소저너는 선교의 열정을 품고 남녀평등과 인종평등을 외쳤다.(주 11)

존은 당연히 소저너가 틀렸다고 생각한다. 그는 예수님은 여자들에게 별 신경을 쓰지 않으셨고 소저너는 스스로 고백한 신앙을 존의 절반만큼도 이해하지 못했다고 믿는다. 하지만 왜 그렇게 생각하는가?

여자들을 가르치시고(눅 10:38-42) 여자들의 섬김을 받으셔서(눅 8:1-3) 사회적 관습을 타파하신 그 예수님이 소저너를 부르신 것이 그리 놀랄 일인가? 암탉이 새끼를 품듯이 예루살렘을 어머니처럼 보살핀다고 말씀하신 분이 누구신가? (마 23:37; 참고 시 91:4) 십자가에 달려서까지 어머니의 안위를 걱정하셨던 분이 누구신가? (요 19:26-27) 여제자 마리아에게 부활 후 처음 나타나셨던 분이 누구신가? (요 20:14-18) 차별 없이 모든 사람에게 은사를 부어 주신 그 성령님이 소저너를 부르신 것이 그리 놀랄 일인가? (행 2:17-18) 여성에게 중요한 사역을 부여하여 여성을 높인 그 교회가 소저너를 부른 것이 그리 놀랄 일인가? (행 18:18, 26; 21:9; 롬 16:7; 고전 16:19) 하나님의 형상을 따라 평등한 바로 그 양성(창 1:27)을 대상으로 사역하라고 소저너가 부르심을 받은 것이 그리 놀랄 일인가 말이다.

1851년 소저너는 "나는 여자가 아닌가요? Ain't I a Woman?"라는 명연설을 발표했다(사람들이 상상하듯 남부 특유의 느릿느릿한 말투가 아니라 주인에게서 배워서 네덜란드 억양이 센 영어였지만). 프랜시스 게이지 Frances Gage가 녹음한 그 연설은 이렇게 시작된다.

> 저기 저 남자 분이 말씀하더군요. 여성은 탈것으로 모셔 드려야 하고 안아서 도랑을 건너 드려야 하고 어디에서나 최고 좋은 자리를 드려야 한다고. 하지만 아무도 내게는 그런 적 없어요. 나는 탈것으로 모셔진 적도 진흙 구덩이를 지나도록 도움을 받은 적도 무슨 좋은 자리를 받아 본 적도 없어요.… 그러면 나는 여자가 아닌가요? (주 12)

탈것에 오르거나 도랑을 건널 때 소저너가 남자들 도움이 필요했을 것 같지는 않다. 그러나 그녀도 남자들이 자신을 자기 삶과 업적을 자신의 신앙에 대한 이해를 존중해 주기를 분명히 바랐을 것이다.

존의 대담한 주장에서 슬픈 역설을 확인할 수 있는 부분이 바로 이 대목이다. 그는 소저너의 업적을 존중할지는 몰라도 소저너는 자신의 신앙을 이해하지 못했기 때문에 그 신앙이 그녀의 업적과는 아무 관계가 없었다고 우리가 믿기를 바란다.

그렇다면 우리는 결국 선택할 수밖에 없다. 과거에 노예였던 이에게 그녀가 고백한 신앙을 가르치려 애쓰는 무신론자 존의 이야기를 들을 것인가?

아니면 과거에 노예였다가 노예 폐지론자요 설교자 여성 인권운동가가 된 소저너를 믿을 것인가? 역사를 거슬러 내려와 존의 도발적인 비난에 분노 어린 대답을 제시하는 그녀의 목소리를 신뢰할 것인가?

"나는 여자가 아닌가요?"

▶ 존의 반박

엘리자베스 케이디 스탠턴 Elizabeth Cady Stanton과 수전 앤서니 Susan B. Anthony는 초기 여성 인권운동을 이끈 무신론자들이었다.

소저너 트루스 같은 기독교인들과 함께 두 사람은 야훼와 성경 저자들은 절대 공유하지 않지만 랜들과 나는 공유하는 도덕적 직관에 기초하여 더 좋은 세상을 만들었다.

회의주의자들 사이에 자주 회자되는 농담이 있다. 언젠가 미래에 기독교인들이 동성애와 동물의 권리를 완전히 인정하면(이는 이미 진행 중인 일이다) 그들은 기독교가 이런 사회 변화의 기폭제가 되었다고 주장할 것이라는 농담이다. 마치 지금도 기독교인들이 자기들 신앙이 과학의 기원, 노예제 폐지, 여성 인권 향상의 기폭제가 되었다고 거짓 주장을 펴듯이 말이다. 그러나 이런 주장은 말도 안 되는 헛소리다.

윤리는 진화한다. 더 이상 토 달지 말자. 윤리가 진화하면 기독교인들은 자신들이 성경이 아닌 다른 근거로 인해 받아들이게 된 것을 뒷받침하려고 성경을 다시 읽고 자세히 살펴 소수의 목소리를 찾는다. 다수의 목소리에는 귀를 닫고 자기들 입맛에 맞는 소리만 골라 듣는다.

기독교인들은 불순종을 이유로 이스라엘 백성 전체를 죽이겠다고 위협할 수도 있는 하나님이 품위 있고 교양 있는 태도로 여성을 대하셨으리라고 정말 생각하는가? 기독교인들의 망상을 이보다 더 잘 보여주는 지점은 없는 듯하다.

▶ 랜들의 반박

존은 소저너가 부르심을 받지 않았을 수도 있다고 주장하기 위해 성경 본문을 길게 나열한다. 그는 "그런 구절들은 대충 얼버무리고 지나갈 것이 아니라 자세한 설명이 필요하다"고 말한다. 그 구절들은 두 가지로 설명할 수 있다.

우선, 이 본문들은 자세히 들여다봐도 아무 문제가 없다.

창세기에서 남자가 먼저 창조되었다는 존의 문제 제기를 생각해 보라. 그 사실이 여성을 폄하하는가?

그렇다면 물고기와 새보다 나중에 창조된 인간은 어떤가? 오히려 더 중요한 피조물이 이야기 후반부에 등장한다. 그래서 마지막 피조물이라는 여성의 지위는 여성을 더 격상시킨다. 여성을 남성의 돕는 배필 ezer로 언급한 부분도 큰 문제가 아닌데 성경은 하나님을 우리를 돕는 분으로 묘사하기 때문이다.(시 33:20).

그렇다고 해도 남성 중심적이고 여성 혐오적인 관점을 보이는 다른 본문들이 있는가? 그런 본문들이 있다면 우리는 창조에서부터 예수님의 사역, 소저너를 인도하셨던 성령님에 이르기까지 평등과 구속이라는 더 무게감 있는 주제의 관점에서 그 본문들을 읽어야 한다.

▶존의 최종 진술

내가 기독교 신앙에 반대하는 가장 주요한 이유가 바로 이 여성 폄하 문제다.

랜들처럼 성서신학자가 아닌 사람이 대다수 성서신학자들이 이 주제와 관련하여 이미 내린 결론들에 반박하는 것은 순전한 자만심이라고밖에 할 수 없다.

그는 본문과 전혀 맞지 않는 자신의 윤리적 직관을 성경 구절들에 주입하고 있다.

▶랜들의 최종진술

존은 하나님의 형상과 구속 공동체에 대한 가장 중요한 성경 본문을 무시하면서 내가 "구미에 맞는" 성경 구절만 취한다고 공격한다.

그의 비난은 매우 아이러니하다.

그러나 "윤리가 진화한다"는 변변치 못한 고백과 결부된 가부장주의에 대한 그의 맹비난이 가지는 아이러니에 비하면 차마 비할 바가 아니다.

REVIEW

▶승범(무신론자)

앞 장에서 얘기했듯이 존이 선택하는 토론 주제는 철저하게 성경의 내용을 근거로 한다. 그리고 랜들의 대응은 철저히 성경을 배제하거나 아니면 성경의 내용을 아예 이상하게 왜곡하는 방법을 통해서이다.

랜들의 반박에서 그는 창세기의 마지막 피조물이 여성이라는 점은 여성의 지위를 격상시킨다는 차마 뭐라 황당해 말을 할 수 없는 수준의 내용을 반박이라고 하고 있다. 성경에서는 그럼 장남이 아니라 그럼 맨 마지막 나온 자식이 아버지의 상속자가 되어야겠네, 무슨 말도 안 되는 소리인지……

여성 차별과 관련해 랜들은 소저너라는 여자가 본 환상을 근거로 자신의 모두 진술을 했다. 이 또한 차마 뭐라고 할 말을 잃게 만드는 처참한 수준이다. 이 주제와 관련해 그가 오죽 할 말이 없었으면 이런 어줍잖은 사례를 끄집어 냈어야만 했는지 한편으로 불쌍하기까지 하다.

요즘 한국은 일본의 정신대 배상 문제 등으로 시끄럽다. 일제 강점기 정신대 문제로 일본 정부를 비난하는 사람에게 아베 총리가 과거 일본 정부 관료 중에 여자가 한 명 있었기에 일본 정부야 말로 여성을 가장 존중한 정부라고 말한다면 어떨까? 랜들은 그에 대해 뭐라고 답할까? 그가 지금 딱 그 꼴이다. 나는 랜들이 제발 성경의 내용과 관련한 토론은 같은 성경으로 하길 바란다. 앞에서도 말했지만 그는 좀 더 괜찮은 신을 찾아야 한다. 랜들이 지금 변호하는 성경의 하나님은 너무도 죄가 많아 랜들이 무슨 수를 쓰더라도 잘하면 종신형, 아니면 사형감이다. 랜들은 남은 토론에서 과연 이런 문제많은 하나님을 살릴 수 있을까?

랜들의 건투를 빈다.

▶희경(무신론자)

존의 주장처럼 성경은 무수히 여성 차별 정도가 아니라 여성 무시 사상으로 가득하다고 해도 전혀 무리가 아니다.

하나님의 말씀이 성경이라면 그 하나님은 성차별이 무지 심한 가부장적인 남성이라고 보는 것이 타당하다.

'컬러 퍼플'이라는 영화에 주인공 흑인여성이 이렇게 고백하는 장면이 있다.
"나는 하나님이 백인이며 남자라고 생각해요."
그 영화에서 남성이 힘없는 여성에게 모든 죄를 전가하여 학대하는 묘사를 보면 잔인하며 끔찍하기까지 했다. 랜들의 반박도 '이헌령 비헌령'과 다를 바 없다.

아동희생 제사를 하게 한 하나님은 여자를 심하게 차별하였다.

소저녀는 그녀가 기독교인이었다고 그녀가 한 일이 다 하나님이 했다고 말할 수 있나? 그럼 기독교인 여성 차별자들은 하나님이 한 게 아니고 누가 한 것인가? 그들 중에도 소저녀처럼 성령으로부터 음성을 듣고 같은 여성을 차별한 사람이 있다면 그 여자는 어떻게 되는가?

이렇게 자기 입맛에 맞는 사례만 들어 주장하는 랜들의 모습은 빈약하기 이를 데 없다.

▶ **상철**(기독교인)

　기독교가 들어가는 나라는 예외 없이 여성의 인권이 상승했다. 우리나라가 가장 좋은 사례이다. 김활란 여사 등의 기독교인으로 인해 이화여대도 생기고 여성들도 고등교육을 받게 되었다. 역사적 사실보다 더 중요한 증명은 없다.
　그러나 기독교가 없는 지금의 이슬람을 보라. 아직도 여자들은 동물과 비슷한 취급을 받는다.
　기독교가 만든 유럽 그리고 미국을 보라. 유럽은 대처 수상과 같이 여자가 수상을 하고 미국은 지금 힐러리가 대선주자로서 유력하다. 우리나라의 경우 이미 여성이 대통령을 하고 있다. 이 모든 일들이 하나님께서 이 나라를, 특히 여성의 인권을 축복하지 않으셨다면 결코 일어날 수 없는 일이다.
　존은 계속 느끼지만 성경의 한 두 구절을 가지고 트집을 잡는 데에는 탁월한 재능을 가지고 있다. 아마도 그가 한 때 목사였기에 성경을 잘 알기 때문일 것이다.
　예수님께서 어린아이와 같지 않으면 하나님 나라를 볼 수 없다고 했다. 존이 그 경우에 해당한다. 예수님은 무식하라는 말이 아니라 어린아이와 같이 깨끗하라는 말이다.
　존의 경우 성경에 대한 지식이 그의 영혼을 죽이고 있다. 차라리 성경을 아예 읽은 적이 없는 아프리카의 부족이 존보다는 행복하다. 그들이 구원받을 확율이 존보다는 훨씬 더 높다. 존은 어떻게보면 가장 자유로운 미국에서 태어난 것이 그의 영원을 지옥에서 보내도록 하는 저주가 되었다. 차라리 그가 아프리카에서 태어났더라면 그는 영원을 천국에서 보낼 수 있었을지도 모른다.
　우리는 성경 속의 생명의 진리를 파내어 읽고 내 속에 담기에도 이 삶이 짧다. 하물며 어떻게든 말도 안 되는 트집을 잡기 위해 성경을 매일 읽고 있을 존의 경우 그의 인생이 얼마나 허무하고 슬픈가? 전도서에도 나오지만 너무 많이 알면 그것은 복이 아니라 저주가 될 수 있다.

하나님이 여자를 차별하신다고? 예수님이 어머니 마리아를 얼마나 사랑하셨는가? 예수님이 부활하시고 가장 먼저 부활하신 모습을 드러낸 대상이 누구인가? 바로 여자들이다. 성경은 이처럼 여자를 소중하게 다룬다. 존이 성경을 가지고 말하고 싶은면 좀 제대로 성경을 알고 말했으면 좋겠다. 가장 중요한 구절들은 다 빼고 구약의 한 두 구절을 가지고 성경을 왜곡해서는 안된다.

무엇보다 가장 중요한 성경의 핵심이자 주인공인 예수님을 보지 않고 예수님의 구원 사역의 그림자인 구약의 몇 구절만을 가지고 끊임없이 오도방정을 떠는 존의 영혼이 가엾다.

▶ 민혁(기독교인)

인간사회는 관습과 문화가 지배한다고 해도 과언이 아니다.

역사는 발전하고 변한다. 소위, 세상은 변하고 있다. 하나님의 법칙에 의해 자신이 속한 사회에 사는 인간은 기독교인이라고 해도 스스로 어쩔 수 없기 때문이다.

신앙이 성장하고 깊어지면서 하나님의 뜻을 깨달아 성숙한 모습으로 변해야 한다. 과거의, 그리고 일부 기독교인들의 벗어나지 못한 사회적 죄성을 하나님이 하신 것처럼 착각해서는 안된다. 하나님은 죄 없으신 거룩하신 분이다.

성경에 하나님은 여성을 중요하게 보시고 그의 사역에 역할을 할 수 있도록 그 당시 사회적 제약에도 불구하고 이끌어 주신 분이시다.

하나님을 믿는 믿음의 사람들이 믿음으로 행할 때 비로소 의로울 수 있기 때문이다.

하나님은 결코 여성에 무감각한 분이 아니시다. 우리는 선하시고 좋으신 하나님을 믿고 그분의 인도하심을 받아야 한다.

11 라운드

사랑은 아름답지만 오로지 하나님이 존재할 때만 그렇다

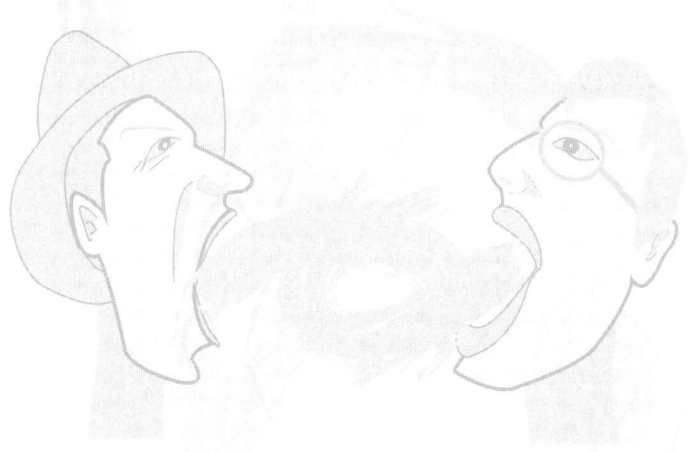

찬성: 기독교인 **랜들**

반대: 무신론자 **존**

▶ 랜들의 모두진술

앤드류 브라운 Andrew Brown은 조지 프라이스 George Price의 자살 사건으로 「다윈 전쟁 The Darwin Wars」의 서두를 연다. 브라운이 설명하듯이 프라이스는 이론 생물학 연구를 통해 진정한 이타심과 미덕은 불가능하다고 확신하게 되었다.

그는 이기심만이 보상받는 것처럼 보이는 세상에서 어떻게 이타심이 번성할 수 있는지 보여주는 일련의 수학 등식을 새로 만들었다.(주 1)

생물들이 이타적 행동을 할 수 없다는 말이 아니다. 하지만 프라이스는 다음과 같은 사실을 알게 되었다.

그의 등식은 동물은 물론 인간도 진정으로 자기를 희생하는 행위가 가능함을 보여주었지만 그 행위에 전혀 고상한 의도가 없다는 점도 보여주었다. 그저 유전자를 퍼뜨리도록 도와줘서 장기 생존을 가능하게 한다는 이유 때문이었다.(주 2)

프라이스는 자신이 발견한 내용을 감당하기 힘들었고 이것은 그의 정서적·정신적 몰락의 원인이 되었다. 그는 사랑이 생존의 보조 장치에 불과한 세상에서는 도저히 살 수 없었던 것이다.

지난 30년간 진화심리학자들은 프라이스의 연구와 동일한 분야에 관심을 쏟아 부었다. 그래서 진화 역사의 관점에서 사랑은 생존과 재생산을 돕는다는 의미에서 가치가 있는 정서적 애착이라는 결론이 나왔다.

> 예를 들어, 캠벨 Campbell과 엘리스 Ellis는 인간의 짝짓기 성향을 이렇게 묘사한다. "인간이 유전학적으로 후손 보전에 관심이 있다는 사실을 고려해 볼 때 그들은 자손의 생존 가능성을 높여 줄 헌신적 관계를 형성함으로써 재생산 측면에서 유익을 얻을 수 있었다."(주 3)

이런 관점에서 사랑은 유전자 정보의 생존을 보장해 주는 생물학적 가치가 있다.

이런 진화심리학자의 분석에 원칙적으로는 문제가 없다. 어느 정도는 사랑에 개인과 종의 생존을 위한 적응가(適應價)가 있다는 사실에 놀라서는 안 된다.

프라이스에게 어려움을 주었듯이 이런 분석이 엇나가면 진화심리학의 관점에서만 사랑을 분석할 수 있기 때문에 사랑은 생물학적 가치를 지닌 정서적 애착에 불과하다는 그릇된 전제를 낳는다. 그것은 완전히 잘못된 결론이다.

일반 연구원들은 이런 환원주의적 분석에 열심을 내지 않지만 무신론자 연구원들은 예외다. 그들의 형이상학과 일관된 관점에서는 사랑이란 생물학적으로 이로운 정서적 애착이나 어느 영국인 교수의 냉소적인 정의처럼 "두 사람이 서로 상대방을 이용하기로 동의하는 것"에 불과하다. 실로 환원주의의 최고봉이라 할 만하다.

사랑에 생물학적 적응가가 있을 수는 있지만 사랑을 그 생물학적 적응가와 동일시할 수는 없다. 사랑을 얼마나 생물학적으로 이로운 정서적 애착 이상으로 인식하느냐에 따라 그리고 얼마나 중력이나 물질 같은 우주의 객관적 일부분으로 확실히 인식하느냐에 따라 우리에게는 그만큼 무신론을 거짓으로 취급할 이유가 생긴다.

기독교에서 가장 기본적인 사랑은 '아가페' 사랑인데 아가페는 생물학적 적응가와는 완전히 별개로 정의되는 사랑이다. 아가페는 한 사람이 상대가 샬롬에 도달하는 데서 얻는 개인적 가치와 상관없이 그가 샬롬이나 안녕에 도달하기를 바라는 열망이다. 생존을 위한 생물학적 본능을 따르지 않는다는 사실이야말로 아가페의 근본적 아름다움과 초월적 범위다.

내 말은 무신론자들은 사랑(구체적으로는 아가페 사랑)을 보여줄 수 없다는 뜻이 아니다. 사실 약자와 가난한 자들에 대한 변함없는 존의 관심은 그런 사랑을 여실히 보여준다고 생각한다. 하지만 그의 세계관이라는 제한된 관점으로는 사랑을 분석할 길이 없다는 것이 문제다.

허버트 사이먼 Herbert Simon은 진화심리학의 관점에서 마더 테레사 같은 사람들의 이타주의를 '제한된 합리성'으로 분류해 논란을 불러왔다.

다시 말해 사이먼은 사람들이 약하고 가난한 사람들에게 관심을 보이는 것은 지혜로운 행동이 아니라 어리석은 행동이라고 믿는다. 진화상으로 유익이 있는 사랑만이 언급할 가치가 있는 유일한 종류의 사랑이기 때문이다.(주4)

이것은 내가 존이 어리석은 사람이 되기 원치 않기에 반대할 수밖에 없는 첫 번째 논쟁이다.

나는 약하고 가난한 사람들에 대한 그의 애정 어린 관심이 제한된 합리성이 아니라 다른 사람들의 샬롬에 대한 관심이기를 바란다. 그 샬롬은 그가 품은 형상과 그 형상이 반영하는 하나님에게 뿌리를 내리고 있다.

▶ 존의 모두진술

랜들은 언어유희의 대가이지만 이 게임은 중요한 문제는 전혀 해결해 주지 못한다. (17라운드와 19라운드를 제외하고)

랜들이 고른 토론 주제는 대부분 정확하게 제시하기만 하면 대다수 사람들에게 아무런 반발심을 일으키지 않는다. 사람들은 랜들의 특정한 기독교 신앙과는 다른 비기독교 유신론에 굳이 반대하지 않는다. 거기에는 이슬람이나 정통 유대교 같은 성경적 유신론 그리고 힌두교·다신론·이신론과 같은 비성경적 유신론도 포함된다. 사람들은 또한 불교와 유교 같은 비자연주의 무신론에도 반대하지 않는다.

물론 그런 사람들을 향해서도 랜들이 자신이 믿는 기독교를 설파하려면 그는 기독교만의 특정한 삼위일체, 동정녀 탄생, 성육신, 성경 중심 신앙을 변론해야만 한다.

복음주의자로 출발해서 자유주의자를 거쳐 무신론자가 된 나의 지적 여정 중 어디에서도 내가 형이상학적 자연주의자가 된 마지막 단계 이전까지는 그의 주장들은 아무 문제가 되지 않았다. 그때까지도 나는 그가 한 주장들에 대부분 동의할 수 있었기 때문이다.

지금도 나는 초월적 힘이나 존재가 없다고 완전히 확신하지는 못하겠다. 다른 이유는 없다. 그렇게 생각하지 않는 것뿐이다. 현 상태에 이르기 전에도 내가 그리스도인이 되지 않은 이유는 헤아릴 수 없이 많았다. 기독교가 사실이라고 생각할 만한 타당한 이유가 없는 이유에 대해 나는 책을 네 권이나 쓰고 편집했다. 그것만큼은 확실하다. 초월적 힘이나 존재의 존재 여부는 내게 별 문제가 되지 않는다. 그렇게 멀찍이 떨어져 있는 신은 있으나 마나이기 때문이다. 성경이 야만스럽고 비과학적인 고대인들의 산물인 것을 알게 되자 더 이상 기독교의 신을 믿을 이유가 없었다. 그리고 내가 그렇게 결론지은 이유를 깨닫자 동일한 같은 이유로 다른 종교를 믿을 타당한 이유도 없다는 것을 확실히 알 수 있었다.

랜들이 이 주제에 관심을 기울이는 유일한 이유는 이 세상에 존재하는 신이 곧 예수를 보내 그를 위해 죽게 했고 그와 영원히 함께할 그 신과 동일하다고 믿기 때문이다. 그러나 이 부가적 기독교 신앙의 출처는 다름 아닌 성경과 그가 성경에 기초해 쌓은 신학이다.

나는 랜들이 믿는 하나님의 모습과 전혀 다른 성경 속 하나님을 드러내는 대조를 통해 성경이나 성경이 말하는 소위 선한 하나님을 믿을 수 없는 이유를 보여주려고 한다.

성경이나 성경의 하나님을 믿어야 할 타당한 이유가 없다면 초월적 힘이나 존재의 유무는 그런 문제에만 호기심이 있는 사람들을 위한 시시한 학문적 질문에 불과하다. 그것이 우리가 초월적 존재와 관련해 내릴 수 있는 결론의 전부라면 이 힘이나 존재가 우리에게 무엇을 원하는지 왜 우리는 여기에 있는지 죽으면 어디로 가는지 알 수 있는 길이 없고 결국엔 그 초월적 존재가 진짜라고 해도 우리에게 굳이 필요하지 않은 하나의 가설에 불과하다. 따라서 초월적 존재를 그런 모호한 힘이나 존재 정도로만 믿는 사람에게 있어서 지금 이 책은 아무런 흥미를 불러일으킬 수 없다. 물론 지금 다루는 주제들이 랜들에게 분명히 종교적 동기를 부여했을 텐데도 불구하고 그는 내가 이 책에서 제시하는 주제들에 대해서만 성경에 대한 자신의 믿음의 근거가 신뢰할 만하다고 변호하고 있을 뿐이다.(달리 말하면 랜들은 이 지구상 대다수 사람들이 별 반대 없이 고개를 끄덕이는 일반적인 주제들을 자신의 주장으로 내세우지 말고 오로지 성경만이 주장하는 독특한 주제들을 자신의 토픽으로 내세워 기독교 신앙의 진리를 강하게 설파했어야 한다는 말이다. 그런데 왜 랜달은 그렇게 하고 있지 않는지 이해가 안 간다는 존의 말이다._역주)

이에 반해 내 목적은 성경의 신이 진리라는 근거가 약화된다면 기독교인들이 자신이 믿는 바를 어떻게 볼지 생각해 보게 만드는 것이다. 예측컨대 그들의 믿음은 사라지고 말 것이다.

그런데도 지금 랜들은 지금 무엇을 하고 있는가? (왜 자신에게 주어진 주제 선택의 공격권을 제대로 사용하지 않고 엄한 주제들만 끄집어내고 있는가 하는 말이다._역주)

진화라는 과학적 사실로 보건대 사랑은 생존에 대한 필요에 기초하고 우리 살붙이에게 표현되는 생물학적 충동이다. 사랑한다는 것은 우리 같은 사회적 동물

에게 나타나는 생물학적 사실이다. 그래서 동물계에서도 얼마든지 발견할 수 있다.

콘라트 로렌츠 Konrad Lorenz는 동물행동학(생태계에서 동물의 본능 행위를 연구하는 학문-역자주)을 창시한 세 유럽인 중 한 사람이다. 로렌츠는 이 새로운 과학 분야의 시조로 1973년에 노벨상을 공동 수상했다. 그는 세계적 베스트셀러가 된 저술에서 다양한 종의 행위를 묘사하는데 그중에는 생존을 위해 짝짓기를 하는 갈까마귀도 있다. 로렌츠는 갈까마귀의 사랑과 인간의 사랑을 비교한다. 갈까마귀도 인간처럼 "첫눈에 반해" 사랑을 시작한다. 갈까마귀들은 상당한 약혼 기간을 거쳐 교미 전에 제대로 구애를 한다. 이 한 쌍은 "진심 어린 상호 방어 연합을 형성한다. 각 파트너는 충성스럽게 상대방을 지지한다." 계속해서 그는 이렇게 쓴다. "다수의 고등 조류와 포유류는 인간과 똑같이 행동한다."(주5)

그런 동물들이 사랑하는 데 과연 신이 필요한가?

필요 없을 것 같다.

인간도 마찬가지다.(주6)

▶ 랜들의 반박

존은 장황하고 부적절한 서론을 한참 늘어놓은 후에야 본론으로 들어간다. 하지만 그마저도 인내심이 부족해서 과학이 환원주의를 지지한다고 계속해서 주장한다.

"진화라는 과학적 사실로 보건대 사랑은 생존에 대한 필요에 기초하고 우리 살붙이에게 표현되는 생물학적 충동이다."

존의 문제는 진화가 생물학 이론에 불과하다는 점이다. 진화로 사랑을 설명하려는 시도는 과학이 아니라 철학, 그것도 썩 좋지 않은 철학이다.

존은 사랑에 대한 환원주의적 관점을 지지하면서 자신이 앉아 있는 가지를 톱으로 잘라내고 있다. 결국 약하고 가난한 사람들에게 사랑을 표현하는 것은 생존에 도움이 되지 않는 행동이다. 반대로 진화가 주는 교훈은 약한 사람들은 무리에서 도태된다는 것이다.

인류가 단순한 생물학을 초월하여 아가페라는 영적 미덕을 살아낼 때에야 비로소 이 돌봄이 형이상학적인 기반을 가질 수 있을 것이다.

나는 존을 도우려 애썼지만 그는 환원주의를 고집했다. 그러니 더 이상 어쩔 도리가 없다.

그가 사랑의 유신론적 기반을 거부한다면 허버트 사이먼의 설명을 받아들일 수밖에. 어쩌면 그는 '제한된 합리성'에 시달리고 있는지도 모른다.

▶ 존의 반박

내가 기독교인들처럼 이타적으로 사랑할 수 없다는 말에 나는 비위가 상했다. 그러나 나도 그렇게 사랑할 수 있다. 무신론자도 얼마든지 가능하다. 불교도와 힌두교도 무슬림과 모르몬교도 마찬가지다.

랜들은 자신의 수도원에서 한 발자국도 밖으로 나가지 못하는 것 같다. 내가 기독교를 사심 없이 반대하는 까닭은 기독교가 세계 평화와 행복에 전반적으로 해롭다고 생각하기 때문이지 내게 뭔가 큰 이득이 오기 때문이 아니다. 어떤 면에서는 오히려 이런 주장 때문에 내 수입이 변변찮은지도 모르겠다.

전직 목사인 내가 볼 때는 그렇게 이상적이고 이타적인 아가페 사랑을 소유한 사람을 내가 맡은 교회에서는 단 한 명도 만나지 못했다. 다들 잘해 봐야 숨은 의도가 있었을 뿐이다. 한 사람도 빠짐없이. 탐욕과 정욕, 잔혹한 권력의 역사인 교회사를 봐도 이 점은 자명하다.

랜들, 당신의 이상적인 사랑은 도대체 어디서 찾을 수 있는지 제발 알려 주시오.

그런 사랑은 지금도 없고 과거에도 없었다. 복음서의 내용을 진지하게 받아들인다면 예수조차 권력을 갈구하는 자기밖에 모르는 분노한 독립주의자였다.

당신이 비기독교인들에게 이타적 사랑의 기초가 없다고 말하든 말든 상관없다. 아무도 그렇게 사랑하지 않는다면 그것은 공허한 주장에 불과하기 때문이다.

▶ 랜들의 최종 진술

존은 그가 기독교인들처럼 사랑할 수 없다는 내 말에 상처를 받았다고 했지만 나는 그렇게 말한 적이 없다.

오히려 그의 사랑을 제한적 합리성으로 격하하는 것 외에는 약한 자들에게 보여준 그의 사랑에 대한 형이상학적 설명이 부재한다고 지적했을 뿐이다.

다음으로 존은 기독교인들이 이타적으로 사랑하지 않는다고 비난한다. 사실성 여부를 떠나 그 말은 기독교인들에게 무신론자들에게 부족한 아가페 사랑을 확인해 주는 형이상학적 기초가 있다는 사실과 아무런 연관이 없다.

▶ 존의 최종 진술

앞에서 말한 대로 랜들은 실체가 빠져 버린 수사학적으로 공허한 주장을 펼치고 있다.

마더 테레사가 이타적 아가페 사랑의 본보기라고 생각하는 기독교인들은 틀렸다. 크리스토퍼 히친스 Christopher Hitchens가 1995년에 발표한 「자비를 팔다 The Missionary Position: Mother Teresa in Theory, 모멘토」(주7)를 읽어 보기 바란다.

REVIEW

▶**상철**(기독교인)

인생은 허무하다. 이 명제에 감히 토를 달 사람이 있을까?

허무한 인생이 허무를 극복하게 하는 것은 하나님이라는 존재 외에 없다.

파스칼이 뭐라고 했는가? 그 무엇도 채울 수 없는 마음속 공허를 하나님이 일부러 만들어 놓으셨다. 오로지 하나님만이 채울 수 있는 공간을 하나님이 만들어 놓으셨다. 인간을 너무도 사랑하셔서이다

파스칼과 같은 위대한 수학자이자 철학자가 한 이야기를 우리를 흘려들을 수 없다. 세상을 모두 가졌던 솔로몬과 같은 왕도 인생은 허무하다고 기록했다.

인간의 비극 중 하나가, 아니 인간 이성의 비극 중 하나가 스스로 속이는 능력이다. 허무하면서도, 견딜 수 없으면서도 하나님을 인정하지 않고 스스로를 속이는 능력이다. 그래서 성경은 사탄을 속이는 자라고 표현했다. 너무도 짧은 인생이다. 사랑하는 사람도 항상 곁에 있지 않고 언젠가 내 곁을 떠나간다. 그러나 그 떠남조차도 가치가 있는 것은 우리가 하나님 안에서 다시 만나기 때문이다. 존재가 끝나면 모든 것이 사라진다는 무신론의 그 뻔뻔함은 어디서 나오는지 나는 이해하려야 할 수 없다.

존재 이후에 영원이 있다. 하나님이 살아계신다. 하나님이 없는 사랑이 무슨 사랑인가? 진화론 또는 생물학적으로 해석된 사랑을 사랑으로 믿고 산다면 우리 인생이 얼마나 비참한가?

우리의 사랑이 아름다우려면 우리는 하나님 안에서 사랑을 얘기하고 하나님 안에서 사랑을 느껴야 한다. 왜냐하면 하나님은 사랑이시기 때문이다. 할렐루야!

▶**민혁**(기독교인)

　인간 스스로의 힘으로는 온전한 사랑을 실천할 수 없다.

　원죄의 옷을 입고 태어난 태생적 한계 때문이다. 그러므로 절대자의 도움이 필요하다. 그 절대자가 하나님이시다.

　하나님이 계시므로 우리는 진실한 사랑에 가까이 갈 수 있다.

　나 자신을 보고 생각하면 희생의 사랑은 절대로 불가능하다. 성령의 능력을 힘입어야 가능한 절대적인 것이 사랑이다.

　하나님이 없이 사랑을 말하는 무신론자들을 볼 때마다 나는 자기 스스로를 몰라도 너무 모르는구나 하고 탄식을 하지 않을 수 없다. 하나님을 모르기에 그들은 어리석을 수 밖에 없다.

　하나님을 떠난 인간은 아예 사랑할 수 없는 존재가 되어버렸다. 하나님이 없는 인간이 사랑이라고 생각하는 것은 진짜 사랑이 아닌 여전히 죄인 된 인간의 이기적인 욕망일 가능성이 크다.

▶**승범**(무신론자)

존이 지적했지만 나는 랜들이 성경의 하나님이 존재함을 증명하려면 오로지 성경만이 주장하는 삼위일체 또는 동정녀 탄생 등의 주제를 들고 나왔어야 했다고 생각한다.(뒷 장에 있는 그가 선택한 주제인 부활에 대해 랜들이 뭐라 얘기할지 벌써 궁금하다.)

그러나 내가 앞장에서 얘기했지만 랜들이 선택하는 주제는 항상 이런 식의 '뻔한' 주제이다. '허무하니? 하니님이 너를 채우지 않아서 그래……' 이런 식의 주제들. 굳이 길게 말할 가치를 못 느낀다.

다시 묻는다. 왜 그 해결책이 반드시 '하나님'이어야 하는가? 왜 '알라'면 안 되고 왜 '부처'면 안되고 왜 '은하수'면 안되는가? 하나님 스스로가 자신을 드러낸 책, '성경' 속의 모습을 보면 그는 아주 문제가 많아 보이는데 말이다.

랜들이 고르는 토론 주제들은 그냥 스스로 생각할 때 가장 좋은 것들, 가장 말 되는 것들, 최고의 것들, 그냥 다 합쳐서 '하나님'이라는 단어 속에 아니 그 개념 속에 환원시켜 집어넣은 것에 지나지 않는다.

짬뽕은 맛있지만 오로지 '성진루'에서 만든 짬뽕일 때만 맛있다라고 누군가 주장한다면? 랜들은 그에게 왜 '성진루의 짬뽕'이어야만 하는지 이유를 묻지 않을까?

랜들은 모두 발언에서 기독교의 아가페 사랑을 얘기했다. 나는 사실 기독교가 '사랑'을 얘기할 때 가장 곤혹감과 더불어 황당함을 느낀다. 내 생각에 가장 사랑과 관련 없는 종교가 기독교이다.

조금만 눈을 뜨고 주변을 바라보시라. 동성애를 잡아 죽이려고 하는 기독교를 보시라. 세월호 진상조사에 치를 떠는 기독교를 보시라. 날마다 서로 싸우고 쪼개지는 교회들을 보라. 기독교의 사랑은 언제나 앞에서 떠드는 목사들의 '혀'에만 존재한다.

기독교가 사랑이라고? 무엇보다 지금까지 이 책이 다뤘던 성경 속의 야훼를 한번 보시라. 도대체 기독교를 사랑이라고 부르는 저 뻔뻔함은 어디서 왔는지 보면 볼수록 가관이다. 랜들은 마더 테레사를 사랑의 사례로 인용하지만 그녀는 아플 때 치료비만 수십만 불 호가하는 최고의 병원에서 치료받으며 특권자로서의 모든 권력을 누렸다. 아플 때 좋은 병원에서 치료받는 것을 탓하는 것이 아니다.

아마도 랜들은 한국에 있는 전태일과 같은 사람을 모를 것이다. 무엇이 진짜 사랑인가? 전태일이 월급을 조금 더 받으려고 투쟁하고 분신까지 한 것은 진화론적이고 생물학적인 하등의 사랑인가? 인간 이기심의 발동일 뿐인가?

랜들은 진정한 장님이다. 기독교인에게는 무신론자에게 없는 아가페 사랑이 있다고 믿고 있으니.

▶**희경**(무신론자)

사랑의 하나님이라고 기독교는 말한다. 그러면서 질투하고 진노하는, 징계하는 하나님이라고도 한다.

기독교가 마치 자신들만 갖고 있다는 식으로 말하는 그 아가페 사랑이 무엇인가? 다른 사랑과 뭐가 그리 다른가? 예수의 희생을 가장 으뜸으로 꼽는 기독교의 사랑이 하나님이 존재해서 가능하다면 현재의(물론 과거도 마찬가지지만) 기독교인들의 사랑도 여전히 하나님이 존재해서 가능한 것인가?

어느 여타 종교보다 세속적이고 자기중심적이며 이기적이고 편협하며 배타적이고 또 어쩔 때는 도무지 합리적 사고와 행동이라 보기 어려운 작태를 보이는 것이 기독교이고 기독교의 사랑이다.

예를 들어 무식한 의료행위적 안수, 성추문, 고리대금업, 목사들끼리의 칼부림, 복음 장사꾼들 등등. 성경을 손에 든 사기꾼들이 우리 주위에 널리고 널려있다.

나는 랜들이 선택한 이 주제에 전혀 공감할 수 없다.

12 라운드

성경의 하나님은 동물에게 무신경하다

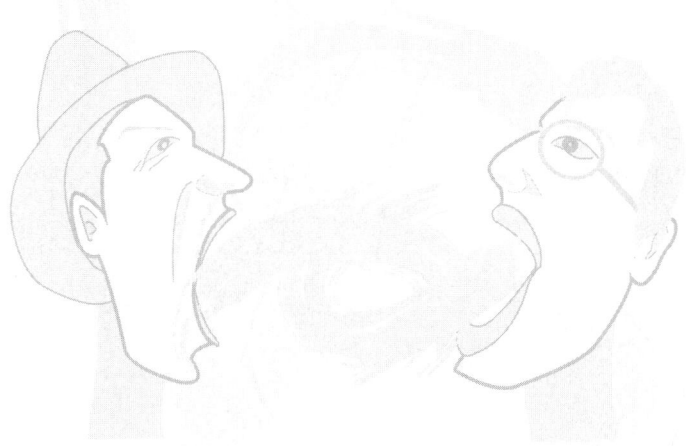

찬성: 무신론자 **존**

반대: 기독교인 **랜들**

▶존의 모두진술

앞에서도 언급했지만 종교는 약자들을 어떻게 대우하느냐에 따라 판단해야 한다. 동물계는 전반적으로 포식자인 인간들에게 취약하다.

성경에는 동물을 긍정적으로 언급하는 부분도 있지만 지각 있는 동물들의 고통과 괴로움에는 대체는 무지하고 무신경한 편이다. 그런 구절들은 대충 얼버무리고 지나갈 것이 아니라 자세한 설명이 필요하다.

하나님은 세상을 창조하신 후에 "좋았다"고 말씀하셨다.

누구를 위해 좋다는 말인가? 어떤 목적에 좋다는 뜻인가? 모든 생물을 '정복하고' '다스릴' 수 있는 권리는 인간에게만 주어졌다(창 1:28). 히브리어 원문의 정복이라는 단어를 직역하면 '짓밟다'라는 뜻이다(에 7:8; 렘 34:11; 슥 9:15을 보라). 다스림이라는 단어는 누군가를 (특히 진압을 거부할 경우) '굴복시킨다'는 뜻이다(왕상 9:23과 사 14:2에서 노예를 다스리는 장면을 묘사하면서 동일한 표현을 사용한다). 두 단어 모두 인간이 신의 총독으로서 잔혹한 세상을 독재적으로 지배하는 모습을 묘사한다.

피조물이 하나님의 모든 명령에 순종하지 않고 굴복하지 않을 때 매우 잔혹해지는 신의 모습을 그대로 따라 하는 것이다. 이 창세기 본문은 동물을 어떻게 다뤄야 하는지에 대한 기준을 제시한다.

노아 홍수, 애굽의 열 가지 재앙, 전쟁과 기근에서 보듯 하나님의 심판이 사람들에게 임할 때 인간의 죄 때문에 동물도 함께 고통을 받았다.

동물 희생 제사는 동물의 생명을 불필요하게 희생했다(대하 7:5를 보라). 동물은 사람의 죄를 속죄하는 데 아무 소용이 없었다(히 10:1-18을 보라). 그런데도 동물의 목을 따고 제단에 피를 흘린 다음 가죽을 벗기고 사등분해서 태웠다.

구약 성경에서는 동물 학대를 비난하는 선지자들을 거의 찾아보기 힘들다. 신약 시대로 오면서 동물에 대한 학대가 오히려 심해졌다. 예수는 채식주의자가 아니었다. 그는 두 가지 큰 계명을 언급하면서 동물은 철저하게 무시했다. 예수는 제자들에게 "모든 민족을 제자로 삼으라"고 명령했는데(마 28:19; 16-20을 보라) 여기서도 동물에 대해서는 일언반구도 없다. 예수에 따르면 심판 날에 동물 학대로 심판

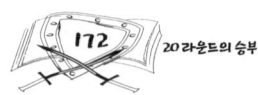

을 받는다는 말은 전혀 없다(마 25:31-46). 요한계시록 마지막 장에도 새 예루살렘에 동물이 있으리라는 언급은 없다.

신약 시대에는 기독교인들의 식습관에도 큰 변화가 있었다. 구약 시대와 달리 사냥이나 목축을 통해 모든 동물을 얼마든지 먹을 수 있었다(막 7:19; 행 10:9-16). 사도 바울은 고린도전서 9장 9-10절에서 하나님이 소들을 염려하시지 않는다고 말했다. 그 말이 사실이라면 하나님은 다른 동물들도 괘념치 않으실 것이다.

신약 성경에 유일하게 등장하는 긍정적 측면은 예수의 죽음으로 기독교인들이 더 이상 동물 제사를 드리지 않게 되었다는 것이다. 하지만 이 역시 동물에 대한 관심에서 비롯된 행동은 아니었다.

내 생각에는 성경에서 동물에 대한 배려를 찾아보기는 힘든 것 같다. 성경은 철저히 인간 중심이다. 그렇기 때문에 성경은 온전히 선한 하나님이 우리에게 계시해 줄 만한 것을 전혀 알려 주지 않는다. 하나님이 동물 복지에 진정 관심이 있었다면 "너희는 동물을 혹사하거나 학대하지 말지니라"고 끊임없이 말씀하셨을 것이고 기독교로 개종한 서양인들도 오랜 세월에 걸친 동물 학대를 정당화할 수 없었을 것이다.

하나님이 자연계에 포식을 창조하지 않았으면 됐을 일이다. 모든 사람을 채식주의자로 만드셨어야 했다.

동물을 잡아먹는 인간을 포함해서 동물들이 자기 배를 채우려고 서로 잡아먹기 때문에 이 세상 동물들의 고통이 극심한 것 아닌가.

동물에게도 인간처럼 중추신경계가 있어서 인간과 똑같이 고통을 느낀다는 사실은 더 이상 의심의 여지가 없다.

앤드류 린지 Andrew Linzey는 다음과 같이 그 증거를 요약해 준다.

> 동물과 인간은 조상이 같고 비슷한 행동을 보이며 생리적 유사성이 있다. 이 세 가지 조건 때문에 둘은 공통 특징이 있는데,

동물이 인간과 동일한 감정을 다수 경험한다고 믿는 것은 논리적으로 타당하다.…… 오히려 동물에게 그런 감정이 없다고 주장하는 사람들에게 입증의 의무가 있다. 그들은 종에 따라 신경이 어떻게 180도 달리 작용하는지를 설명할 수 있어야만 한다.(주1)

린지는 동물 실험과 착취를 반대하면서 이렇게 썼다.

> 동물은 절대 고통을 받아서는 안 된다. 이 점을 올바로 인식해야만 동물에게 가해지는 고통을 문제로 인식하게 된다. (주2)

지당한 말씀! 다시 한 번 강조하지만 "동물은 절대 고통을 받아서는 안 된다." 동물에게 고통을 가하는 주체가 인간이든 신이든 조금도 달라지는 건 없다. 동물 학대를 윤리적으로 정당화할 방법은 없다. 절대로.(주3)

▶ 랜들의 모두진술

리처드 도킨스 Richard Dawkins는 「에덴 밖의 강 River Out of Eden」에서 나나니벌이 숙주 내부에 알을 낳는 과정을 설명해 준다. 숙주가 으스스한 인큐베이터로 둔갑하여 그 안에서 알들이 부화하면 나나니벌은 숙주를 먹이 삼아 밖으로 나온다.

도킨스는 "매우 잔인한 이야기처럼 들리지만…… 자연은 잔인하지 않다. 그저 야박하게 무관심할 뿐이다."(주4) 그의 말은 어느 정도 옳다.

창조자가 없다면 자연은 그렇게 돌아갈 수밖에 없다. 자연은 잔인하지 않다. 그저 생물들의 고통에 야박하게 무관심할 뿐이다. 이런 현실을 냉정하게 빨리 받아들일수록 좋다. 그러면 우리가 세상에서 고통받는 생물들을 불쌍히 여기는 만큼 무신론적 세계관의 냉담한 영향을 수용하지 않게 될 것이다.

물론 우리는 신경 쓴다. 당연히 신경을 써야 한다. 세상이 이렇게 돌아가서는 안 된다는 것을 본능적으로 인식한다. 피조물의 고통이 윤리적으로 의미 있는 문제임을 알고 동물들이 당하는 입에 담기 힘든 비참한 상태에 안타까워한다. 어쩌다 이 지경에 이르게 되었든지(타락 교리의 전통적 영역을 고려하더라도) 이대로 그냥 둬서는 안 된다는 것을 잘 안다.

안타깝게도 무신론은 이런 직관에 대해 내놓을 것이 없다. 무신론의 관점에서는 세상이 이렇게 돌아가서는 안 된다고 이의를 제기하는 것은 아무 소용이 없는 일이다. 무신론적 세계관 내부에서 고통받는 동물들을 불쌍히 여기는 태도를 키우는 것은 최악의 사막에서 열대 우림 식물을 기르는 것과 흡사하다. 있을 수 없는 일이란 말이다.

우리가 피조물과 그 고통에 대해 느끼는 관심과 긍휼의 객관적 기초는 주관적 감상이 아니라 섭리하시는 창조주로 인해서이다. 이 말은 기독교적 틀 안에서는 피조물의 고통이 그 피조물을 둘러싼 더 큰 구속 이야기의 일부분임을 인식한다는 뜻한다. 그것이 바로 성경 저자들의 관점이다.

성경에는 망가진 세상을 치유하시려는 하나님의 의도를 묘사한 부분이 많다.

그중 한 구절인 로마서 8장 21절에서 바울은

> 그 바라는 것은 피조물도 썩어짐의 종노릇 한 데서 해방되어 하나님의 자녀들의 영광의 자유에 이르는 것이니라

라고 기록한다. 피조물이 종노릇 한 데서 해방된다는 말은 무슨 뜻일까? 이어지는 두 절에서 바울은 해방을 바라는 피조물을 몸의 부활을 바라는 기독교인들의 소망에 빗대어 설명하고 있다.

> 피조물이 다 이제까지 함께 탄식하며 함께 고통을 겪고 있는 것을 우리가 아느니라. 그뿐 아니라 또한 우리 곧 성령의 처음 익은 열매를 받은 우리까지도 속으로 탄식하여 양자 될 것 곧 우리 몸의 속량을 기다리느니라 (롬 8:22-23)

우리 인간이 죄의 영향에서 벗어날 때 몸의 부활을 고대하듯이 피조물도 고통과 포식, 죽음과 육식의 굴레에서 해방되어 썩지 않고 온전한 모습을 입기를 고대한다.

이것은 창조 세계 전반뿐 아니라 그 가운데 서식하는 고통받는 모든 생물체에게도 좋은 소식이다. 다시 말해 우리는 부활한 창조 세계뿐 아니라(사 65:17; 벧후 3:13) 그 창조 세계 안에 있는 부활한 생물들을 고대할 수 있다.(주 5) 이사야가 메시아의 시대를 묘사한 다음 구절에 이 놀라운 비전이 드러나 있다.

> 그때에 이리가 어린양과 함께 살며
> 표범이 어린 염소와 함께 누우며
> 송아지와 어린 사자와 살진 짐승이 함께 있어
> 어린아이에게 끌리며
> 암소와 곰이 함께 먹으며
> 그것들의 새끼가 함께 엎드리며
>
> 사자가 소처럼 풀을 먹을 것이며
> 젖 먹는 아이가 독사의 구멍에서 장난하며

젖 뗀 어린아이가 독사의 굴에 손을 넣을 것이라 (사 11:6-8)

자 이제 우리 앞에는 극명한 두 선택이 있다. 한편으로 동물의 고통은 윤리적 의미가 없다는 리처드 도킨스의 음울한 관점에 동의할 수 있다. 이런 관점에서 그런 고통은 자연이 최종 소멸을 향해 가는 동안 지각 있는 생물들이 맹목적이고 의미 없는 과정 속에서 으깨지며 겪어야 하는 하찮은 부산물에 불과하다.

다른 한편으로 우리는 아무리 심한 고통이라고 해도 피조물의 고통을 구속사라는 더 큰 이야기의 일부로 받아들일 수 있다. 그 이야기는 희망을 가져오고 세상이 온전히 치유되고 모든 피조물이 노래하는 그날을 고대하면서 모든 피조물의 해방을 위해 함께 일하도록 우리를 초대한다.

▶존의 반박

동물 학대 문제의 핵심은 이것이다. 하나님이 전능하고 자비로우시다면 왜 동물계에 이런 큰 고통이 만연한가? 이것이 랜들의 종교적 신념 내부의 문제점이다. 그런데도 그는 '피장파장'이라는 흔해 빠진 비형식적 오류를 사용하여 그에 대한 대답을 회피한다. 동물들은 지난 수백만 년 동안 고통을 받았는데 기껏 미래에 대한 기대를 운운하면서 말이다.

최고의 하나님이란 분이 고작 이 정도밖에 못하시는가?

고양이가 쥐를 괴롭히고 잡아먹는 걸 우리가 막을 방법은 없다. 고양이 같은 포식자의 본능이 그렇다.

다윈의 말처럼 자연은 고통에 무심하다. 하지만 우리는 인간이기에 동물을 보호해야 한다. 생태계를 보호해야 한다. 우리는 그런 것들을 보호하도록 진화되었고 이 땅에 사는 인류의 미래가 걸려 있기에 더더욱 그럴 수밖에 없다. 개나 고양이를 학대한 이야기를 듣고 경악하는 이유도 우리가 인간이기 때문이다.

윤리는 진화하는데 이제 하나님의 성경 내용을 야만스럽다고 판단할 정도까지 이르렀다. 진작 그렇게 됐어야 했다.

▶ 랜들의 반박

존은 창세기 1장 27절의 창조 명령에 등장하는 '정복하다 kabash'와 '다스리다 radah'에 해당하는 히브리어 단어가 "인간이 잔혹한 세상을 독재적으로 지배하는 모습을 묘사한다"고 주장한다.

자신이 원하는 것을 얻으려고 문맥을 무시하는 전형적인 경우다. 즉, 존은 이 두 단어를 인간 통치의 최상의 모습보다는 최악의 모습으로 해석하는 것이다.

하지만 이 본문은 오히려 정반대 의미다. 인간이 이 땅을 통치하는 의도는 회복male'이지 억압이 아니기 때문이다. 이것은 통치자의 다스림이 냉담한 무관심이 아니라 양육하는 돌봄일 때만이 가능하다.

존의 주장은 자신의 세계관을 아직 받아들이지 못한 사람의 아이러니를 드러낸다. 그는 도대체 어떤 명령이 인류에게 의미 없는 생존 싸움을 부여한다고 생각하는 것인가?

다른 지각 있는 존재를 향한 긍휼에 대한 객관적 근거가 부족한 세계관이 있다면 바로 무신론일 것이다. 솔직히 말해 보자. 자연이 정말로 "야박하게 무관심하다면" 우리라고 그러지 못하란 법은 없잖은가?

▶ **존**의 최종 진술

랜들의 하나님은 피조물 사이에 끔찍하고 불필요한 포식 관계를 창조하고 동물 학대를 용인했다.

랜들은 그의 신이 보호하지 않는 동물을 자신은 왜 보호해야 하는지 그 이유를 설명해야 한다. 당신의 개나 고양이의 눈을 들여다보고 내게 말해 보라. 그들을 돌보기 위해 과연 신이 필요한지.

모든 지각 있는 동물은 우리 삶의 구조의 일부이기에 우리는 그들을 돌봐야 한다.

▶ **랜들**의 최종 진술

존은 내가 '피장파장의' 오류를 저질렀다고 주장한다. 조금 혼란스럽다.

나는 존이 하나님이 동물 학대를 허용하신 이유를 설명해야 한다고 생각하지 않는다. 오히려 그는 우리가 동물을 보호해야 하는 이유를 설명해야 한다.

존이 내놓은 유일한 대답은 "우리는 인간이기에 동물을 보호해야 한다"는 것이다. 하지만 이것은 심리 묘사에 불과하다. 존은 우리가 동물을 보호해야 할 이유를 설명해 주지 못한다.

이와 대조적으로 기독교 유신론자들에게는 동물을 보호해야 한다는 생각 뒤에는 망가진 세상을 회복하기 위해 일하고 계신 자비로운 하나님이라는 객관적 근거가 있다.

RIVEIW

▶**승범**(무신론자)

기독교인은 너무 편하다. 일이 잘 풀리면 하나님이 도와주셔서 감사하다. 일이 잘 안 풀리면 거기에는 하나님의 심오한 숨은 뜻이 있다고 말한다. 세상에 이렇게 팔자 좋은 분이 있다니?
하나님이 아닌 내가 너무도 억울하다. 하나님~~ 나는 진정 당신이 부럽습니다!!!
랜들은 여기서 바로 그런 식의 전형적인 모습을 보인다. 존은 '성경을 근거로' 동물 학대를 얘기하는데 랜들은 그냥 하고 싶은 얘기를 할 뿐이다. 복잡하지 않다. 그냥, '하나님은 사랑이시다. 하나님이 동물을 사랑하지 않으실 리 없다!' 뭐, 이 정도이다. 동물 보호를 얘기하는데 '구속사적 회복'이라는 동물과는 아무 상관도 없는 구절들을 가지고 와서 떠든다.
차라리 예수의 죽음이 인간만을 위해서가 아니라 오늘 도살장에서 도축되는 소들도 위해서였다고 얘기하라. 그게 차라리 더 말이 된다.
아무튼, 랜들, 당신이, 기독교가 이겼소이다. 축하하오!!

▶**희경**(무신론자)

　앞서 언급했듯이 어린이에게, 여성에게 무심한 하나님이 동물에게 신경을 썼을 리가 없다. 말이 안 된다. 하나님이 무슨 정신과 약을 드시지 않는 한 어린이 제사도 좋아하고 민족 학살도 쉽게 하시는 판에 동물에 대해서 베풀 사랑이 남아있는 것은 말이 안 되지 않는가? 물론 사람을 싫어하고 동물을 좋아하는 이들도 가끔 있다고 하지만 우리 하나님은 그런 '독특한 사람'이 아니지 않은가?
　기독교인들은 그때 그때 필요에 따라 적용한다. 동물을 자연 그 자체이므로 '다스리고 정복하여 먹어라' 이것이 기독교의 주장이다.
　랜들은 쓸데없는 '미래의 회복'이니 하는 헛소리 대신 이렇게 말했어야 했다.
　존, 동물은 음식으로 존재하는 것이다. 하나님이 다 먹으라고 했다. 그런데 너는 왜 난리냐? 그럼 이 세상 모든 인간이 다 채식주의자가 되어야 너는 속이 편하겠는가? 존, 너한테 야채는 그럼 안 불쌍하냐? 야채도 불쌍하면 다 함께 굶어 죽어야 네 속이 편하겠냐? 등등의 주장을 펴는 게 차라리 나았다.
　다른 건 몰라도 인간은 동물을 많이 먹음으로 '정복하라'는 하나님의 명령 하나는 확실하게 지켰다.

▶ **상철**(기독교인)

우리는 하나님께서 보여주시는 만큼 보고 그 안에서 겸손할 수 있어야 한다.

성경이 외계인에 대해서 얘기하지 않았다고 만약 외계인이 나오면 성경이 틀렸다고 할 수 있을까?

성경은 철저하게 한 가지 목적으로 쓰인 책이다. 예수 그리스도를 통한 구원 사역이다. 이런 성경의 숲 또는 주제를 무시하고 존은 항상 그렇듯이 또 하나의 지엽적인 주제를 골라서 딴지를 건다.

이번에는 동물 문제이다. 우리는 하나님께서 동물을 천국으로 보내시는지 아닌지 알 수 없다. 보여주시는 곳까지 보고 그 이상을 모르면 멈추면 된다. 왜 그 이상을 가지고 왈가왈부하며 하나님 앞에서 까부는가? 그게 바로 존의 모습이자 일반적 무신론자들의 모습이다. 하나님을 떠난 인생의 비참한 모습이다.

인생을 길지 않다. 하나님을 찬양하고 하나님의 사랑을 느끼기에도 부족한 짧은 시간이다.

존은 불쌍하다. 이 사람이 어떤 사람인지 궁금해서 유튜브에서 찾아서 이 사람을 얼굴을 봤다. 결코 행복해 보이지 않았다. 너무도 당연하다. 하나님을 대적하는 사람의 얼굴에서 결코 평안이 피어날 수 없다. 나는 존이 결혼했는지 그에게 자녀들이 있는지 모르겠다. 그에게 만약 자녀들이 있다면 그들은 어릴 때부터 아버지로부터 무신론의 처참한 말들을 들으면서 자랐을 것이다. 그 자녀들을 위해 기도하지 않을 수 없다. 너무도 불쌍하다. 한 사람의 사악한 무신론이 얼마나 큰 해독을 끼치는지 말이다.

나는 다음번에는 그가 또 어떤 성경의 지엽적인 문제로 딴지를 걸지 궁금하다. 그는 그러면 그럴수록 하나님으로부터 더 멀어지고 그 결과는 더 큰 불행이다.

▶ **민혁**(기독교인)

성경의 하나님은 동물 보호가가 아니다.

인간을 만물의 영장으로 창조하시고 우리에게 그 세상을 맡기셨다. 동물 보호는 그 책임을 맡은 우리 인간이 해야 할 일이다. 우리가 동물 보호를 잘못하고 있으면 그건 우리 잘못이다.

왜 하나님을 괴롭히는가? 왜 하나님을 탓하는가?

우리 인간은 동물보호, 나아가서 자연보호라는 막중한 책임을 맡고 지금 잘 못하고 있는 거 같아 마음이 아프다. 그렇다고 왜 신의 영역까지, 왜 사람들이 하나님의 영역까지 들어가서 왈가왈부하려고 하는가? 맡은 일도 못하는 인간이 그럴 능력이나 되는가? 그럴 자격이 있다고 보는가?

생각해보라. 하나님은 오직 우리 사람들만을 당신의 자녀로 보신다. 그 자녀의 행복을 위해 이 세상을 만드셨다. 하나님 앞에서 동물보다 일단 중요한 것은 당신의 자녀인 인간이다. 그리고 우리는 하나님의 자녀답게 동물을 사랑하고 잘 관리해야 한다. 동물보호는 하나님의 일이 아니다. 우리 인간의 책임이다.

13 라운드

누구에게나 믿음은 있다

찬성: 기독교인 **랜들**

반대: 무신론자 **존**

▶ 랜들의 모두진술

빌 마허 Bill Maher는 유사 다큐멘터리 "어처구니없는 종교 Religulous¹"의 마지막 부분에서 "믿음은 생각 없는 것을 미화한다"(주 1)고 말한다. 이런 입담으로 마허는 믿음을 이성의 반대에 놓는 지긋지긋한 전통과 맥을 같이한다.

오늘날 다수의 주요 무신론자들도 이에 포함된다.

예를 들어 리처드 도킨스는 "종교 신앙의 요체 그것의 위세와 주된 영광은 그것이 합리적인 정당성에 의존하지 않는다는 것이다. 그럼에도 불구하고 무신론자인 우리들은 우리의 주장을 설명하도록 요구받는다"(주 2)라고 말한다.

존은 믿음에 대한 이런 극단적 정의를 지지하면서 '기독교 폭로 Debunking Christianity' 웹사이트에 이렇게 적었다. "믿음은 과학적 증거가 필요 없다. 믿음은 비이성적이다. 사람들이 '믿음'이라는 말을 할 때마다 그것을 '비합리적'이라고 생각했으면 한다. 그게 사실이기 때문이다."(주 3)

그런데 이 '믿음 대 이성' 관점을 언급할 때 가장 많이 등장하는 유명한 예는 마크 트웨인이다. 그는 믿음을 "당신이 진실이 아님을 알고 있는 그 사실을 믿는 것"이라고 정의했다. 이 창피스러운 정의에 경의를 표하는 의미에서 이후로는 이 믿음 대 이성 관점을 '트웨인의 정의'로 언급하겠다.

트웨인의 정의를 채택한 사람들은 이성에 대해서도 똑같이 왜곡된 관점을 보이는 경향이 있다. 그런 관점은 우리에게 늘 증거를 찾고 증거가 없으면 의심해야 한다고 요구한다.

클리포드 W. K. Clifford가 유명한 에세이 "믿음의 윤리 The Ethics of Belief"에서 말했듯이 "불충분한 증거에 근거한 믿음은 누가 됐든 어디서든 항상 틀리다."(주 4)

두말할 나위 없이 믿음을 "증거 없는 신념"으로 정의하고 이성을 "증거 없는 의심"으로 정의할 때 믿음과 이성의 간극은 가장 클 것이다.

클리포드의 이 주장에는 문제가 있는데 자기주장에 대해 아무런 증거도 제시하지 않는다는 것이다. 그는 그저 그 말을 믿고 독자들도 그 말을 믿어 주기를 바랄

---

1. 종교를 뜻하는 명사 religion과 어처구니가 없는 일을 뜻하는 형용사 ridiculous의 합성어

뿐이다. 주장에는 늘 증거가 필요하므로 자기가 세운 기준을 만족시키지 못하는 클리포드는 그 주장으로 오히려 문제를 키운 셈이다. 우리가 그 주장을 받아들이면 그 주장을 거부해야 하니 말이다!

믿음에는 과학적 증거가 필요 없다는 존의 주장에도 동일한 문제가 발생한다. 당연히 그 주장에는 과학적 증거가 필요 없는데 존도 아무 증거를 내놓지 못하기 때문이다. 이런 사실은 독자들로 하여금 존이 스스로 내린 정의에 따르면 불합리한 신앙 주장을 내세웠다고 의심하게 만든다.

클리포드와 존 두 사람은 당신이 순진하게 믿음(=신념)과 이성(=회의)을 대비할 때 무슨 일이 벌어지는지 보여주는 좋은 예다.

이런 이분법을 곧이곧대로 믿으면 당신의 신념에서 믿음을 축출하지 못한다. 오히려 남들 눈에 띄지 않고 뒷문으로 몰래 들어가는 믿음을 낳을 뿐이다. 상상하다시피 뒷문으로 숨어 들어가는 믿음은 앞문으로는 절대 들어갈 수 없는 그런 종류의 믿음이다. 클리포드와 존의 자멸성 주장들이야말로 여기에 딱 들어맞는 사례인데 문지기에게 제시할 증거가 없기 때문에 뒷문으로 숨어 들어간다.

이런 난국을 넘어가기 위해 철학자 앤서니 케니 Anthony Kenny가 내린 이성의 정의를 고려해 볼 수 있겠다. "이성적 인간은 무조건 믿는 성향과 의심이라는 정반대 되는 두 악과 대조되는 미덕을 소유한 사람이다."(주5) 즉, 믿는 것이 적절할 때는 믿고 믿음을 보류하는 것이 적절할 때는 믿음을 보류해야 바른 추론이 가능하다. 어떤 사람의 증언을 믿는 것이 현명할 때도 있지만 반대로 그 사람이 멋대로 주장을 내세워 문제를 키울 때는 의심이 합리적일 때도 있다.

케니가 내린 이성의 정의에서 흥미로운 것은 그 안에 믿음이라는 요소가 내재한다는 점이다. 믿음은 본질상 신뢰와 결부된 신념이다. 한 사람의 증언에 대한 합리적 승인조차도 증언자의 진실성 안에 신뢰의 요소를 포함한다. 이는 믿음과 이성이 정반대이기는커녕 오히려 배의 두 노와 같다는 뜻이다. 노를 한쪽만 저으면 배는 계속 제자리를 맴돈다. 양쪽 노를 다 잡아야 앞으로 나아갈 수 있다.

트웨인의 정의가 겉으로는 그럴듯해 보일지 몰라도 미사여구에 불과하다. 나는 무신론자들이 그 표현을 즐겨 사용하는 이유를 알 것 같다. 자기만 합리적이고 도킨스가 표현했듯이 남들은 모두 비합리적인 '광신자들'로 몰아가는 것은 토론에서 우위를 점할 수 있는 좋은 방법이다. 하지만 믿음은 여전히 뒷문으로 슬며시 들어온다. "나는 믿음이 아니라 이성을 행사한다"고 주장하는 무신론자는 "나는 산소가 아니라 공기를 마신다"고 주장하는 어린아이와 비슷한 지도 모른다. 공기를 마시는 것이 곧 산소를 마시는 것인데 그게 아니라고 주장하는 사람은 그저 자신의 무식을 드러내는 것에 불과하다.

▶ 존의 모두진술

크게 의심하지 않고 내가 아는 게 몇 가지 있다. 내가 아는 가장 확실한 것은 르네 데카르트 Rene Descartes의 '코기토 cogito'이다. "나는 생각한다. 고로 나는 존재한다." 내가 틀려서 존재하지 않을 수도 있을까? 그럴 것 같지는 않다. 내가 의심하는 한 의심하는 누군가 즉 내가 있다. 내가 아는 것에는 다른 것도 있다.

예를 들면 지금 내가 향이 좋은 커피를 마시면서 이 책을 쓰고 있다는 걸 안다. 내 감각과 현재의 체험을 의심할 이유는 없다. 이런 것들은 내가 어찌할 수 없는 것들이다. 나는 커피가 맛있다고 믿는 것인가? 아니다. 커피가 맛있다고 느끼는 것이다. 큰 의심 없이 내가 알 수 있는 다른 것들은 일일이 거론하기 힘들 정도로 많은데 하나같이 그렇게 생각할 만한 타당한 이유와 함께 확실한 경험적 증거에 근거한다. 내가 그렇게 생각하는 증거와 이유가 많을수록 그것이 사실이라고 주장할 수 있다.

믿음을 이해하는 방법에는 최소한 두 가지가 있다.

첫째, 희망사항과 같은 믿음은 우리가 큰일을 달성할 수 있도록 동기를 부여한다. 사랑하는 사람의 마음을 얻고 운동 경기에서 이기고 상을 탈 수 있게 도와준다. 온갖 난관에도 믿음을 잃지 말아야 할 때가 있다. 안 그러면 포기하는 것이다. 이런 종류의 믿음은 자기 충족적 예언과 비슷하다. 그러나 행동이 뒤따르지 않으면 이런 믿음은 아무 소용이 없다. 우리가 통제할 수 없는 것이 너무 많다. 믿는다고 해서 예수님의 부활이 사실이 되지는 않는다. 그는 부활했거나 부활하지 않았거나 둘 중 하나다. 믿음은 이런 종류의 사실은 바꾸지 못한다. 따라서 실현 가능성이 없는 것을 사실로 만드는 데 믿음을 사용할 때 나는 그 믿음은 비합리적이라고 본다. 실현 가능성이 없는 사실에 희망사항을 품는 것은 지각 있는 어른이 할 일과는 거리가 멀다.

두 번째 의미의 믿음은 항상 개연성 probabilites 너머로 도약 leap해야 하는 경우이다. 그런 경우 그 믿음의 내용이 비록 매우 높은 개연성을 가진다 해도 일단 도약이 요구된다면 나는 그것을 사실로 믿지 않는다. 나는 도약이 아닌 개연성이 정도에 따라 사실로 인정한다. 우리는 오로지 개연성의 관점에서만 생각해야지 거기에 믿음이라는 요소를 더해서는 안 된다. 믿음은 아무것도 더해 주지 못하기 때문이다. 이럴 때 중요한 것은 개연성뿐이다. 믿음은 필요 없다. 이런 의미의 믿음은 누군가가 사실 같지 않은 결론을 받아들인다는 뜻이다.

따라서 나는 믿음에 기초한 추론은 전적으로 삼가고 과학에 기초한 추론을 받아들인다. 내가 개연성을 평가하는 방법은 틀릴 수 있지만 개연성 자체에 반대할 수는 없다.

그렇다고는 해, 누구에게나 믿음이 있다는 말에는 동의한다. 하지만 믿음이 꼭 좋다고는 할 수 없고 오히려 극복해야 할 문제다. 마이클 셔머 Michael Shermer에 따르면 "뇌는 믿음의 엔진"이다.

> 우리는 가족, 친구, 동료, 문화, 사회에 의해 형성된 환경의 맥락에서 다양한 주관적, 개인적, 정서적, 심리적인 이유로 믿음을 만든다. 믿음이 형성된 후에는 수많은 지적 이유, 날카로운 주장, 이성적 설명으로 믿음을 합리화한다. 요컨대 믿음이 우선이고 믿음에 대한 설명이 뒤를 따른다.… 일단 믿음이 형성되면 뇌는 믿음을 지원할 수 있는 확증을 찾아다니기 시작한다. 그리고 그 확증은 믿음에 대한 확신을 정서적으로 후원함으로써 믿음의 강화 과정을 가속화하고 믿음을 공고히 하는 긍정적인 피드백 루프(되먹임 회로)를 계속 순환시킨다. (주 6)

심리학 교수 제임스 앨코크 James Alcock는 믿음에 기초한 추론을 "자료를 찾아가는 신념"으로 정의한다. 이 말의 함의를 생각해 보면 우리가 믿음이 아니라 도리어 잘못되었을지도 모를 믿음에 대한 의심을 키워야 한다는 것을 깨달을 것이다. 의심이야말로 어른스러운 태도가 아닌가.

진화심리학자 제시 버링 Jesse Bering은 신념을 "본능"이라고 하면서, "우리에게는 무생물의 의도까지 파악하는 인지 편향 cognitive bias이 있다"(주 7)고 말했다.

집단 기억과 개인 기억을 가르치는 파스칼 보이어 Pascal Boyer 교수는 바스락거리는 나뭇잎 틈에서 행위자나 포식자를 봤다고 생각한 인류의 동물 선조들처럼 우리가 "행위자 탐지자 agency detectors"라고 주장한다.(주 8)

행위자 탐지는 실제 위협보다 가짜 경고로 드러나는 경우가 많지만 그런 본능이 있었기에 인간은 살아남았다.

인류는 무생물에서도 행위자를 본다. 인간의 조상은 천둥과 번개에서 행위자를 보고 구름 위에는 분노한 초월적 행위자가 있다고 결론을 내렸다. 또한 풍작과 아들을 낳은 아내들에게서도 행위자를 보고 기뻐하는 초월적 행위자가 있다고 결론을 내렸다.

오늘날 신자들은 여전히 초월적 행위자가 우주를 창조하지 않았다고 생각하는 데 이르지 못하고 있는데 이는 그들이 여전히 행위자 탐지자이기 때문이다.

이것은 극복해야 할 문제다.

▶ 랜들의 반박

존은 모두진술에서 믿음이란 "개연성이 높지 않은 결론을 받아들이는 것"이라고 정의한다. 안타깝지만 이것은 겉으로만 그럴싸한 트웨인 정의 즉 믿어서는 안 되는 것을 믿는 것의 또 다른 예에 불과하다.

존은 자신이 안다고 생각하는 것 중에서 감각 체험이라는 즉각적 구제 방안을 나열한다. 왜? 존은 "내 감각과 현재의 체험을 의심할 이유는 없다"고 말한다.

그러나 그 말은 사실이 아니다. 감각에 의한 인식은 우리를 엉뚱한 데로 인도할 때가 많다. 따라서 존이 있을 수 있는 오류에도 불구하고 자신의 감각이라는 구제 방안을 받아들이는 만큼만 그 감각들을 신뢰할 수 있다. 앞서 말했듯이 신뢰에 신념을 더하면 믿음이다.

그런데도 존은 "나는 그 자체의 개연성 정도에 따라 어떤 진리 주장을 사실로 안다"고 주장하면서 클리포드의 이성관을 따라가려 애쓴다. 참으로 어처구니없는 말이다.

그는 감각 체험을 할 때마다 개연성 계산을 하지 않는다. 감각에 의한 인식을 믿을 뿐이다.

▶ 존의 반박

클리포드의 주장은 특정한 결론을 낳는 연역 논리가 아니라 귀납 논리다. 그의 관점에 대한 증거는 어디서나 흔히 볼 수 있어서 우리는 지극히 개연성 높은 결론에 도달하게 된다. 개연성이 가장 중요하다.

예를 들어 어떤 주장이 있다. 그 주장에 대한 전반적인 증거가 그 주장이 사실이 아님을 가리키는데도 불구하고 사람들은 그런 주장을 믿을 가능성이 있다는 식으로 랜들은 빠져나가려 해서는 안된다. 차라리 인간의 인식론적 권리 epistemic rights 내에는 어떤 영역이든 관계없이 충분한 증거가 없음에도 불구하고 어떤 주장을 사실로 받아들이고자 하는 경향이 있다는 대안적 주장에 차라리 귀를 기울여야 한다.

이런 인간의 특징이 가져오는 결과는 무엇인가? 재난이다. 무엇보다 랜들도 이 점을 잘 알고 있다.

더군다나 사실이란 무엇인가? 모든 사실은 기본적으로 특정 학설에 근거한다. 따라서 그 정의상 사실에는 그 사실을 그렇게 볼 수밖에 없도록 하는 추론 과정이 필요하다. 이 점을 이해할 때 우리가 사실을 단순히 증거와 추론의 결합으로 이해한다면 클리포드에게 이의를 제기할 수 없다.

따라서 랜들은 앨빈 플랜팅가 Alvin Plantinga를 따라 클리포드의 관점이 문제를 키운다고 주장하면서 그를 잘못 판단한 것이다. 자기들만의 삼위일체, 성육신, 부활 신앙이라는 뒷문으로 비합리적으로 숨어 들어가려는 사람들을 제외하고 제정신인 사람 치고 충분한 증거를 원치 않는 사람이 있겠는가? 몰몬교와 무슬림들도 마찬가지다.

▶ 랜들의 최종 진술

우리가 모든 주장에 대해 충분한 증거를 찾는다면 무한한 퇴보에 부딪힐 것이다. 모든 증거에는 무한한 추가 증거가 필요하기 때문이다.

증거는 클리포드의 무제한 증거주의를 지지해 주지 못한다. 오히려 모든 신념 체계에서 믿음의 필요성을 제기한다.

임의적이고 문제를 키우기만 하는 존의 주장을 신뢰하는 것은 썩 좋은 방법이 아니다.

▶ 존의 최종 진술

제대로 작동하는 인식력을 고려할 때 우리의 감각은 체험에 대한 합리적 결론을 끌어내기에 충분하다.

랜들이 그의 신에게 집중된 관심을 피하려고 구구절절 나열한 내용을 한번 보라. 그가 착각에 빠진 건 아닌지 의심스럽다.

믿음은 개연성을 무시하는 비이성적 도약이다.

REVIEW

▶ **상철**(기독교인)

무신론자도 뭔가를 믿는다. 그들이 뭔가를 믿지 않는다면 내일도 태양이 떠오를 것을 어떻게 확신하겠는가? 내일이 올지 어떻게 '믿고' 내일 또는 다음 달 약속을 하겠는가?

믿음은 인간 속에 내재된 본능이다. 믿지 않고 우리는 한 시도 살 수 없다. 비행기의 성능과 기장을 믿지 않고(비록 내가 기장을 만난 적도 없고 비행기 정비과정을 보지도 않았지만) 어떻게 비행기를 타겠는가? 다 믿기 때문이다. 그 믿음을, 자신도 모르는 그 믿음의 본능을 하나님께로, 창조주께로 돌려야 한다. 그것만이 그들이 죽지 않고 구원받아 영생을 누릴 수 있는 길이다.

▶ **민혁**(유신론자)

누구에게나 믿음은 있다. 누구나 다 두뇌와 심장을 갖고 있는 것과 전혀 다르지 않다. 문제는 무엇을 믿는가이지 아무것도 믿지 않고 어떻게 단 하루를 살 수 있는가?

불쌍한 인간은 믿음의 대상을 하나님이 아닌 다른 것들을 선택했다. 하나님만이 참 신이기 때문에 다른 것을 믿는 믿음은 허무이고 낭비이다.

하나님을 믿는 마음의 문을 열어 하나님을 한 번 찾아보라. '정말로 내가 제대로 믿을 수 있는 참 믿음의 대상을 이제야 만났구나' 하고 입술에서 절로 감사가 터져나올 것이다. 입술에서 성령이 주시는 찬양이 그 순간 터질 것이다.

▶승범 (무신론자)

제발 랜들은 성경의 하나님과 관련해 토론을 했으면 좋겠다. 당신이 이런저런 책을 많이 읽었고 이런저런 사람들을 많이 아는 것은 인정하겠다. 하지만 당신이 성경에는 별 관심이 없어 보인다.

이 세상에게 가장 큰 증거가 필요한 믿음이 바로 신의 존재이다. 아니, 더 정확히 얘기하면 기독교가 말하는 하나님이라는 신의 존재에 대해서이다.

기독교의 하나님을 증명하려면 다음 두 가지 방법밖에 없다. 첫번째는 엄청나게 압도적인 증거를 제시해서 믿을 수밖에 없도록 하는 것이다. 즉, 예수 부활과 관련한 당시의 수많은 문헌들 또는 증거들이 쏟아져 나와서 도저히 믿지 않을래야 믿지 않을 수 없는 경우이다. 두번째는 믿으면 다 알게 된다고 소위 기독교가 말하는 복음전파의 방법이다. 행여 아는가? 복음을 듣고는 갑자기 마음이 바뀌어서 나도 여기 랜들처럼 만사 편하게 모든게 다 믿어질지? 기독교는 이것을 은혜 받는다 또는 성령이 오셨다 등의 표현한다는데 나 같은 무신론자도 증거가 없는 게 오히려 더 믿을 수밖에 없다는 등의 소리를 하는 사람으로 바뀔지도 모르지 않는가?

그런 면에서 바울이 로마서에서 자신은 그리스도 외에는 아무것도 자랑할 것이 없다고 말한 것은 철저하게 두 번째 방법을 통한 기독교의 증명이다.

그런데 랜들은 내가 볼 때 첫 번째도 아니고 두 번째도 아니다. 아니, 랜들은 오히려 성경만 빼고는 자랑할 게 아주, 아주 많은 사람 같다.

▶희경(무신론자)

　믿음은 '바라는 희망'과는 다르다. 내가 인간임을 아는 것, 인지되어 깨달아져 확실하므로 나는 내가 인간임을 믿지 않으래야 않을 수 없다. 누가 옆에서 '넌 인간이 아니야'라고 한다고 해서 내가 인간이 아니고 원숭이가 되겠는가?
　기독교는 자신들의 희망사항을 믿음이라고 부른다. 하나님이 계시다고 믿고 싶은 걸 믿음이라고 한다. 그래서라도 그들은 자신들이 특별하다고 믿고 싶은 것뿐이다. 기독교인의 믿음이라는 것에는 뭐 하나 확실한 것이 없다. 그럼에도 불구하고 그들의 믿음을 반론하는 무신론자나 회의론자들은 그들의 눈에 단지 '믿음이 없을 뿐'이다. '왜 그렇게 믿음이 없냐고?' 꾸짖지만 그들은 그게 얼마나 궁색한 변명인지 조차도 모르는 존재들이다.
　믿음은 누구에게나 있다고? 누가 나를 아무리 원숭이라도 한들 나 자신이 인간임을 한 순간이라도 회의하고 의심하지 않는 이 당연한 인식을 나는 굳이 믿음이라고 부르고 싶지 않다.
　나는 단지 너희 기독교인들은 진짜 믿음이라는 것을 갖고 있는지 묻고 싶다. 아니, 믿음이 뭔지나 아는지 묻고 싶다. 최소한 믿는다는 사실에 대해 고민이라도 해봤는지 묻고 싶다.

14라운드

성경의 하나님은 과학에 무지하다

찬성: 무신론자 **존**

반대: 기독교인 **랜들**

▶ **존의 모두진술**

천체물리학자 닐 디그래스 타이슨 Neil DeGrasse Tyson은 이렇게 말했다.

> 나는 종교 문헌에서 추론하거나 추정한 물질계에 대한 예측이 성공한 경우를 아직 보지 못했다. 사실 더 심하게도 말할 수 있다. 종교 문헌으로 물질계를 구체적으로 예측하려는 시도는 번번이 잘못되었다. 여기서 예측이라고 할 때는 사건이 발생하기 전에 존재한 자연계의 사물이나 현상의 검증되지 않은 행위를 정확하게 진술하는 것을 뜻한다. (주1)

이제 우리가 성경에서 찾아볼 수는 없지만 선하고 전지한 하나님이 알고 계신다면 우리에게 마땅히 계시해 주셨어야 할 것들이 무엇이 있는지 한 번 살펴보자.

내 주장은 성경은 전지한 하나님을 전혀 암시하지 않는데 왜냐하면 사랑이 많은 하나님이 스스로 사랑한다고 주장하는 사람들에게 도움이 되는 내용을 계시하지 않았기 때문이다. 오히려 성경을 보면 그분은 아무것도 계시하지 않는 존재와 별 다를 바가 없다. 성경의 내용은 과학 발생 이전 사람들의 작품으로 설명하는 편이 더 확실하다.

그중에서도 가장 두드러진 문제는 하나님이 우주의 나이와 크기를 몰랐다는 점이다. 에드 바빈스키 Ed Babinski가 지적한 대로 창세기 1장은 현대 과학과 여러 면에서 대조된다. 그는 이스라엘 사람들이 메소포타미아 주변국들과 마찬가지로 모두 이렇게 믿었다고 확실히 보여준다.

> 신(들)은 소위 천상의 발코니에 걸터앉아 아래쪽에서 펼쳐지는 드라마를 보면서 개인과 나라에 똑같이 축복과 저주를 내렸다. 최소한 신전을 짓고 사제를 세우고 거룩한 의식을 만들어 번제를 드린 사람들은 그렇게 믿었다(그리하여 연기가 "향기로운 냄새"로 하늘에 도달했다 - 창 8:21; 출 29:18, 25; 레 3:16; 6:21; 민 15:3, 10을 보라). (주2)

나는 하나님이 창세기 서두를 달리 시작하실 수 있는 방식을 이미 제안한 바 있다. 이랬다면 갈릴레오 같은 실패나 그로 인해 수많은 사람들이 믿음에서 이탈하는 일은 없었을 것이다.

태초에 하나님이 측정할 수 없는 우주를 창조하셨다. 그 우주는 수십억 개의 별로 되어 있는데 그중 일부는 수십억 킬로미터나 떨어져 있다. 수십억 년의 과정을 통해 그는 해와 달, 태양 주위를 도는 구형 지구를 창조하셨다. 지구 위에 물과 땅을 창조하시고 한 종이 다른 종으로 진화하는 과정으로 해양 동물과 육상의 모든 생물을 창조하셨다. 마지막으로 그는 인간을 창조하여 그가 창조한 모든 것을 다스리게 하였다.(주3)

성경에 이런 내용이 없는 것은 말할 것도 없고 하나님은 과학적 방법에 전혀 무지하셨다. 과학적 방법은 인간의 삶이나 생물에게 막대한 유익을 끼쳤는데도 불구하고 하나님은 이 점을 단 한 번도 언급하지 않으시다니 놀라운 일이다.(주4)

이것은 하나님이 오늘날 과학을 아는 사람들이 동정녀 탄생이나 변화산 사건, 부활, 승천 같은 이야기들을 받아들일 수 없단 사실을 미처 알지 못하셨다는 뜻이다.

하나님이 모르신 것은 또 있다. 그분은 백신도 모르셨다. 백신 발견법을 알려 주셨다면 14세기에 유럽 인구 1/3을 죽음으로 몰고 간 흑사병이 발병했을 때 우리에게 매우 유용했을 것이다. 이런 지식이 스페인 독감(1918-1920)의 세계적 유행기에도 도움이 되었음은 자명한 일이다. 5천만-1억 명의 사망자를 낸 스페인 독감은 인류 역사에서 가장 치명적인 자연 재해로 꼽힌다.

하나님은 페니실린에도 무지하셨다. 페니실린을 알려 주셨더라면 수백만의 귀한 생명을 유아 사망에서 구할 수 있었을 것이다.

그분은 마취에도 무지하셔서 인간은 많은 피를 흘리며 고통스럽게 수술을 받아야 했다.

그분은 오염된 물을 마시거나 그로 인한 중독 때문에 사람이 죽을 수도 있다는 것도 모르셨다. 먹으면 죽을 수 있는 유독 식물, 물리거나 쏘이면 죽을 수 있는 유독 생물의 위험도 경고해 주지 못하셨다.

엉뚱한 단층선 위에 도시를 세웠다가는 세월이 흐르면서 수많은 목숨을 앗아갈 수 있다는 사실도 물론 모르셨다.

세상을 창조하신 분이라면 그런 것쯤은 당연히 아셔야 하는 것 아닌가. 꿀이 벌을 유혹하듯이 이런 단층선들은 그 갈라진 틈에서 나온 물과 광물로 우리를 유혹한다.

이 모두에 대한 유일한 변명은 그가 존재하지 않는다는 것뿐이리라.

▶ 랜들의 모두진술

여기서 정말로 중요한 질문은 하나님이 우리가 더 이상 받아들이지 않는 과학적 세계관을 반영하는 책을 통해 스스로를 계시하셨다고 확실히 믿을 수 있느냐의 여부다.

단언컨대, 우리는 고대 히브리인들의 삼층 우주관을 인정하지 않는다. 성경 저자들은 한물간 과학을 믿었고 성경 본문을 현대 과학 대하듯 해석하는 일부 보수 기독교인들의 시도는 순진하고 해롭다. 문제는 이 한물간 과학이 성경 본문의 계시적 성격을 깎아내리고 있다는 것이다.

이 질문은 또 다른 질문을 불러온다. 하나님이 고대 이스라엘인들에게 스스로를 계시하시면서 그들의 과학을 사용하시지 말아야 했다면 과연 어떤 과학을 사용하셔야 했단 말인가? 추측컨대 존은 하나님이 우리의 과학을 사용하셔야 했다고 생각하여 창세기 1장을 이렇게 만든 것 같다.

> 137억 년 전 태초에 우주의 특이성이 있었다. 에너지가 충분히
> 식은 후에 하나님이 원자 입자들을 만드셨고……:

물론 하나님이라면 그렇게 하셨을 수도 있다. 창세기 1장과 2장에 빅뱅 우주론과 아인슈타인의 상대성 이론, 양자 역학, 판구조론, 진화생물학 등을 소개하여 고대 이스라엘 사람들에게 제대로 된 과학 교육을 하셨을 수도 있다.

그런데 이런 제안에는 확연한 문제점이 두 가지 있다. 우선 그런 세계관은 고대 이스라엘 사람들에게는 전혀 통하지 않았을 것이다. 최첨단 마차 기술로 상대성 이론을 이해하려는 사람들을 상상할 수 있겠는가? 하나님이 21세기 과학으로 고대 이스라엘인들에게 스스로를 계시하셨다면 그들은 전혀 알아듣지 못했을 것이다.

존은 최소한 우리는 이해할 수 있지 않느냐고 대꾸할지도 모른다. 그럴 수도 있겠지만 그 경우에는 다른 문제가 또 발생한다.

오늘날까지 과학 진보의 역사를 지침으로 삼는다면 과학 이론은 해마다 수정되

는 것은 당연하고 완전히 대체되는 경우도 있을 것이다.

예를 들어 과학자들이 암흑 에너지를 발견한 지는 10년 정도밖에 되지 않았다. 암흑 에너지란 우주의 대부분을 구성한다고 추정되는 신비로운 물질이다. 더욱 기이한 일은 과학자들 중에 모든 물질은 사실상 홀로그램이 투사된 것이라고 주장하는 이들이 있다는 것이다. 이런 주장은 블랙홀이 자기들이 흡수한 사물들에 대한 정보를 마치 마그네틱 선처럼 블랙홀 표면에 기록한다는 신기한 사실과 연관이 있는 듯하다.

이 말이 무슨 뜻인지 정확히 안다고는 못하겠지만 이런 교훈을 얻을 수 있을 것 같다. 우리의 우주관이 고대 이스라엘인들의 우주관보다 오류가 적다고 해서 우리가 옳다는 뜻은 아니다. 이 점은 곧 동일한 문제로 돌아간다. 하나님이 현재 우리의 과학으로 스스로를 계시하신다면 100년 후 인류는 존이 오늘날 말씀을 거부한 이유와 똑같은 이유로 말씀을 거부할 것이다!

하나님이 오늘날의 과학으로 스스로를 계시하실 수도 있었다는 순진한 가정은 잊어라. 하나님이 사물을 있는 그대로 계시하셔야 했다고 말하는 무신론자의 반대를 달리 표현해 보자.

예를 들어 오늘날 과학자들은 자연계의 네 가지 힘(강한 핵력, 약한 핵력, 중력, 전자기력)을 간단한 한 가지 설명으로 통합할 수 있는 대통일 이론 grand unifying theory을 찾고 있다. X = qr이 대통일 이론 공식이라고 해보자. 이제부터는 하나님이 왜 창세기 1장의 태초에 X = qr을 말씀하시지 않았는지 그 이유를 알아보려고 한다.

안타깝지만 이런 의견은 다양한 문제를 발생시킨다. 우선 우리가 앞으로 수백 년이나 수천 년 내에 X = qr을 발견하지 못하면 어떻게 될까? 그 경우에는 하나님이 우리는 이해하지 못하게 내버려 두시고 먼 미래의 사람들에게만 특혜를 주셨다고 생각하게 된다. 문제를 한 번 더 꼬아서 인류가 X = qr를 아예 발견하지 못하면 어떻게 될까? 이 공식을 푸는 미적분학이 너무 복잡해서 인간의 두뇌로는 도저히 이해할 수 없다면? 그럴 경우 계시 문헌에 대한 우리의 요구는 영원한 부적절성이라는 운명에 처하고 만다.

마지막으로 먼 훗날 소수 과학자들이 X = qr의 진실을 알게 된다 쳐도 과연 그

들이 성경을 계시로 받아들일 것이냐 하는 문제가 있다. 힘들어 보인다. X=qr이 성경에 나온다는 사실을 우연으로 치부할 가능성이 높다. 실제로 고대 이스라엘 사람들은 X=qr의 뜻을 몰랐기 때문에 이 무신론자는 성경 본문을 대통합 이론 공식으로 해석하는 것은 우리가 성경 본문을 현대 천문학으로 해석하는 것을 고려하는 것만큼이나 순진하다고 주장할 공산이 크다.

하나님은 21세기 회의주의자들의 요구보다 고대 근동의 제한된 시야에 그분의 계시를 맞추셔서 역사 가운데로 들어가셨고 모든 시대 모든 사람에게 유효한 구원 역사의 메시지를 인류에게 허락하셨다.

▶ **존의 반박**

　현대 과학자들은 고대인들은 몰랐지만 미래에는 밝혀질 것들이 있음을 안다. 앞에서 주장했듯이 하나님이 알려 주시지는 않았지만 알려 주셨을 법한 내용들이다.
　따라서 안타깝게도 랜들이 내 제안에 제기한 두 가지 문제점은 내가 주장하려는 핵심에는 적절하지 못하다. 예를 들어 아인슈타인의 과학은 뉴턴 과학의 신빙성을 떨어뜨리거나 약화시키지 않았다. 사차원인 시간을 더했을 뿐이다. 그런 조건 하에서 뉴턴의 과학은 여전히 유효하다.
　내 제안은 고대 이스라엘인들에게 그저 통했을 뿐 아니라 그들은 자신의 체험으로 그 제안들을 확인해 주었을 것이다. 그리고 닐 디그래스 타이슨 같은 현대 과학자들과 미래의 과학자들에게도 신이 있다고 확증해 주었을 것이다. 이런 과학 지식을 인간에게 밝혀 주었다면 과학에 눈뜬 현대인들은 성경에 나타난 소위 신의 계시를 무시하지 못했을 것이다. 또한 피조물에 대한 그분의 배려와 관심도 드러내 주었을 것이다.
　하나님이 이런 것들을 몰라서 계시해 주지 않으셨을 리 없다. 더군다나 그 때문에 오늘날 세상이 그분을 무시하니 말이다.
　앞에서도 말했지만 우리는 성경에서 스스로를 전혀 계시하시지 않는 것이나 다를 바 없는 하나님밖에 볼 수 없다.

▶ 랜들의 반박

존은 성경을 뒷받침하는 고대 세계관에 두 가지 이의를 제기하는 것 같다.
    (1) "성경은 전지한 하나님을 암시하지 않는다",
    (2) "사랑이 많은 하나님이 스스로 사랑한다고 주장하는 사람들에게 도움이 되는 내용을 계시하지 않았다."

이 내용을 차례대로 살펴보자.

첫 번째는 나의 모두진술에서 이미 다루었다. 하나님이 스스로를 역사의 특정한 시대 특정한 사람들에게 계시하고 계신다면 당대의 과학에 적응하는 것은 정확히 우리가 하나님께 기대할 수 있는 것이다. 더군다나 계시에는 특별한 과학 지식이 포함되어야 한다는 존의 가정은 이미 지적한 이유들 때문에 성립하지 않는다.

두 번째는 어떤가? 왜 성경에는 삶을 더 편리하게 만들어 줄 과학 지식이 들어 있지 않은가?

이 질문은 성경의 목적을 오해하고 있다. 성경에 나타난 하나님의 계시는 우리의 물리적 조건만이 아니라 영적 조건을 다루기 위한 것이기에 성경은 그 목적에 완벽하게 들어맞는 책이다.

▶존의 최종 진술

랜들의 반박은 하나님이 계시하셨을 수도 있지만 계시하시지 않은 것들이 무엇인지 이해하지 못하고 있다.

하나님은 전구, 자동차, 비행기, 우주여행, 인터넷처럼 인간이 각 세대마다 발견할 것들을 예측하실 수도 있었다. 또한 랜들은 영적 구원과 건강한 존재라는 불건전한 이분법을 주장한다.

▶랜들의 최종 진술

존은 하나님이 어떤 과학적 사실―둥근 지구―을 성경에 계시하셨을 수도 있다고 주장하지만 그 내용은 고대 이스라엘 사람들에게 전혀 통하지 않았을 것이다.

다시 말해 그는 성경이 이스라엘인들보다 자신을 염두에 두고 쓰였기를 바라는 셈이다. 그러나 앞서 지적했듯이 이런 유형의 과학 팩토이드(factoid, 아무 근거가 없는데도 일반적으로 사실로 여겨지는 것_역주)에는 충분한 설명이 필요한데 그렇게 함으로써 그 내용이 사실이 아닌 논란의 여지가 있는 문제임을 확인해 주어야 한다.

REVIEW

▶승범(무신론자)

솔직히 말해 처음으로 랜들의 말이 의미 있게 들렸다. 랜들의 모두 진술은 설득력 있다. 지금까지의 토론 중에서 나는 처음으로 랜들이 존을 이겼다고 생각한다.

보편타당한 인간의 본성에 대한 호소가 아닌 여전히 수정 및 발전하는 과학 이론이 성경 속에 있어야 한다는 존의 주장은 설득력이 떨어진다. 존이 이번에는 패착을 뒀다.

▶희경(무신론자)

존은 이번 장에서 과학에 무지한 하나님을 주제로 할 것이 아니라 차라리 과학을 때때로 무시하는 하나님, 자신이 만든 창조질서를 스스로 망치는, 기적이라는 이름으로 날뛰는 성경 속의 이상한 하나님을 논했어야 했다.

▶**상철**(유신론자)

여전히 존은 성경의 목적을 오해하고 있다.

성경은 과학교과서가 아니다. 성경은 하나님께서 예수 그리스도를 통해 인류를 구원하시는 거대한 구원사역을 드러내는 하나님의 말씀이다.

존이 성경을 진지하게 대하는 태도는 일견 의미 있지만 여전히 주소를 찾지 못하고 헤매는 모습은 보기 안쓰럽니다.

존의 태도로 볼 때 성경에서 만족한 답을 하나라도 찾더라도 그는 결코 만족하지 않고 자신을 만족시키지 않을 다른 하나를 어떻게든 찾아내려 발버둥 칠 것이다. 그리고 왜 성경은 나를 만족시키지 않느냐며 화를 내고 떼를 쓸 것이다.

그에게 무슨 일이 있었는지 모르지만 한 때 목사였다는 사람이 하나님을 향한 불신앙에 이토록 깊이 빠져있다니 그의 영혼이 불쌍하다.

▶민혁(유신론자)

하나님은 창조자이시다. 신의 합리성과 과학성을 인간의 사고로 비견하여 감히 다룰 수 있겠는가?

존이 지금 하나님과 마주 앉아 과학을 토론한다면 단 10초라도 하나님의 불꽃 같은 눈길을 견딜 수 있겠는가? 존은 자신이 과연 하나님 앞에서 10초라도 버틸 수 있을지 스스로에게 스스로에게 질문하기 바란다. 결코 인간이 다다를 수도 비교할 수도 없는 차원과 수준을 가진 하나님 앞에서 고작 한 끼를 굶어도 배가 고파 뒹구는 인간인 주제에 하나님이 과학에 무지하다는 등의 비판을 한다는 것이 말 자체가 되는가?

존은 똑바로 알아야 한다. 하나님은 모든 지식의 근본이시다. 감히 과학으로 전능한 하나님을 평가하려 하지 마라. 과학도 하나님께서 허락하셔서 우리 인간에게 주어진 선물일 뿐이다. 선물을 손에 들고 선물을 준 자를 평가하겠다는 것인가? 선물 받은 인간이 주신 이에게 드리는 감사 외에 무슨 더 할 말이 있는가? 존은 그 입을 닫아야 한다.

15 라운드

위풍당당한 할렐루야 합창에서 하나님을 발견할 수 있다

찬성: 기독교인 **랜들**

반대: 무신론자 **존**

▶ 랜들의 모두진술

무신론자 리처드 도킨스는 「불가능한 산 오르기 Climbing Mount Improbable」라는 책에서 길가에 핀 꽃들을 본 당시 여섯 살이었던 딸 줄리엣과 나눈 대화를 기록한다.

> "나는 딸에게 꽃이 피는 이유를 어떻게 생각하느냐고 물었고 딸은 속 깊은 대답을 내놓았다. '두 가지예요. 세상을 아름답게 만들고 벌들이 우리를 위해 꿀을 만들 수 있도록 도와주려고요.'"(주 1)

줄리엣의 대답은 두 가지 이유에서 매우 흥미롭다. 우선 야생화가 벌을 도와준다는 이야기에서는 자연계에서 목적을 찾으려는 선천적인 성향을 볼 수 있다. 하지만 나는 줄리엣이 지적한 다른 면에 더 초점을 맞춰 보려고 한다. 야생화가 세상에 객관적 아름다움이라는 요소를 더해 준다는 믿음 말이다.

이런 믿음은 객관적인 미적 가치가 존재한다는 가정을 전제하는데 과거로부터 대다수 철학자들이 이 가정을 공유했다. 즉, 대다수 철학자들은 야생화 같은 사물들이 세상을 객관적으로 더 아름답게 만든다는 줄리엣의 직관에 동의했다.

이에 반대하고 아름다움은 보는 사람의 눈에 달려 있다고 생각하는 사람은 현대의 희생자라고 할 수 있다. 당신은 아름다움은 주관적인 개인의 취향이나 사회적 관습에 뿌리내리고 있다고 생각할지도 모른다. 그것은 미의 기준이란 어느 정도는 개인의 취향과 문화적 형성을 반영한다는 관찰에서 비롯된 대중적인 생각이다.

그러나 이런 관찰은 부적절하다. 취향과 문화가 아름다움에 대한 우리의 인식을 형성한다고 해서 취향과 문화가 아름다움을 구성한다는 결론은 성립하지 않는다. 이 세상은 망가지고 고통으로 가득하지만 현기증이 날 정도로 아름다움이 넘쳐나기도 한다. 줄리엣이 본 야생화처럼 그런 아름다움의 일부는 자연에서 찾아볼 수 있다.

오스트레일리아 그레이트배리어리프 Great Barrier Reef에서 스노클링을 한 적이

있다. 산호 모래톱까지 배를 타고 나가던 길을 잊을 수가 없다. 하늘색 열대 바다 위로 수많은 다이아몬드가 반짝이듯 태양이 빛났다. 하지만 바다 밑에는 그것과는 비교할 수 없을 만큼 더 멋진 풍광이 나를 기다리고 있었다. 알록달록한 산호와 물고기 떼의 색깔이 얼마나 아름답든지 마치 장난꾸러기 유치원생들이 그림을 그려 놓은 것만 같았다.

인간이 만든 인공물에도 아름다움이 깃들여 있다.

예를 들어 웅장한 중세 성당에서 "신의 어린양 Agnus Dei"을 연주한다고 생각해 보라. 천사 같은 목소리가 창공으로 올라가면서 수백 년 된 석조 아치 천장과 기둥들 안팎에서 어우러지고 옆쪽에 나란히 자리한 채플마다 고요히 깜빡거리는 초들이 성당 내부에 천상의 빛을 비춰 준다.

수백 년간 사람들은 그런 체험에서 객관적 아름다움을 접할 수 있다고 믿었다. 아름다움에 대한 이런 본능적 체험을 무시하는 현대의 기이한 독단은 우리의 주관적 취향을 반영하는 것에 지나지 않는다.

반대로 리프의 아름다움은 그 리프의 질량과 형체라는 속성만큼이나 객관적이다. 따라서 리프는 사람이 그것을 본 적이 없다 하더라도 그런 객관적 미의 예가 될 수 있다. 마찬가지로 "신의 어린양"의 아름답고도 장엄한 연주는 객석에 앉은 사람들이 청각장애인이거나 잠들었거나 음악적 감수성이 부족하다 해도 사라지지 않는다.

도킨스는 이의를 제기한다. 야생화가 아름답다는 줄리엣의 주장을 이렇게 논평한다. "나는 딸의 말에 감동을 받았지만 그 아이가 틀렸다는 사실을 지적해 주어야 했다."(주2)

어째서 그는 이렇게 생각할까? 그의 관점에서는 객관적 아름다움은 존재할 수 없기 때문이다. 어느 무신론자가 객관적인 미적 가치—또는 철학자들의 표현대로 "아름다운 것들"—가 있다고 인정하면 그는 아름다운 것들은 이러이러해서 열대어, 야생화, "신의 어린양"의 숭고한 연주처럼 다양한 것들에서 볼 수 있다고 설명해

야만 한다. 말할 것도 없이 이 무신론자를 혼란스럽게 하는 아름다운 것들은 기독교적 형이상학에 잘 들어맞는다.

토마스 아퀴나스는 신의 존재 증명 다섯 가지 중 네 번째에서 사물은 선과 미 같은 객관적 자질들에 차등적으로 관여한다는 사실을 지적한다. 이 유신론자는 사물이 하나님의 선과 미를 반영한다는 가정 하에 한 분 창조주 하나님 안에서 그런 객관적 가치들의 형이상학적 기반을 제공한다.

따라서 우리가 리프의 물고기나 산호, 들판의 야생화, "신의 어린양" 연주처럼 아름다운 것들을 볼 때 경이로움을 느끼는 데는 그럴 만한 이유가 있다. 우리는 열대 바다 위와 바닷속을 비추는 태양빛을 보듯 하나님의 창조세계 위와 안팎을 비추는 그분의 빛을 본다.

▶ 존의 모두진술

여기서 랜들의 의도는 소위 객관적인 미적 아름다움의 존재로부터 신의 존재를 증명하는 것이다.

내가 보기엔 아주 간단하다. 아름다움은 보는 사람 눈에 달려 있다. 그럴 수밖에 없다. 이 세상에는 추한 것도 아름다운 것도 없다. 색깔이나 소리, 맛이나 향, 통증도 없다. 해석되지 않은 날 것 그대로가 존재할 뿐이다. 세상에는 특정한 형체가 있는 사물들 원소 주기율표에 나오는 특정 입자로 구성된 사물들 분자와 원자로 된 사물들이 있다. 또한 사물이 움직일 때나 사물에서 내뿜는 입자에서 나오는 파장이 있다. 따라서 보는 것은 보는 사람에 달려 있다. 듣는 것은 듣는 사람에게 달려 있다. 냄새 맡는 것은 냄새 맡는 사람에게 달려 있다. 맛보는 것은 맛보는 사람에게 달려 있다.

통증은 뇌에 신호를 보내는 신경 말단에 달려 있다. 설령 보는 사람이 있다 하더라도 우리가 전자기와 음속 전체를 보고 들을 수 있다면 우리가 보고 들을 수 있는 것은 백색소음뿐이다. 그러면 랜들은 백색소음이 아름답다고 말할 텐가?

우리가 아름답다고 생각하는 것은 대체로 생물학에 기초하기 때문에 진화로만 설명할 수 있다. 이 세상의 다양한 동물이 아름다움을 어떻게 생각할지 생각해 보라.

개를 예로 들어보자. 개는 후각이 굉장히 예민하다. 내가 본 어떤 프로그램에 따르면, 블러드하운드는 한 사람의 냄새를 맡고 나서 대형 경기장의 수천 개 좌석 중에 그 사람이 앉았던 자리를 찾아낼 수 있다고 한다. 그런데 이런 개들은 어떤 향을 좋아할까? 엉덩이 냄새. 악취가 나는 엉덩이 냄새다. 개들은 엉덩이 특히 다른 개의 엉덩이에 코를 처박는다. 개의 후각에는 엄청나게 강력한 냄새일 테지만 그 냄새가 개에게는 최고의 향기 즉 아름다운 냄새임에 틀림없다. 회색곰의 후각은 블러드하운드보다 7배나 더 발달했다고 한다! 그보다는 훨씬 약한 후각을 지닌 대다수 인간은 코를 찌르는 엉덩이 냄새에 구역질이 날 것 같다고 생각한다.

자, 그렇다면 과연 객관적 아름다움이란 게 있을까? 내 생각엔 없는 것 같다.

우선 그 아름다움은 우리가 어느 종을 말하고 있느냐에 따라 달라진다.

일부 돌고래와 고래, 박쥐들은 방향을 찾고 먹이를 쫓을 때 반향정위를 사용한다. 소나나 음파를 보내서 물체에 부딪혀 돌아오는 음파를 받는 것이다. 많은 뱀이 야간에는 적외선을 감지할 수 있는 기관으로 온혈 동물 먹잇감을 찾아낸다. 상어와 전기뱀장어는 물속에서 다른 동물이 만들어 내는 전기장을 감지한다. 귀상어는 5억 분의 1 볼트까지 감지할 수 있다고 한다! 어떤 새와 일벌들은 지구 자장을 감지하여 그들 세계에서 방향을 찾는 일종의 GPS로 활용한다. 깡충거미는 3 원색이 아니라 4 원색을 볼 수 있다. 소위 테트라 크로마틱 시각이라는 것이다. 깡충거미가 보는 네 번째 색은 자외선인데 실제로 이들에게는 완전히 별도의 스펙트럼으로 나타난다고 한다. 갯가재는 한 발 더 나가서 자외선은 물론 편광까지 본다. 동물계에는 인간보다 월등한 감각을 지닌 생물이 많고 미에 대한 감각이 인간과는 다른 경우가 많다.

그렇다면 이 세상에 객관적인 미적 아름다움이 존재한다는 랜들의 주장은 어떻게 되는 것인가?

인간에게는 공감각이라는 신경 조건이 있는데 한 감각을 자극하면 자기도 모르게 두 번째 감각을 경험하는 것을 뜻한다. 공감각을 지닌 사람들은 개인에 따라 소리를 보고 색깔을 듣고 냄새를 맛보거나 색깔을 냄새 맡고 냄새를 듣고 소리를 본다. 기본적으로 이들의 구조는 대다수 사람들과는 다르다. 다르다고? 그렇다. 모든 사람이 그렇게 만들어졌다면 인간의 미적 감각은 달라졌을 것이다. 이런 사실을 보여주는 다른 조건들이 있다. 인간에게도 아름다움은 생물학에 기초한다.

우리가 공통으로 아름답다고 인정하는 것들이 있기는 해도 인류에게 아름다움은 대체로 문화에 따라 다르게 나타난다. 기껏해야 랜들이 주장할 수 있는 것은 인간이 객관적으로 아름다운 것에 동의한다는 것이다. 내가 보기에는 개나 갯새우도 그 점에서는 마찬가지다. 그래서 어쨌다는 것인가? 지구상의 생물은 공통된 한 조상에게서 비롯되어 진화했다. 인간이 다른 종으로 진화하면 랜들의 주장은

어떻게 되는가?
 기본적으로 랜들이 이렇게 주장하려면 진화가 거짓임을 입증해야 하는데 그는 그 일을 하고 있지는 않다.

▶ 랜들의 반박

존의 주장은 다음 두 가지로 요약할 수 있다.

    1. 개는 "악취가 나는 엉덩이" 냄새를 좋아한다.
    2. 따라서 객관적인 미적 사실이란 존재하지 않는다.

이런 주장에는 세 가지 기본적인 문제점이 있다.

첫째, 무언가를 좋아하는 것과 그것이 아름답다고 생각하는 것에는 차이가 있다. 예를 들어 나는 고전음악보다는 클래식 록을 더 좋아하지만 대개 후자보다는 전자가 더 아름다운 경우가 많다.

둘째, 객관적인 아름다움은 없다는 결론을 뒷받침하기 위해 사람(개)들이 객관적인 아름다움을 두고 서로 이견을 보인다는 사실을 사용할 수 없다. 검정 과부 거미가 짝을 잡아먹는다는 사실에서 객관적인 도덕적 가치는 없다는 결론을 이끌어 내는 것은 얼토당토않다. 개들이 엉덩이 냄새를 좋아한다는 사실에서 객관적인 미적 가치는 존재하지 않는다는 결론을 이끌어 내는 것도 얼토당토않기는 마찬가지다. 마지막으로 나는 신다윈주의 진화를 인정한다. 하지만 다원주의는 미적 가치가 아니라 생물학적 기원에 대한 이론이기 때문에 이 주제에는 적절하지 않다.

▶ 존의 반박

나도 멕시코 칸쿤 해변에서 스노클링을 해본 적이 있다. 눈앞에 펼쳐진 광경이 얼마나 멋졌는지 모른다. 카리브 해의 수정 같은 물빛은 정말 아름다웠다.

인간이라면 누구나 동의할 것이다. 그래서 어쨌단 말인가? 랜들은 아름다움이 생물학에 기초한다는 사실은 조금도 생각해 보지 못한 것 같다. 그렇지 않고서야 이런 주장을 내세울 리가 없다.

인류는 우리가 보는 것을 볼 수 있게 진화해 왔다. 따라서 인류가 무엇이 아름다운지에 동의한다는 사실은 누가 봐도 분명하다. 하지만 그것이 곧 무엇이 객관적으로 아름다운지에 동의한다는 뜻은 아니다.

진화한 외계인이 지구를 찾아오는 장면을 상상해 보자. 그들은 자신의 감각 기관으로 다르게 받아들이는 내용에 따라 우리가 사는 세상을 다르게 볼 것이다.

자연은 해석되지 않은 날 것 그대로를 말한다. 따라서 보는 사람도 없이 무언가가 아름답다는 랜들의 말은 전혀 앞뒤가 맞지 않는다.

요점은 랜들이 이 주장을 시작조차 할 수 없다는 것이다. 객관적 아름다움이 없다면 그가 말하는 신의 존재도 주장하기 힘들다.

▶ 랜들의 최종 진술

존은 인간이 진화하여 객관적인 미적 사실은 존재하지 않는다는 결론에 도달했다는 전제에서 추론한다. 그러나 이 결론은 성립하지 않는다.

만약 이런 결론이 성립한다면 존은 객관적인 물리적 사실도 존재하지 않음을 인정해야 하는데 그러기는 힘들 것이다.

그는 다원주의 때문에 객관적인 미적 사실을 인정하지 못하는 것이 아니다. 오히려 무신론에 대한 독단적이고 잘못된 헌신이 문제다.

▶ 존의 최종 진술

아름다움은 우리에게 즐거움을 주는 물리적 존재를 보고 맛보고 듣고 냄새 맡을 때 우리가 느끼는 정서적인 감정 그 이상도 이하도 아니다.

랜들은 모든 종에게 즐거움을 주는 한 가지를 만들어 내기는커녕 생각해 내지도 못한다. 따라서 아름다움으로 신의 존재를 증명하려는 그의 주장은 시작부터 잘못되었다.

REVIEW

▶상철(기독교인)

　피조물은 창조주의 영광을 드러낸다고 시편 기자는 말했다. 하나님이 없다고 하는 자는 어리석은 자라고 성경은 분명히 선언한다.
　우리는 주위의 아름다운 자연을 보면서 하나님을 찬양하지 않을 수 없다. 로마서 기자도 자연을 통해 우리가 하나님을 알 수 있다고 분명히 말했다. 찬송 중에도 '주 하나님 지으신 모든 세계, 내 맘에 그리어 볼 때'로 시작하는 아름다운 고백이 있다. 자연 속에서 하나님을 만나는 축복과 감격을 표현한 찬양이다.
　하나님께서 자연을 통해 분명하게 드러내시는 창조주를 보지 못하는 사람은 참으로 불쌍할 뿐이다. 아버지를 알아보지 못하는 아들이 얼마나 불행한가? 하나님께서 우리 인간에게 주신 자연은 흔히들 일반 계시로 불린다. 말 그대로 '계시'이다. 하나님께서 자신을 드러내시는 수단이라는 말이다.
　하나님을 인정하라. 몇 그램 되지도 않는 뇌 속에서 움직이는 이성이 마치 신이라도 된 듯 까불지 말고 하나님 앞에 창조주 앞에 무릎 꿇으라.
　이 자연의 장엄함 뒤에서 그 자연을 운행하시는 하나님을 보아야 한다.

▶**민혁**(기독교인)

　장엄하기까지 한 해돋이 하늘과 노을빛 아름다운 바다를 한 번이라도 보아라. 그러면 신이, 하나님이 계심을 느낄 것이다.
　마음이 굳어져 화인 맞은 자가 아닌 이상 천지의 아름다움 속에서 어떻게 하나님을 찬양하지 않을 수 있는가? 하나님의 놀라운 솜씨 앞에 나도 모르게 할렐루야 찬양이 솟아난다. 마음 깊은 곳에 나도 모르게 올라오는 감동을 주신 하나님을 만나지 못한다는 것은 불쌍한 불신앙의 화석과 같은 인간이다.
　이런 이들을 위해 오늘 기도한다. 그 화석과 같이 불신앙으로 굳은 마음이 언젠가는 녹아지기를.

▶**승범**(무신론자)

14라운드에서 나름 선전했던 랜들은 다시 자신의 트레이드 마크인 전형적인 '봉창 두드리기'로 돌아왔다. 그것도 자신이 정한 주제에서, 홈 그라운드에서 말이다.

할렐루야 합창에서, 달리 말해 자연의 아름다움에서 하나님을 볼 수 있다고? 다시 묻는다. 아니 나는 몇 번이고 랜들에게 물어야 한다. 아니 도대체 왜 그게 꼭 하나님이어야 하는지를 제발 제발 좀 설명해달라.

하지만 그게 랜들 같은 사람에게는 불가능한 요구인 것을 나는 안다. 왜냐하면 랜들과 같은 기독교인들에게 세상이 아름다운 것은 하나님 때문이고 세상에 지진이 나거나 전쟁이 나서 수 많이 사람들이 죽으면 그건 인간이 잘못했거나 아니면 숨겨진 하나님의 뜻이 있어서 그런 거니까.

나는 창조론을 설파하고 다니는 한 교수가 하늘에서 내리는 모든 눈 snow의 결정체 flake가 다 다르다는 사실에 자신도 모르게 '오~ 하나님, 당신이 계셨군요.'라고 고백하고 신앙을 갖게 되었다는 말을 듣고 황당함을 느낀 적이 있었다. 왜 그는 자신이 싸는 똥의 양이 매일 다른 것을 보고는 진작 하나님이 살아있음을 발견하지 못했을까?

결국 내가 랜들에게 묻는 것과 같은 질문이다. 왜 그 교수에게 그 대상이 하나님이어야 하는가? 알라나 부처가 아닌 하나님이어야 하는가? 힌두의 크리쉬나는 왜 안되는가?

▶**희경**(무신론자)

　세상엔 아름다움만이 존재하는 게 아니다. 추악한 부분 위태로운 위험한 모습들도 자연이던 사람이던 식물이건 동물이건 모두에게 있다.
　아름다운 자연이나 아름다운 노래에서만 하나님을 발견한다면 아름답고 화려한 외형의 '독버섯'은 어떻게 생각하는가?
　아무리 아름다운 할렐루야 찬양소리도 어떤 누구에게 어떤 장소에서는 추악한 소음이 될 수 있다.
　하나님을 발견할 수 있는 대상이 그토록 빈곤한가? 누구나 모두에게 공감되는 아름다움이어야 신의 영역일 것이다. 최소한 신이 완벽하다면 말이다.

16 라운드

성경의 하나님은 미래에 무지하다

찬성: 무신론자 **존**

반대: 기독교인 **랜들**

▶ 존의 모두진술

성경은 하나님이 미래를 모르시는 것처럼 이야기할 때가 많다(창 22:12; 신 13:3; 렘 3:7, 19-20; 26:3; 32:35; 겔 12:3; 욘 3:10). 그런데 우리는 왜 그분이 미래 특히 자유의지가 있는 피조물의 미래를 정확하게 예측할 수 있다고 생각하는가?

실패한 예언은 어렵지 않게 찾아볼 수 있다. 이사야는 나일 강이 마를 것이라고 예견했다(사 19:5-7). 또한 다메섹이 망할 것이라고 예견했다(사 17:1-2). 에스겔은 느부갓네살 왕이 두로를 멸망시킬 것이라고 예견했지만(겔 26:7-14) 그런 일은 벌어지지 않았다고 나중에 인정했다(겔 29:17-20). 에스겔은 자신의 원래 예측을 수정하면서 오히려 애굽이 망하고 느부갓네살 왕이 애굽을 정복할 것이라고 예견했다(겔 29:8-12, 19-20). 하지만 이 예언도 어긋났다. 예레미야는 유다 왕 여호야김의 후손이 끊어질 것이라고 예견했으나(렘 36:30) 그의 아들 여호야긴이 뒤를 이어 왕이 되었다(왕하 24:6). 예언자 학개와 스가랴는 둘 다 스룹바벨이 오랫동안 기다려 온 메시아라고 예견했지만(학 2:20-23; 슥 4:6, 9-13; 슥 6:9-15과 비교) 이 역시 사실이 아니었다.(주 1)

나는 다른 곳에서 구약 성경의 예언이 신약 성경에서 성취되었다는 주요 주장들을 분석한 바 있다. 내가 제기하는 의문은 이렇다. 나는 구약 성경의 어느 한 구절을 들고 와 그 구절이 예수의 삶과 죽음과 부활에서 구체적으로 성취된 예언이라고 말하는 사람 오늘날의 역사적·문법적 해석 도구로 예수를 메시아로 지적하는 사람을 믿기 힘들다. 절대로 그럴 리가 없다.(주 2)

사람들은 소위 메시아 시편에서 많은 예언을 끄집어냈다. 하지만 원래 문맥을 살펴서 제대로 읽으면 예언과는 아무 관련이 없는 내용임을 알 수 있다. 예측이 있어야 예언이라고 할 수 있을 텐데 시편에는 그런 내용이 전혀 없다. 예측이 없으니 성취될 것도 없다. 이사야 53장에 나오는 고난받는 종은 구세주 메시아 왕과는 아무 상관이 없었다. 이사야서에서 고난받는 종은 이스라엘 백성을 가리킨다(사 41:8-9; 42:18-24; 43:30; 44:1-2, 21; 45:4; 48:20; 특히 49:3을 보라). 우리는 문맥에 맞게 본문을 해석해야 한다. 고난을 많이 받은 이는 다름 아닌 이스라엘이다. 그들은 그

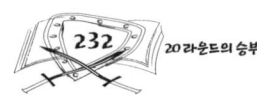

고난 가운데서 하나님이 자신들을 이전 영광으로 회복하셔서 열방의 빛이 되기를 바랐다. 마태복음에 등장하는 예언의 성취와 관련해서는 로버트 밀러 Robert Miller 가 이렇게 잘 정리하고 있다.

1. 마태는 예언자들이 의도하지 않은 의미를 부여한다.
2. 마태는 예언자들의 말을 본래 문맥에서는 불가능한 방식으로 해석한다.
3. 마태는 실제로는 일어나지도 않은 사건들과 그 예언들을 연관 짓는다.
4. 마태는 원래는 없었던 예언을 만들어 낸다. (주 3)

모울 C. F. D. Moule 교수가 "비판적 관점에서 마태의 구약 성경 인용은 확실히 억지스럽고 인위적이며 설득력이 떨어진다"(주 4)고 주장하는 것도 무리가 아니다. 사실이 그렇다면 마태가 자신의 원 자료를 이렇게 멋대로 이용하는데 마태복음 전체를 의심스럽게 볼 수밖에 없지 않을까?

실패한 예언 중에서 가장 심각한 경우는 예수가 이 세대의 완성 즉 종말에 대해 한 예언이다. 이 '종말 eschaton'에서 '종말론 eschatology'이라는 단어가 나왔다. 예수가 예견한 대로 그의 세대에 결국 "인자"가 오지 않았으니—이 내용은 다른 곳에서 이미 자세히 다루었다(주 5)—그는 실패한 종말론 예언자였다. 예수는 마가복음 9장 1절에서 "내가 진실로 너희에게 이르노니 여기 서 있는 사람 중에는 죽기 전에 하나님의 나라가 권능으로 임하는 것을 볼 자들도 있느니라"라고 말한다(마 16:28; 눅 9:27도 보라). 아무리 신학적으로 유리하게 해석한다 해도 예수가 틀렸다는 결론을 피하기는 어려워 보인다. 과거에 실패로 드러난 수많은 종말 운동처럼 예수의 제자들도 이전 표적이 실패로 돌아갈 때마다 세상을 떠들썩하게 만드는 또 다른 표적 사건들을 추가하면서 이 예측을 번번이 수정할 수밖에 없었다.

그러나 그중에서도 내가 가장 최악으로 여기는 것은 '신의 불통 문제'(주 6)이다. '신의 불통'이라는 말은 내가 만들었다. 사랑의 하나님이 그분의 신실한 백성이 미래에 남들에게 그렇게 심한 고통과 압제와 죽음을 안기리란 사실을 아셨다면 처음부터 그들의 행동 지침을 분명히 하셨어야 하지 않을까. 그분은 노예제, 여성 억압, 동물 학대 등을 분명히 정죄하셨어야 했지만 그렇게 하지 않으셨다.

하나님은 기독교인들이 어떤 교리를 믿어야 하는지도 좀 더 구체적으로 밝혀 주셨어야 했다. 그리하지 않으셨기 때문에 종교개혁 이후 8백만이나 되는 기독교인들이 오늘날 우리가 보기에는 어리석기 짝이 없는 문제들로 서로를 향해 칼을 휘둘렀다.

▶ 랜들의 모두진술

데이브라는 남자가 경찰관이라고 믿을 만한 이유가 충분하다면 우리는 자동으로 그가 총기를 다룰 줄 안다고 믿게 마련이다. 그가 총기를 다루는 모습을 한 번도 본 적이 없는데도 그렇게 믿는다. 이유는 간단하다. 총기를 다룰 수 있어야 경찰관이 될 수 있기 때문이다. 따라서 데이브라는 사람이 경찰관이라고 믿을 이유가 충분하다면 그가 총을 쏠 수 있다고 믿을 만하다.

동일한 이유로 야훼가 하나님이라고 믿을 이유가 충분하다면 우리는 야훼가 전지하다고 즉 야훼가 미래에 대한 명제를 포함한 모든 진리 명제를 알고 거짓 명제는 믿지 않는다고 믿게 마련이다. 이유는 간단하다. 신은 전지하기 때문이다. 하나님이라는 존재의 특징은 신성의 특징을 수반한다. 따라서 야훼가 하나님이라면 그는 전지할 수밖에 없다.

누군가는 신성이라는 개념이 반드시 전지성을 포함하지는 않는다거나 그것이 곧 야훼가 하나님이라고 믿을 근거는 되지 못한다고 주장하면서 이의를 제기할 수도 있다. 각각의 주장에 대해 짧게 답변해 보겠다.

먼저 신성부터 정의해 보자. 많은 사람들이 신성의 속성을 완벽함과는 거리가 먼 존재로 여기는 것이 사실이다. 올림푸스 산 정상의 그리스 만신전에는 이상한 "신들"이 가득했다. 이 신들은 성격 결함이 얼마나 심각했든지 그와 비교하면 요즘 드라마의 등장인물들은 미덕의 귀감이라 할 만하다. 하지만 그런 인물들에 입각해 신성의 개념을 규정했다는 사실은 신성의 개념을 그런 인물들에게 적용하는 것이 적절한가라는 핵심을 피해 가는 것이다.

실제로 그리스 철학은 이것이 신성에 대한 적절한 개념이 아니라는 인식에서 탄생했다. 플라톤과 아리스토텔레스 같은 철학자들은 행위자가 불멸의 존재이거나 매우 강력하다는 이유만으로 신성의 개념을 그 행위자에게 적용해서는 안 된다고 결론을 내렸다. 신성은 진정으로 고귀한 독립체 즉 '선의 이데아', '순수 행위자', 또는 논리적 방향으로 사물을 인도하는 '로고스' 등으로 다양하게 정의할 수 있는 어떤 존재에게만 부여되어야 한다는 것이다.

히브리 성경에도 동일한 개념적 명료화 과정이 나타나는데 다신론으로부터 일신 숭배(여러 신 중에 한 신을 섬기는 것으로 아브라함 때부터 시작된다), 단일신교(다른 신들보다 한 분 하나님이 우월하다는 인식으로 출애굽 때부터 시작된다), 유일신교(제2 이사야에서 확인해 주는 교리로 특히 사 44:6을 보라)로 이동하는 모습을 나타낸다.

유일신교 용어로 정의된 신성 즉 세상에는 한 하나님이 있다로의 개념적 명료화 과정을 통해 이러한 신적 존재의 질적 특성을 분석할 수 있다.

안셀무스 Anselm의 신 존재 증명은 이 과정의 정점이라고 할 수 있는데 신에 대한 정의를 신에 대한 증거와 동일시하는 것이다. 안셀무스의 추정에 따르면 신은 그보다 큰 존재를 상정할 수 없는 존재이다. 다시 말해 신은 필연적으로 모든 완벽함을 포함하고 전지는 완벽한 것이기에 신은 전지 할 수밖에 없다. 따라서 이 길고 엄격한 개념적 명료화 과정의 최종 결과를 받아들이는 기독교인은 총각이라는 개념에는 당연히 남성이라는 특징이 포함되듯이 신성의 개념에는 전지라는 특성이 포함된다고 거리낌 없이 말할 수 있다.

이 점은 자연스레 다음 질문을 불러온다. 기독교인은 무슨 근거로 야훼가 하나님이라고 믿는가?

자 다른 질문을 하나 더 해보자. 우리는 무슨 근거에서 데이브가 경찰관이라고 믿는가? 한 가지 확실한 방법은 증언이다. 신뢰할 만한 지인이 그가 경찰관이라고 당신에게 말해 주는 것이다.

그렇다면 마찬가지로 다른 사람의 글이나 말로 된 증언을 통해 야훼가 하나님임을 알 수도 있을까? 이런 가능성을 원칙적으로 반대할 수는 없다. 증언을 통해 야훼가 하나님임을 알 수 있다는 말이다.

그러나 다른 방법도 많다. 예를 들어 당신이 야훼에게 기도하고 응답을 받았다면(17라운드를 보라) 그가 하나님임을 뒷받침하는 증거로 일단 볼 수 있다. 어떤 현상을 설명할 때 불필요한 가정을 해서는 안 된다는 의미의 '오컴의 면도날'에 따르면 야훼를 신에 종속된 행위자보다는 기도에 응답하는 신으로 상정하는 편이 더

간단하다. 야훼가 예수를 죽은 자들 가운데서 일으켰다고 설득당한 사람들에게도 비슷한 추론이 적용된다(19라운드를 보라).

이런 식으로 기독교인들은 데이브를 경찰관으로 믿게 되는 것처럼 야훼를 하나님으로 믿게 될 수 있다. 또한 경찰관이라는 데이브의 정체성이 그가 총을 다룰 수 있다는 결론을 뒷받침하는 것과 마찬가지로 하나님이라는 야훼의 정체성이 그가 전지 하다는 결론을 뒷받침하게 된다.

▶ 존의 반박

랜들이 이 책에 쓴 내용 중에 최고다. 브라보!

내가 주장하고 싶은 것은 종교적인 사람들이 더 큰 세상을 인식하면서 신에 대한 개념도 커졌다는 것이다.

랜들도 다신론에서 일신 숭배와 단일신교와 유일신교로 이동하는 과정으로 이 점을 적절히 묘사했다. 나중에 서양이 동양과 교류를 시작하면서 안셀무스는 신을 "인간이 상상할 수 있는 가장 큰 존재"로 정의했는데 이는 단순히 유일신교가 지역화되는 수준을 넘어섰다. 그러므로 윤리와 마찬가지로 신에 대한 개념도 진화해 왔다.

그런데 한 가지 문제는 내가 이 책에서 계속해서 설명하듯이 안셀무스의 신은 성경에 나타난 신이 아니라는 점이다. 이 주제와 관련하여 성경의 정보는 하나님이 미래를 알지 못한다는 사실을 보여준다. 그것이 이야기의 결말이다. 또 다른 문제는 안셀무스와는 반대로 동양 종교 지지자들은 '일자'(一者, 즉 가장 큰 존재)는 인간이 상상할 수 없고 따라서 이해할 수도 없다고 믿는다는 것이다. 이 지점에서 안셀무스의 존재론적 논쟁은 삐걱대기 시작한다.

이번에도 랜들은 또 다른 미약한 가능성을 지적한다. 비록 신뢰성이 떨어지기는 해도 인간의 증언 덕분에 우리가 그의 신이 존재함을 알 수 있다는 것이다. 물론 이것은 한 가지 가능성이다. 그러나 가장 중요한 것은 개연성이다.

▶ 랜들의 반박

존은 신이라면 반드시 전지해야 한다는 개념에는 반박하지 않지만 야훼가 신뢰할 만한 신적 존재 후보가 되지 못한다고 주장한다. 야훼에게 미래에 대한 지식이 없기 때문이라는 것이다.

존이 제시한 증거는 과연 야훼가 하나님이라는 한 사람의 믿음을 뒤집어엎기에 충분한가? 그것은 야훼가 하나님이라고 생각하는 그 사람의 증거와 존이 제시하는 야훼가 전지 하지 않다고 생각하는 증거에 달려 있다. 여기서 전자에 대한 증거를 살펴보기는 힘들겠지만 후자에 대한 존의 증거는 생각해 볼 수 있겠다.

우선 존은 하나님이 미래의 특정 사건들을 알지 못한다고 말하는 성경 본문들을 지적한다. 그러나 기독교 신학자들은 이 본문들을 신인 동형론 anthropomorphism[2]으로 해석한다.

다음으로 존은 소위 실패한 예언들을 지적한다. 하지만 내가 그 모든 내용을 인정한다 하더라도 그것은 인간 예언자의 실패에 불과할 뿐이다.

셋째 존은 예수님이 종말을 잘못 예측했다는 혐의를 제기한다. 다시 한 번 내가 그 점을 인정한다 하더라도 그것은 신성을 포기하고 성육신하신 예수님이 미래에 대해 잘못된 예측을 했다는 데 불과하다.

마지막으로 존은 전반적인 신의 불통이라는 혐의를 제기한다. 그러나 미래를 알지 못하는 것과는 상관없이 하나님께는 창조 세계와 소통할 만한 이유가 충분히 있으셨다. 결국 야훼가 전지 하지 않다고 생각하는 존의 증거는 빈약하다. 특히 사람들이 야훼가 하나님이라고 믿는 독자적인 근거를 이미 가지고 있다면 말이다.

---

2. 인간의 형상으로 신성을 표현하는 것. 의인법이라고도 한다. 인간에게만 적용시킬 수 있는 인간의 특성·감정·활동 등을 하나님께 돌리는 것으로, 예를 들면 하나님의 후회(삼상 15:11), 한탄(창 6:6), 무능(창 11:6) 등을 들 수 있다. 이것은 실제적인 사실보다 하나님의 마음이 그러하실 것이라는 인간적인 표현방식이다.

출처: CPORTAL - http://cportal.co.kr/bbs/board.php? bo_table=dic&wr_id=18198

▶ 존의 최종 진술

신학자들은 신인 동형론에 입각해서 자신의 하나님이 커질수록 성경이 묘사하는 하나님의 모습도 재해석했다.

영감으로 기록된 성경에 거짓 예언이 있다고 인정하는 것은 그들로서는 너무 큰 양보다. 100퍼센트 하나님이면서 100퍼센트 사람인 존재를 논리적으로 설명할 방법은 없다.

다시 한 번 랜들은 순전한 가능성에 희망을 걸고 있다.

▶ 랜들의 최종 진술

존은 기독교인이 증언을 통해 야훼가 하나님임을 알 수 있다고 인정한다.

그것이 개연성이 없다고 생각할 따름이다. 하지만 그는 자신의 주장을 뒷받침할 만한 확률 계산을 정식으로 하지 않았다.

따라서 존이 말하는 내용은 전부 개연성이라는 미사여구에 뒤덮인 주관적 직감에 불과하다.

REVIEW

▶**승범**(무신론자)

성경이 진리임을 드러내기 위해 굳이 얘기할 필요가 없는 것들도 있다.

예를 들어 앞에서 나왔던 성경이 과학적 사실을 서술해야 된다라는 주장이다. 그러나 성경 속에 '오류'가 있는가의 여부는 성경이 진리이냐 아니냐의 문제에서 매우 중요한 논점일 수밖에 없다. 즉 성경이 비록 굳이 할 필요가 없는 말을 하지 않는다고 해서 성경이 진리가 아니라고 볼 수는 없지만 성경 속에 오류가 있다면 성경은 결코 진리가 될 수 없다는 말이다.

존도 언급했듯이 성경 속 수많은 예언들 중 가장 황당한 것이 예수의 종말 예언이다. 보수 기독교인에 따르면 지구 역사는 7천 년이다. 그런데 지금 그 7천 년 중 무려 2015년 동안이 계속 종말이다. 너무 길다고 생각하지 않는가? 그리고 나는 그 어떤 기독교인 하고도 내기할 마음이 있다. 이 종말이 상당히 오래 계속될 것이라는 데에 말이다. 지구가 환경오염으로 인해 인간이라는 종을 이 지구 위에서 쓸어버리기 전까지 계속될 것이라는 데에 말이다.

그들이 믿는 예수가 구름 타고 하늘로 오는 일은 절대 없을 것이라는 데에 나는 전 재산을 걸겠다. 그럼에도 불구하고 이번 토론은 나름의 토론적 가치가 있었다.

왜냐하면 랜들이 드물게도 제대로 된 반론을 했기 때문이다. 랜들은 반박에서 다음과 같이 말했다. 성경 예언이 틀린 것에 대하여 그것은 인간 예언자의 실패에 불과하다라고.

이 점에 대해 나는 다시 앞을 말을 반복할 수밖에 없다. 틀린 예언자가 쓴 그런 책을 우리가 왜 진리로 믿어야 하는데?

또 랜들은 예수의 종말 예언에 대해 신성을 포기한 인성 예수가 틀렸다고 말한다. 인성이든 신성이든 예수가 틀릴 수 있다고 말하는 랜들의 용기에 큰 경의를 표한다. 그의 진솔한 답변에 대한 예의로 '아니, 예수가 틀릴 수도 있는데 어떻게 구원자, 또 삼위일체의 하나님이 된다는 거야?'라는 식의 질문을 생략하겠다.

랜들은 신의 개념을 설명하면서 중요한 말을 했다. 왜 야훼가 그 신의 개념에 적합한 존재인가를 물었다. 지금까지 내가 여러 번 던진 질문에 랜들이 처음으로 언급했다. 그리고 랜들은 그 대답을 뒤의 토론으로 미뤘다. 기도응답과 부활로 설명하겠다는 것이다. 향후 그의 주장이 기대된다.

▶희경(무신론자)

제일 이해하기 어려운 성경말씀이라는 게 내게는 예수의 재림이다.

수많은 불쌍한 신자들이 종말을 기다리다가 어처구니없는 사건을 일으킨 사례는 무수히 많다. 이런 비상식적인 일에 또 성경을 빗대어 기독교는 말한다. 하나님의 시간은 하루가 천년이고 천년이 하루이다……라고. 인간이 계수하는 시간은 하나님의 시간과 다르다고 말이다. 그때는 아무도 모른다 식의 이상한 논리를 들이댄다. 그래서 묻는 사람의 입을 아예 막으려고 한다. 참으로 기독교는 편리하다.

최소한 월등한 존재의 신이라면 자신보다 못한 인간을 이해시킬 능력 정도는 있어야 하지 않을까?

성경의 하나님은 미래에 무지할 뿐 아니라 아주 무식하고 예의조차 없다.

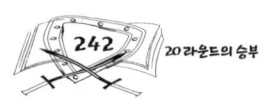

▶상철(기독교인)

앞에서도 잠시 언급했고 또 계속 느껴왔지만 랜들이라는 이 사람이 기독교의 진리를 수호할 자격이 있는지에 대해서 심각한 의문을 표할 수밖에 없다. 성경은 예수님을 완전한 인간, 완전한 하나님이라고 했다. 그런데 랜들은 예수님이 인간이었기에 틀릴 수도 있다고 한다. 그것도 공관복음 속에 비중 있게 동일하게 나오는 말세에 대해서 예수님이 틀릴 수 있다고 한다. 이게 제정신으로 할 수 있는 말인가? 그가 정말로 신앙을 가진 자라면 어떻게 이런 생각 자체가 가능한가?

나는 경악을 넘어 기독교 출판사로 알고 있는 베이커 출판사의 이 책 기획에 있어서부터 어떤 불건전한 의도가 있었던 것이 아닌가 하는 의구심까지 가지게 된다.

솔직하게 모른다, 하나님께서 아직 보여주시지 않은 숨겨진 뜻이 있다고 말하면 되지 않은가? 우리는 예수님의 말세에 대한 말씀을 얼마든지 영적으로 해석할 수 있을뿐더러 또한 요한계시록의 말씀과 연결해 이해할 수도 있다. 예수님이 어떻게 틀렸다고 할 수 있는가? 예수님이 틀릴 수 있는 인간이었기에 자신이 하나님인 줄 착각했다고 무신론자가 말하면 랜들은 뭐라고 대답할 것인가?

세상은 역사적 예수니 하면서 이성과 분석이라는 이름으로 말씀에 대한 집요하고도 치졸한 공격을 멈추지 않는다. 그런 상황에서 기독교의 진리를 대변하기 위해 나온 목사라는 사람이 예수가 틀릴 수도 있다라고 어떻게 얘기를 하는가? 예수가 인간이어서 틀릴 수도 있다고? 나는 랜들의 대답을 차마 믿을 수 없다.

▶민혁(기독교인)

감히 누가 누구를 평가하려 하는가? 감히 피조물이 창조주를 향해서 무지하다라는 말을 할 수 있는가?

이 세상을 창조하시며 시간까지 창조하신 하나님께 과거나 현재 그리고 미래가 무슨 의미가 있는가? 하나님 안에서 그 모든 시공간은 그냥 포함되어 있을 뿐이다. 시공간의 제약 속에서 살 수 밖에 없는 미약한 피조물인 우리가 이해할 수 없다고 해서 하나님을 향해 우리가 우리의 미약한 잣대로 무슨 말을 할 수 있겠는가?

하나님은 천지만물뿐 아니라 시공을 초월하여 우리를 주관하신다. 그러한 하나님을 인간의 시간 개념 속에 집어넣고 감히 건방지게 맞다 안 맞다라고 할 수 있나? 인간의 이성이 하나님의 이성보다 완벽한가? 누가 신보다 완전한가? 하나님을 믿지 않기에 아는 줄 착각하지만 아무것도 모르는 죄인인 주제에 하나님을 향해 감히 뭐라고 떠드는가?

나는 이 책이 출판되어 읽는 사람들이 제발 그분의 말씀을 이해하려 하지 말고 믿기를 바란다. 믿는 순간 다 이해된다. 믿는 순간 다 알게 된다. 믿는 순간 성령님께서 눈을 뜨게 하신다. 바울의 눈에 있던 비늘을 벗기시듯 보게 하신다. 바울이 믿기 전에, 예수 그리스도를 만나기 전에 예수님을 핍박했었다. 그러나 그가 예수님을 만난 이후 눈에 비늘이 떨어지고 사도가 되었다.

하나님을 향해 아무것도 모르면서 죄악된 본성을 마구 드러내는 이 책의 무신론자 존과 같은 사람은 바로 예수님을 만나기 전 기독교인을 핍박하던 바울과 똑같은 사람이다. 아니, 지금 존과 같은 무신론이 기독교를 공격하고 기독교에 끼치는 피해는 과거 바울이 했던 해악보다 몇 만배는 더 클 수 있다.

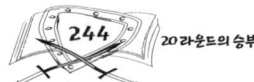

제발 하나님의 말씀을 주먹만한 뇌를 가지고, 이성을 가지고 판단하려 하지 말고 믿기를 바란다. 우리는 믿는 순간 오로지 하나님만이 주시는 평안과 함께 기쁨을 체험하게 된다. 그 평안은 단순히 영혼의 평안만이 아니다. 우리의 이성에도 평안을 주신다. 끊임없이 회의하고 끊임없이 절망하며 인생의 의미를 찾는 우리의 이성에도 하나님께서 평안을 주신다. 시공간이라는 제약 속에 철저하게 갇힌 우리가 그 시공간을 뛰어넘은 절대자, 창조주를 만날 때에만 받을 수 있는 축복이다. 믿어야 한다. 우리는 미혹의 시대일수록 더 믿어야 한다.

17 라운드

인간의 삶에 나타나는 기적을 가장 잘 설명해 줄 수 있는 방법은 하나님이다

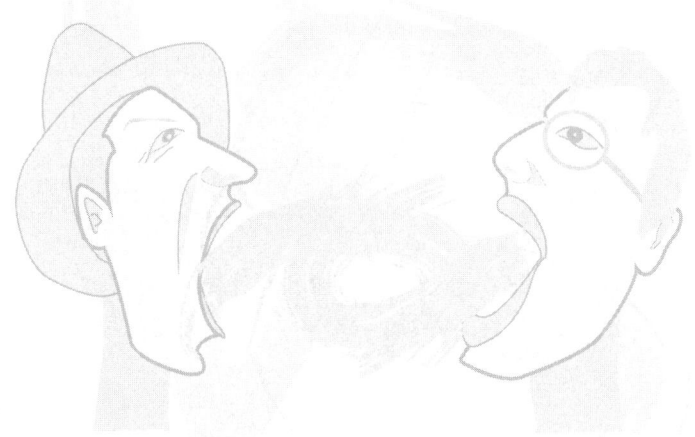

찬성: 기독교인 **랜들**

반대: 무신론자 **존**

▶ 랜들의 모 두진술

윌리엄 템플William Temple 캔터베리 주교는 "내가 기도하면 우연이 일어나고 기도하지 않으면 우연이 일어나지 않는다"(주1)고 말한 적이 있다. 하나님의 섭리를 풍자한 이 말에 공감하는 기독교인들이 많을 것이다.

그러나 무신론자들은 그런 경험들이 맞힌 것만 인정하고 못 맞힌 것은 무시하는 선택 편향에 불과하다고 주장하며 이의를 제기한다. 과연 누가 옳은 것인가? 이 질문에 대답하기 위해 내 친구의 구체적인 사례를 생각해 보려 한다. 이스턴대학교 성서신학 교수 켄트 스팍스의 사연을 한번 들어보라.

켄트는 목회를 하며 아내 물리치료사인 셰릴과 함께 노스캐롤라이나에 살고 있었다. 두 사람은 캘리포니아 다우니에 있는 미혼모 사역 단체 하우스 오브 루스 House of Ruth를 통해 입양을 추진하고 있었다.

그런데 1년 반이 지나도록 아무런 성과가 없자 조지아에서 개인적으로 입양을 타진했다. 그곳에서 딸 에밀리를 입양하고 노스캐롤라이나로 돌아온 켄트는 하우스 오브 루스에 전화를 걸어 진행 중이던 입양 절차를 중단해 달라고 메시지를 남겼다.

바로 그때 하우스 오브 루스 직원이 이 부부의 서류를 선택한 젊은 여성과 만나고 있었다는 사실은 꿈에도 몰랐다. 직원은 회의가 끝나자마자 이 부부에게 전화를 걸어 좋은 소식을 알렸다. 그쪽에서 켄트가 남긴 메시지를 보고 전화를 걸어온 줄로만 알았던 셰릴은 아이를 입양하라는 말에 깜짝 놀랐다! 둘째 아이를 입양해야 할지도 모르는 상황에 몹시 당황한 셰릴은 친구에게 전화를 걸어 기도를 부탁했다.

저녁이 되어 켄트가 집에 돌아왔다. 셰릴은 남편에게 아무 말도 하지 않은 채 가정 예배를 인도해 달라고 부탁했다. 켄트는 영문을 몰랐지만 성경을 펴서 잠언 3장 27절을 읽었다. "네 손이 선을 베풀 힘이 있거든 마땅히 받을 자에게 베풀기를 아끼지 말며." 잠시 후에는 셰릴의 친구가 전화를 걸어 "네게 들려줄 말씀이 있다"고 하더니 또다시 잠언 3장 27절을 들려주었다. 이런 일련의 사건들에 기초해 켄트 부부는 입양을 결심하고 둘째 딸 카라를 가족으로 맞았다.

켄트 부부와 우리가 이 입양을 하나님의 뜻으로 믿는 것은 과연 타당한가? 이 질문에 대답하려면 '설명 필터 design filter'를 고려해야 한다. (원서에 있는 design filter라는 용어보다 explanatory filter라는 용어가 더 잘 알려졌기에 설명 필터로 해석함_역주)(주 2)

우리가 행위자를 어떤 사건에 대한 설명으로 확인하려 할 때는 가장 먼저 그 사건의 우발성 여부를 알아본다. 따라서 자연법칙의 결과로 알려진 사건은 설계로 설명할 수 없다.

예를 들어 우리 집 창틀에 낀 서리가 서리의 요정 때문이라고 설명하지 않는 이유가 그 때문이다.

다음으로는 우연의 가능성을 배제하기 위해 충분히 복잡하고 어떤 상황에 구체적인 사건을 찾는다. 어떤 사건이 우발적이고 복잡하고 구체적이라면 그 사건은 설계로 설명할 수 있다.

예를 들어 프레드 스미스라는 사람이 매일 출근길에 어떤 안내 표지판을 지나간다고 상상해 보라. 마흔 번째 생일에 그는 "생일 축하합니다!"라고 쓰인 표지판을 봤다. 그 메시지를 자기를 위한 메시지로 믿을 수 있을까?

상황에 따라 다르다. 가장 먼저 넘어야 할 장애물은 우연과의 유사성이다. 예를 들어 늘 "생일 축하합니다!"라는 말이 쓰여 있었다면 설계 추론이 들어설 여지는 없다. 하지만 그날 그 메시지를 처음 봤다면 우발적인 사건으로 볼 수도 있다. 여기서부터는 메시지가 복잡하고 구체적일수록 그것이 프레드를 위한 메시지라는 더 강력한 증거가 된다. 따라서 "프레드의 생일을 축하합니다!"라는 안내판은 조금 더 확실한 증거가 되고 "프레드 스미스의 마흔 번째 생일을 축하합니다!"라는 메시지는 최상의 증거가 된다.

켄트 부부의 경우에는 우발성, 복잡성, 구체성이라는 똑같은 특징이 확실히 나타난다. 그 사건들은 분명히 우발적이면서도 여러 요인이 동시에 발생하여 복잡한 양상을 띠며(예를 들어, 켄트의 전화와 입양 회의가 동시에 발생했다) 구체적 정보를 포함하고 있다(예를 들어 별도의 두 사건이 잠언 3장 27을 확인해 주었다). 따라서 켄트 부부와 우리는 하나님이 이 입양을 확증해 주신다는 결론을 충분히 이끌어낼 수 있다.

 우리가 과거에 못 맞힌 것을 인정하면 결과가 달라질까?

 그렇지 않다. 과거에 프레드는 그 표지판에서 자신관 관련된 내용을 한 번도 보지 못했을 수도 있지만 그날 "프레드 스미스의 마흔 번째 생일을 축하합니다!"라는 표지판을 보고 그 메시지가 자기를 위한 것이라고 믿어도 좋다.

 마찬가지로 켄트 부부가 전에는 비슷한 경험을 한 적이 없다 해도 이런 사건들의 우발성과 복잡성과 구체성은 하나님이 카라의 입양을 확증해 주셨다고 믿기에 충분하다.

▶ 존의 모두진술

기도를 과학적으로 연구한 결과들을 보면 통계상으로는 기도 응답이 운보다 더 나을 게 없다는 게 중론이다.(주3)

연구자들은 사람들이 어느 특정 사건에 대한 정확한 개연성을 오해하는 성향이 있음을 보여주었다. 즉 우리는 자주 틀린다.

지금 당장 숨을 크게 들이마셔 보라. 수학자 존 앨런 파울로스 John Allen Paulos는 우리가 방금 숨을 쉬면서 카이사르가 "브루투스, 너마저?"라고 말하면서 내뱉은 분자를 들이마셨을 가능성이 얼마나 될지 생각해 보라고 한다. 당신은 '설마' 하고 생각하겠지만 그 확률은 무려 99퍼센트에 달한다.(주4)

사실은 믿기 힘든 우연이 흔히 발생할 뿐 아니라 틀림없어서 수많은 신자들의 삶에도 그런 일이 발생할 기회가 충분하다. 우리가 이런 현상들을 두고 할 수 있는 최선의 말은 그 원인이 불명확하다는 것이다. 따라서 또다시 랜들은 무지(또는 잘 알려진 비형식적 오류)를 근거로 주장을 펼치고 있는 셈이다.

기도 응답과 관련해서 우리는 개인의 입증되지 않은 증거를 신뢰해서는 안 되는데 특히 신자들은 수많은 조건들을 달아서 맞힌 것만 인정하고 못 맞힌 것은 무시하기 때문이다. 더군다나 시대마다 자신들이 일어날 수 있다고 기대하는 것들만을 위해 기도할 텐데 그들이 기대하는 것은 현대 과학의 상태에 달려 있다.

그럼에도 어머니가 자녀를 돌보듯 신이 그들을 돌본다면 왜 굳이 그들이 신에게 항상 뭔가를 요청해야 하느냐는 질문은 여전히 남는다. 나는 그 이유를 도무지 모르겠다.

설령 기독교인들이 기도 응답을 받았다 해도 그 사실이 그들의 특정한 신이 존재한다는 증거는 되지 못한다. 다른 신이 자비를 베풀어서 그들의 기도를 들어줬을 수도 있지 않은가. 정반대로 기독교의 신이 자비를 베풀어서 지옥에 떨어질 거짓 종교 신자들의 기도를 들어줄 수도 있다. 그렇게 그들의 반기독교 신앙을 확인해 주는 증거를 제공함으로써 그들의 지옥행을 오히려 돕고 있는 셈이다.

기도해서 기적이 일어나면 문제는 더 심각해진다. 기도로 인한 기적을 믿으려면 거의 불가능한 증거가 이중으로 필요하기 때문이다. 신자들은 기적이 거의 불가능에 가깝기 때문에(그렇지 않으면 기적이 아니다) 자연계에서는 일어날 수 없다는 사실을 보여주어야 한다. 그다음에는 바로 돌아서서 그런 불가능한 사건이 어쨌든 일어났다고 주장해야 한다. (기적이라는 단어의 의미를 생각할 때)

기적이 실제로 일어날 개연성은 기적이 일어날 수 있는 개연성에 반비례하기에 (즉, 기적이 일어날 개연성이 적을수록 기적이 일어나지 않았을 개연성이 커진다) 기적이 불가능하다는 주장은 기적이 일어날 수 있음을 보여주는 시도를 좌절시킨다.

기적이라는 엄청난 주장에는 그것을 입증할 만한 탄탄한 증거가 많이 필요한 이유도 그 때문이다. 예를 들어 공중 부양을 했다고 주장하는 사람이 주변 사람들의 신뢰를 얻으려면 본인의 증언만으로는 부족하다.

기적을 목격했다는 증언의 신빙성을 평가하는 방법이 한 가지 있는데 가톨릭 교회가 발견한 것이다. 매트 매코믹 Matt McCormick 박사는 프랑스 루르드에서 신자들이 목격했다고 주장하는 수많은 기적들을 한번 생각해 보라고 말한다.

> 가톨릭 교회는 그중에서 67건을 공식적으로 인정했다. 루르드에서 기적을 봤다는 증언의 신빙성은 어림잡아 0.0000167에 불과하다. 즉, 대체로 인간이 기적을 증언할 때의 신빙성은 우리가 그것을 조건부로 받아들이는 데 필요한 것만도 못한 계산 차수다.(주5)

개인적으로는 가톨릭 교회에서 기적으로 인정한 이 67건을 조사해 보고 싶은 맘도 있지만 이 정도만으로도 신자들이 기적이 일어났다고 주장할 때는 의심의 눈으로 봐야 할 이유가 충분함을 보여준 것 같다. 더군다나 내가 그 기적을 직접 목격한 적이 없으니 나로서는 의심하는 것이 당연하다.

기적을 믿을 필요가 있는 신자들은 기적을 인정하기 위해 한쪽으로 치우치는 성향이 있다. 그런 사실은 인간이 여전히 행위자 탐지자—우리의 동물 조상에게서 물려받은 것—임을 보여준다. 우리가 이 점을 인지한다면 설명할 수 없는 사건들 배

후에 행위자가 있다는 관점에 비판적이어야 할 것이다.

성경이 여자와 동물에 대해 좋게 말한 부분도 있듯이 이 세상에 설명하기 힘든 사건들이 있다는 데는 나도 동의한다. 그러나 나쁜 일들은 대충 얼버무리고 지나갈 것이 아니라 자세한 설명이 필요하다.

이 점은 고통 또는 악의 문제를 제기한다. 선한 하나님이 세상에서 고통받는 수많은 신자들을 위해 기적을 행하지 않는 데 대한 변명은 있을 수 없다.

기적 같은 치유를 주장하는 개인은 그렇지 못한 허다한 사람들 사이에 가뭄에 콩 나듯 존재할 뿐이다.

▶ 랜들의 반박

존은 "엄청난 우연"이 주기적으로 발생하며 설명 필터가 단순히 불가능한 사건들을 걸러낸다고 주장한다.

발생 가능성이 거의 없는 사건이 그 상황에만 특정하게 나타날 때 우연이 작동한다. 프레드의 마흔 번째 생일을 축하하는 안내판이나 스팍스 부부가 카라를 입양해야 한다고 확인해 주는 일련의 사건들처럼 말이다.

존은 이런 사건들이 한 사람이 믿는 신이 그런 사건들을 일으켰다는 사실을 뒷받침해 주지는 않는다고 주장한다. 이것은 대단히 위험한 발상이다.

내가 기독교의 하나님께 기도해서 응답을 받았다면 왜 굳이 다른 존재가 내 기도에 응답해 주었다고 생각해야 하는가? 결국 존은 그런 효과를 낳을 수 있는 자연적 원인이 없을 때만이 기독교인이 신의 행위를 추론할 수 있다고 주장한다.

그것은 사실이 아니다. 우연히 발생한 일련의 자연적 원인도 안내 표지판에 "프레드 스미스의 마흔 번째 생일을 축하합니다!"라는 글귀를 쓸 수 있지만 가장 이치에 맞는 설명은 여전히 지적 원인이라고 할 수 있다.

존은 응답받은 기도의 경우에는 이와 비슷한 추리를 할 수 없다는 사실을 밝히는 데 실패했다.

▶존의 반박

랜들이 묘사한 내용은 과학자들이 증거로 받아들이지 않는 입증되지 않은 개인의 증거다. 왜냐하면 전혀 불가능해 보이는 사건들은 늘 발생하기 때문이다.

오히려 우연은 누군가에게 언젠가는 확실히 발생하며 따라서 수많은 신자들의 삶에도 얼마든지 일어날 가능성이 충분하다. 이런 사건이 일어나는 것이 놀라운 것이 아니라 좀 더 자주 일어나지 않는 것이 놀라운 것이다.

"미국 심장학회 저널 American Heart Journal"에서 기도를 과학적으로 시험하는 방법을 연구했다. 심장 우회수술을 받은 환자들을 대상으로 기도 응답 여부를 조사한 것이다.(주6)

환자를 세 집단으로 나누었다. 1번 집단은 기도를 받았지만 그 사실을 알지 못했다. 3번 집단은 기도를 받고 그 사실도 알았다. 2번 집단은 기도도 받지 않고 그런 사실도 몰랐다(과학에는 귀무가설을 대표하는 이런 통제 집단이 반드시 있어야 한다). 1번과 3번 집단은 미국 전역의 다양한 교인들로부터 기도를 받았다. 결과는 매우 분명했다. 기도를 받은 환자들(1번과 3번 집단)과 받지 않은 환자들(2번 집단)은 아무 차이가 없었다.

오히려 기도받은 사실을 안 환자들은 그 사실을 모른 환자들보다 합병증으로 더 많이 고생했다.

▶ 랜들의 최종 진술

존이 "입증되지 않은 개인의 증거"라고 치부한 것은 검증된 증언이다.

법정에서 대단히 가치가 높은 유형의 증거인데 여기서는 왜 인정되지 않는단 말인가?

존은 설명 필터의 논리를 다루기보다는 내가 못 맞힌 것을 인정하지 않는 것을 한탄할 뿐이다. 그는 자신의 주장 때문에 맞힌 것을 인정하지 못하고 있으니 매우 역설적인 불평이라 할 것이다.

▶ 존의 최종 진술

인간에게는 동물 조상에게서 물려받은 설명 필터가 확실히 내장되어 있어서 제대로 된 환경이라면 불가능한 사건들 배후에 있는 행위자들을 보게 되어 있다.

우리는 불가능한 사건의 실제 개연성을 예측하는 데 서툴다.

따라서 입증되지 않은 개인의 증거를 신뢰하지 말고 기도에 대한 과학적 연구를 신뢰해야 한다.

REVIEW

▶ **상철**(기독교인)

    나의 지금 나 된 것이 기적이다. 내가 예수님을 구주로 고백하고 그분의 자녀가 된 것이 기적이다. 이 기적 외에 무슨 또 다른 기적이 필요한가?
    하나님께서는 분명 필요하시면 기적을 통해 불치의 병도 고치신다. 죽은 자도 살리실 수 있다. 그러나 그러지 않으신다고 하나님이 안 계신 것이 아니다.
    기적 여부를 놓고 하나님을 판단하려는 그 교만한 생각을 당장 버리고 하나님 앞에 무릎 꿇어야 한다.
    가장 큰 기적은 가장 더러운 죄인인 내가 예수님을 믿고 새 사람이 되어 이 세상을 떠나는 순간 하나님의 품에 안길 것이라는 그 사실이다.
    이것보다 더 큰 기적이 어디 있는가? 이보다 더 소중한 기도응답이 어디 있는가? 죄로 인해 죽어야 할 내가 구원받아 하나님의 자녀가 된 이 기적 외에 무슨 또 다른 기적이 필요한가? 영원히 죽어야 할 내가 영원히 살게 된 이 기적 앞에 우리가 무슨 말을 할 수 있는가? 감사와 찬양 외에는, 은혜를 모르는 자는 언제나 기적과 표적을 갈구한다. 그러나 은혜를 아는 순간 예수 그리스도라는 기적 외에 그 어떤 다른 기적은 더 이상 필요치 않다.

▶ 민혁(기독교인)

　인간은 본디 죄성으로 악하다. 항상 늘 공기와 같은 기적을 기적으로 생각하지 않는다. 나중에 공기가 없어져야 인간은 회개하며 하나님 앞에 무릎 꿇고 빌 것이다. 하나님께 감사할 줄을 모른다. 다른 기적은 없다. 기적은 하나님을 아는 것이다. 그러면 그 뒤로 일어나는 수많은 기적들을 보게 될 것이다. 그러나 하나님을 모르는 자들이 그 기적을 알 리가 없다. 불쌍하게 살다가 비참하게 죽을 뿐이다.
　내게 있어서 하나님이 내게 베푼 기적을 이 찬양보다 더 잘 표현할 수는 없다.

　　　나를 지으신 이가 하나님
　　　나를 부르신 이가 하나님
　　　나를 보내신 이도 하나님 나의
　　　나 된 것은 다 하나님 은혜라
　　　나의 달려갈 길 다 가도록
　　　나의 마지막 호흡 다하도록
　　　나로 그 십자가 품게 하시니
　　　나의 나 된 것은 다 하나님 은혜라
　　　한량없는 은혜 갚을 길 없는 은혜
　　　내 삶을 에워싸는 하나님의 은혜
　　　나 주저함 없이 그 땅을 밟음도
　　　나를 붙드시는 하나님의 은혜...
　　　한량없는 은혜 갚을 길 없는 은혜
　　　내 삶을 에워싸는 하나님의 은혜
　　　나 주저함 없이 그 땅을 밟음도
　　　나를 붙드시는 하나님의 은혜
　　　한량없는 은혜 갚을 길 없는 은혜
　　　내 삶을 에워싸는 하나님의 은혜
　　　나 주저함 없이 그 땅을 밟음도
　　　나를 붙드시는 하나님의 은혜
　　　나를 붙드시는 하나님의 은혜...
　　　나를 지으신 이가 하나님
　　　나를 부르신 이가 하나님
　　　나를 보내신 이도 하나님
　　　나의 나 된 것은 다 하나님 은혜라

▶승범(무신론자)

랜들은 마침내 비장의 무기를 들고 등장했다. 그는 진작에 자신의 홈에서 기독교만이 진리임을 배타적으로 증거 할 수 있는 주제들을 들고 나왔어야 했다. 그는 마침내 '믿는 자는 산도 옮길 수 있다'는 예수의 약속을 들고 이 논쟁에 처음으로 진검을 들고 나왔다. 하지만 나는 그의 입양아 친구 얘기가 왜 그에게 그토록 엄청난 감동을 미쳤는지 모르겠다. 나는 이런 정도의 얘기라면 명함도 못 내밀 엄청난 '기적 얘기들'을 기독교 밖에서도 너무 많이 들었다. 솔직히 랜들의 모두 진술을 읽고 나는 '이게 뭐지?'라는 생각이 들었다. 실망을 넘어 황당함마저 느꼈다. 지금 이 리뷰를 쓰는 이 시간 창 밖에는 노을이 지고 있다. 내게는 랜들의 친구 얘기보다 저 붉은 노을이 더 기적이고 감동적이다.

기도와 관련해 부연하자면, 존이 잠깐 언급했지만 기도하라는 성경의 하나님은 참으로 기이하다. 하나님은 사랑이시고 또 기독교인들은 그런 하나님을 아버지라고 부른다. 밥 달라고 요청한 이후 부모가 밥을 반드시 줄 것이라는 믿음이 아이들 마음에 없으면 밥을 굶기는 게 부모인가? 기독교인들은 자신들이 믿는다는 하나님이 그런 황당한 부모와 같다는 사실 조차도 모르는 것 같다.

▶희경(무신론자)

긍정적인 의미의 기이한 기적 또는 부정적 의미의 상상치도 못했던 재난······ 모두가 다 신비하다. 그러나 모두 다 아름답고 좋지만은 않다. 기독교인들이 기적이라고 말하는 건 마치 조금 있으면 해가 뜨거나 저물거나 비가 오거나 눈이 오거나 하는 거와 크게 다르지 않다. 좀 더 이성적으로 모든 현상을 똑바로 본다면 착각이 만들어낸 그리고 자기만의 환상에 신을 결부시키는 바보짓을 하지 않을 텐데. 감정이 메마른 것도 문제지만 신에 대해서만은 넘치는 감정에 어쩔 줄 모르는 모습은 위태롭기까지 하다. 기적이란 것을 미화하지 말기 바란다. '기적만 넘치는 세상' 얼마나 혼란스럽고 어지러울까? 생각만 해도 끔찍하다.

18 라운드

성경의 하나님은 무능한 창조자다

찬성: 무신론자 **존**

반대: 기독교인 **랜들**

▶존의 모두진술

샘 해리스 Sam Harris는 "자연계에 비지적 설계의 예시가 얼마나 많은지 그 예만 나열한다 해도 책 한 권은 족히 나올 것이다"(주1)라고 말한다. 그 말이 맞다!

진화는 뭔가를 처음부터 다시 시작할 수는 없고, 생존을 위해 가능한 차선을 선택하는 것에 불과하다.

인간의 척추도 그 예인데 직립 보행은 척추에 큰 부담을 주기 때문에 몸무게를 지탱하는 효과적인 방법이라 보기 어렵다. 그러나 수렵이나 사냥, 포식자에게서 도망치는 데 유리하다는 이유로 네 발보다 두 발로 서는 것이 더 낫다고 판단한 생물들에게 진화는 그런 식으로 해결책을 내놓았다.

가장 좋은 예는 인간의 뇌다. 존 홉킨스 의대 신경과학 교수 데이비드 린든 David J. Linden은 인간의 뇌가 "여러 면에서 아주 끔찍한 설계라서⋯⋯ 인류의 각 발전 단계마다 마치 아이스크림 콘에 새 아이스크림을 쌓아 올린 형국"이라고 말한다.

인간의 뇌는 "기본적으로 루브 골드버그 Rube Goldberg contraption [3]"(주2)다. 뉴욕대학교 심리학 교수 개리 마커스 Gary Marcus는 인간의 뇌를 클루지 kluge로 묘사한다.

클루지란 "어떤 문제에 대한 서툴거나 세련되지 않지만 그럼에도 불구하고 놀라울 만큼 효과적인 해결책을 뜻한다."(주3) 단계마다 다른 도급업자가 공사한 집을 상상해 보면 이해가 빠를 것이다. 완전히 새로운 평면도로 다시 시작하지 않는 한 클루지가 되는 것이다.

이와 같은 진화의 특징 때문에 인간에게는 후뇌(파충류 뇌), 중뇌(변연계), 전뇌(신피질)처럼 각기 다른 작용을 하는 세 종류의 뇌가 있다. 이런 뇌 구조는 사고방식에 영향을 미친다.

마커스는 이것이 우리의 기억, 신념, 선택, 언어, 쾌락에 미치는 불리한 영향을 상세히 보여준다. "만약 인류가 어느 똑똑하고 자비로운 설계자의 작품이라면 우리의 생각은 합리적이고 우리의 논리는 나무랄 데 없을 것이다. 만약 그렇다면 우리의 기억은 견고하고 우리의 회상은 믿음직할 것이다."(주4)

3. 간단한 일을 아주 복잡하게 하도록 만드는 장치를 일컫는 말

하지만 뇌의 진화 과정 때문에 결과는 전혀 다르게 나타난다.

이와 비슷하게 진화로 인해 목 뒤쪽에 음식을 삼키는 식도와 숨을 쉬는 후두가 둘 다 자리하게 되었다. 또한 비교적 짧은 흉곽은 내부 장기를 온전히 보호해 주지 못한다. 눈에는 거꾸로 상이 맺힌다. 남성의 전립선 같은 경우 두 명 중 한 명꼴로 평생 한 번쯤은 소변 배출을 방해한다. 그런가 하면 인간에게는 맹장, 꼬리(꼬리뼈), 모공에 붙은 미세 근육(이것 때문에 머리칼이 선다)처럼 제 기능을 잃어버린 흔적 기관이 있다. 그뿐인가? 흔적 유전자라는 것도 있는데 그중 최악은 내인성 레트로바이러스 endogenous retrovirus[4]다.

홍수, 쓰나미, 가뭄, 화재, 기근, 화산 분출, 지진, 토네이도, 장마 같은 자연 재해도 생각해 보라. 폭염, 눈보라, 허리케인도 있다. 검정과부거미, 독거미, 코브라, 방울뱀, 전갈, 여러 기생충 같은 유독 생물도 있다. 그중 일부는 매우 치명적이어서 10초마다 한 명이 목숨을 잃는다. 가을 크로커스, 아주까리, 수선화, 히아신스, 수국, 흰독말풀, 겨우살이, 나팔꽃, 야생 버섯, 은방울꽃, 옻, 서양등골나무(미국 초기 정

---

4. 오랫동안 인간과 바이러스는 서로를 이기기 위하여 일진일퇴하는 진화를 겪어왔다. 예를 들어서 한쪽에서 다른 쪽을 속이는 변화가 있으면 다른 쪽에서도 변화가 유발되어, 먼저 변화가 일어난 쪽을 속이는 과정을 반복해온 것이다. 이런 인간과 바이러스 사이의 진화에서 흥미를 유발시키는 대상 중 하나가 인간 내인성 레트로바이러스(human endogenous retroviruses : HERV)라 불리는 고대의 바이러스이다. HERV는 고대의 바이러스로서 모든 인간의 유전체에 자신의 유전자 일부를 남기고 있다.

HERV는 인간 유전체의 약 8%를 구성하고 있으며, 이들은 고대 레트로바이러스 감염 시에 남겨진 것이다. HERV는 단백질 코딩능력과 잠재적 활성을 여전히 보유하고 있지만, 인체의 방어 시스템에 속박되어 휴면 상태를 유지하고 있다.

지난해에 록펠러대학과 아몬 다이아몬드 AIDS 연구소의 공동 연구팀은 고대 레트로바이러스가 재생되어 인간 세포를 감염시킬 수 있음을 보여주었다. 이번에 연구팀은 우리 사람들에게 이들 바이러스를 퇴치하는 방어기작이 여전히 존재함을 확인했다. 연구를 주도한 Paul Bieniasz 교수는 "고대 레트로바이러스를 분리하여 숙주의 방어기작과 어떻게 상호작용 하는지를 보인 것은 우리 연구가 처음이다."라고 밝혔다. 연구팀은 "감염과 숙주의 방어기구는 진화가 가진 동전의 양면을 보여준다. 레트로바이러스는 우리를 감염시킬 수 있으며, 우리의 유전체에도 잔존물(remnants)을 남겨놓았다. 우리의 유전체는 고대 레트로바이러스의 유전자를 간직하면서, 이들이 다시 나타났을 때 어떻게 해야 하는가를 가르쳐주게 된다. 이 일련의 과정은 숙주와 바이러스 사이의 투쟁을 보여주고 있다."라고 설명했다. 출처: http://egloos.zum.com/nmmya/v/2014661

착자들을 위협한 가장 흔한 사망 원인이었다), 세상에서 가장 치명적인 식물이라고 할 만한 유럽 주목(먹으면 수 초 내에 목숨을 잃는데 해독제도 없다) 같은 유독 식물은 또 어떤가. 암, 폐기종, 백혈병, 심장병, 루푸스, 관절염, 당뇨병 같은 만성 질병을 생각해 보라. 알레르기, 감기, 편두통, 알츠하이머병, 빈혈, 천식, 기관지염, 대장염, 크론병, 간질, 담석, 위염, 녹내장, 통풍, 혈압 이상, 신장 결석, 수두, 천연두, 소아마비, 파킨슨병, 건선, 뇌졸중, 영아돌연사증후군, 혈전증, 종양, 장티푸스, 궤양, 루게릭병, 라임병, 말라리아, 광견병, 구루병, 로키산 홍반열, 폐결핵, 디프테리아, 한센병, 홍역, 뇌수막염, 볼거리, 폐렴, 풍진, 매독, 대상포진, 척추측만증, 백일해, 다운증후군, 혈우병, 헌팅턴병, 근위축증, 겸상적혈구 빈혈증, 테이삭스병, 에이즈, 불임 등도 우리를 괴롭힌다. 주후 542년, 1331년, 1556년, 1918년에 발생한 주요 전염병에 많은 사람들이 목숨을 잃었다. 선천성 장애도 많다. 태어나면서부터 머리가 둘이거나 사지에 기형이 있는 사람, 앞을 못 보거나 듣지 못하거나 말하지 못하는 사람들이 있다. 치매, 조울증, 망상성 정신분열증 같은 정신적 결함을 타고나는 사람들도 있다.

　이런 예는 얼마든지 더 나열할 수 있지만 생각 있는 독자라면 이 정도로 내 말뜻을 이해했을 것이다.

　지적 설계자는 없다. 설령 랜들이 지적 설계자의 존재를 믿는다 하더라도 이 초월적 힘이나 존재는 절대선은 커녕 자비로운 존재라고도 할 수 없다.

　이 모든 결과를 에덴동산 하와의 탓으로 돌리는 것은 책임 전가에 불과하다.

▶ 랜들의 모두진술

존은 하나님이 우주를 창조하셨다면 그분은 틀림없이 무능한 분이라고 믿는다. 뭐라고?

약 137억 년 전 무에서 우주가 탄생했고 조금의 오차도 없이 조정된 놀랄 만큼 훌륭한 자연법칙에 의해 지금까지 유지되고 있다. 이 우주는 창조 이후 계속해서 확장되어 현재 우리가 관찰할 수 있는 반경은 460억 광년 정도다. 우주는 천억 개의 은하계로 구성되어 있는데 그 각각의 크기는 우리의 상상을 초월한다. 우리 은하계에는 2천억 개가 넘는 별이 있는데 그 크기가 얼마나 큰지 빛이 은하계를 통과하는 데 10만 광년이 걸린다고 한다. 빛의 속도는 초속 30만 킬로미터.

허블 우주망원경이 찍은 수백 장의 이미지를 합성한 허블 딥 필드 사진을 보면 이 우주의 어마어마한 크기와 위용을 조금이나마 엿볼 수 있다. 그중 큰 곰자리 일부분을 찍은 이미지 사진에서는 3천 개의 빛 자국을 볼 수 있다. 이 각각의 희미한 빛 자국은 우리 우주에 포함되지만 상상하기 힘들 정도로 멀리 떨어져 있는 은하계다. 우주의 크기와 나이 감탄을 자아내는 그 아름다움과 끝없는 신비는 믿기 힘들 정도다. 따라서 사람들이 이 장엄한 우주를 생각하면 할 말을 잊는 것도 당연하다.

시편 기자는 오래전에 그 점을 잘 표현했다. "하늘이 하나님의 영광을 선포하고 궁창이 그의 손으로 하신 일을 나타내는도다"(시 19:1). 요약하자면, 우주는 그 크기, 나이, 아름다움, 다양성, 신비, 복잡성을 포함하는 모든 면에서 인간의 상상력을 초월하는 놀라운 곳이다.

그렇다면 도대체 어딜 봐서 이 우주의 창조자는 무능한 것인가?

나는 이렇게 무능함을 지적하는 것은 지구의 고통을 의심하고 있다는 뜻이라고 생각한다. 이 지구에 펼쳐진 창조의 영광은 지각 있는 생물들을 낳았는데 이들은 때로 큰 고통을 받았다.

이것은 우리에게 악의 문제를 제기하는데 유신론자라면 누구나 이 문제를 진지하게 생각해야 한다. 악의 문제는 쉽지 않지만 이 문제를 균형 잡힌 시각으로 보는 것도 중요하다.

당신의 체험을 근거로 하나님을 무능한 창조자로 치부하는 것은 시카고 오헤어 공항 화장실의 더러운 타일 조각 한 장을 근거로 미국 대통령을 무능한 지도자로 치부하는 것과 마찬가지다.

이런 종류의 비난에는 변명의 여지가 없는 편협함과 인간 중심주의가 엿보인다. 실제로 아주 작은 점 같은 이 지구에서 우리의 체험을 근거로 창조자의 능력을 도매금으로 판단하는 것은 가장 심각한 자만이 아닌가 싶다.

고통받는 지구를 근거로 하나님이 무능하다고 비판하는 것은 심한 과장일지도 모른다. 그럼에도 이 무신론자는 우리가 사는 지구에 이토록 비참한 일이 많은 이유를 묻는 것이 여전히 타당하다면서 반박할지도 모른다.

맞다. 지구는 이 광대한 우주의 작은 점 하나에 불과하다. 그렇지만 우리가 이 작은 점을 창조한 분에게서 더 좋은 것을 기대할 수는 없는 것인가?

이런 반대는 다음과 같은 가정에서 비롯된 것 같다. 이 땅의 악과 고통이 너무 크고 심각하기 때문에 하나님이 도저히 그것을 허용하셨을 리 없다. 따라서 그것을 허용하셨다면 하나님은 무능한 존재일 수밖에 없다.

문제는 반대자가 이런 반대를 하기 위해 꼭 필요한 폭넓은 관점이 결여되어 있다는 것이다. 시공간에 너무 매여 있는 그는 하나님이 달리 행하실 수도 있다고는 전혀 생각지 못한다.

영화를 예로 들어 설명해 보겠다. 당신은 비평가들에게서 극찬을 받는 최고의 감독이 만든 어떤 영화의 시사회에 참석 중이다. 그런데 이 감독의 최고작이라 할 만한 3시간짜리 영화를 1분 보고 나니 머릿속이 어지럽다. 그 1분간 멋진 장면과 훌륭한 연기 굉장한 촬영 기법을 확인했지만 너무 혼란스러워서 감독의 능력을 의심하게 만드는 대화와 줄거리도 등장했다.

자 이제 어떻게 생각해야 할까?

처음 1분 내용을 감안하여 타당한 우려를 표할 수도 있다. 하지만 첫 1분에 등장하는 의심스러운 대화와 줄거리가 나머지 3시간을 상쇄하고 설명해 주기는 힘들어 보인다고 말할 만큼 정보가 충분하다고 할 수 있을까?

첫 1분만 보고 유명 감독의 능력을 판단하는 것은 확실히 큰 교만이다.

그렇다면 그분이 창조하신 우주 이야기를 100만 분의 1초쯤 봤다는 근거로 창조자의 능력을 판단하는 것은 얼마나 큰 교만이겠는가?

▶ 존의 반박

랜들은 도대체 어느 행성에 살고 있는가?

하나님이 전능한 창조자라면 왜 이 우주와 지구의 대부분은 인간은 고사하고 어떤 종류의 생명도 살기 힘든 곳이 되었을까? 하나님이 선하시다면 왜 이토록 많은 생명이 고통을 당하는가? 하나님이 더 좋은 세상을 창조하기 힘드셨다면 왜 계속해서 기적을 베풀어 우리의 극심한 고통을 덜어 주시지 않는가?

랜들은 개연성을 무시하고 불합리한 비약을 시도한다. 선하고 똑똑한 창조자라면 자신이 이 땅에 사는 각 사람을 돌보고 있다는 사실을 보여주어야 하는 것 아닌가. 그렇지 않다면 우리는 그가 사람들을 돌보지 않거나 아예 존재하지 않는다는 타당한 결론을 내릴 수밖에 없다.

그는 하나님의 전지라는 답에 기대고 있다. 다른 유신론자들이 자신의 전지한 하나님을 반박에서 구해 내고 믿음을 반증 불가능하게 하려고 사용하는 방법이다.

이 점은 신자들이 자신의 믿음이 개연성이 떨어진다고 생각하기 전에 그 믿음이 거의 불가능함을 납득해야 한다는 점을 다시 한 번 입증해 준다.

물론 신자들에게는 기대하기 힘든 지나친 기준일 것이다. 설령 하나님이 전지하고 그분의 방법이 우리보다 뛰어나다 하더라도 그분이 존재하고 우리를 돌보고 계심을 알기 위해 우리는 그분의 방법을 충분히 알아야 한다.

그분이 전지 하다면 우리가 이런 존재임을 당연히 아셔야 하지 않겠는가.

▶ 랜들의 반박

내 예상대로 존의 주장은 편협하다. 그는 영화를 100만 분의 1초만 보고도 감독의 유능함을 판단할 수 있다고 확신하고 있다.

그는 유능한 창조주라면 최적의 세계를 설계할 수밖에 없다고 전제한다. 마치 똑똑한 운전자라면 샌프란시스코에서 로스앤젤레스로 가면서 해안도로는 타지 않을 것이라고 가정하는 것과 같다. 고속도로가 훨씬 빠르기 때문이다.

하지만 때로는 목적지만큼이나 여정이 중요할 때도 있다. 지구 생물들의 최적 설계에 미치지 못하는 것이 어떻게 여정에 중요할 수 있을까? 이렇게 말하면 좀 그렇지만 존의 100만 분의 1초 감상은 창조주의 능력을 판단하기엔 턱없이 부족한 듯싶다.

존은 인간의 뇌처럼 고도로 복잡한 구조가 최적의 설계가 아니기 때문에 인간의 뇌는 설계된 것이 아니라고 믿어야 한다고 주장한다.

그것은 마치 구형 알파 로메오 스파이더 내부에 에이컨 조절 장치가 있어야 할 자리에 기어 시프트가 있는 것을 보고 이 차에는 설계자가 없다고 단정 짓는 것과 비슷하다. 사실 알파는 형편없는 인체공학으로 악명이 높다. 해안 고속도로를 우회하는 것처럼 최적 설계에 미치지 못하는 것도 다양한 목적을 위해 존재할 수 있다. 설계자의 존재는 물론 그의 능력을 의심하지 않고서도 말이다.

▶ 존의 최종 진술

랜들의 비유는 하나같이 말이 되지 않는다. 우리가 화장실 타일 한 장밖에 목격하지 못했다 하더라도 그것이 우리가 아는 전부이기에 얼마든지 미국 대통령을 판단할 수 있다. 마찬가지로 우리는 영화감독이 정말 유능한지 여정이 목적지만큼이나 중요한지 알파 로메오 스파이더의 설계자가 있는지 미리 알 수 없다.

▶ 랜들의 최종 진술

존은 개연성을 자주 들먹이지만 그것은 그가 개연성이 있다고 생각하는 것을 언급하는 방식에 불과하다.

하지만 그는 이 지구의 고통에 더 큰 목적이 존재하지 않는다는 개연성을 어떻게 계산할 수 있을까?

불가능하다. 그는 100만 분의 1초 관람에 근거한 자신의 주관적 견해를 반복할 뿐이다.

REVIEW

▶승범(무신론자)

 기독교인은 인간의 고통을 얘기하지만 결론은 언제나 동일하다. 하나님의 숨겨진 뜻이 있으니까 그렇다는 것이다. 인간인 주제에 뭘 아냐고 윽박지르는 식이다. 지금 여기서 랜들의 논리와 방법이 딱 이것이다.
 그러나 인간의 고통은 현실이고 실재이다. 그 고통 앞에서 랜들과 같은 기독교인이 제시하는 하나님이라는 개념은 아무런 도움이 되지 않는다.

▶희경(무신론자)

 인간을 창조한 신이 무능하지 않다면 그는 확실한 '사이코'이다.
 이 세상 돌아가는 현상, 특히 종교의 이름, 기독교내에서 벌어지는 흉악한 일들을 보라. 어찌나 이기적인지. 겉으로 조용하고 평화롭고 선량해 보이는 기독교인들도 하나님의 이름으로 다른 사람의 불행을 향해 쉽게 말한다. 고작 한다는 말이 하나님의 뜻이 있다는 식이다.
 위로같지도 않은 위로를 하고 돌아서서는 바로 하나님 감사합니다, 저에게는 이런 고통을 주지 않아서 감사합니다……라고 말한다.
 하나님은 자신의 피조물 세계를 제대로 통제하지 못하는 무능자이거나 아니며 그것을 즐기는 사이코이다.

▶**상철**(기독교인)

하나님을 어떻게 하든 내 구미에 맞게 각색해서 만들려는 시도는 언제나 있어 왔다. 현대에 들어 무신론자들을 중심으로 하나님을 재단하고 평가하고 감히 분석하는 일들이 자행되어 왔다.

그들은 오늘도 숨을 쉬면서 산다. 그들이 숨 쉬는 산소를 누가 주었는가? 그들은 심장이 피를 보내기에 살 수 있다. 그들의 심장을 누가 만들었는가?

한갓 미물이라는 단어조차도 쓰기에 아까운 피조물이 어떻게 하나님, 창조주를 앞에 놓고 '무능' 이라는 단어를 쓸 수 있는가?

실로 지금은 은혜의 시대이다. 하나님께서 오래 참으시지 않았다면 그런 무신론자들은 정말 오래전에 하나님 앞에서 심판받을 자들이다.

하나님께서 자신을 향해 '무능하다', '잔인하다' 라는 말을 하는 배교자를 통해서까지도 당신의 영광을 드러내심을 찬양한다.

▶**민혁**(기독교인)

하나님에 대한 적대감으로, 자신들의 한계를 가진 이성으로 이러쿵저러쿵하는 인간은 불쌍할 뿐이다. 진리를 모르기에 은혜를 배반하는 이성의 감옥에 갇혀있기 때문이다.

진리가 자유케 한다는 하나님의 말씀을 조금이라도 받아들인다면 그들도 하나님이 주시는 은혜를 체험하게 될 것이다. 최소한 하나님의 통치의 권위에 무능이니, 무식이니, 이런 소리를 하지는 않을 것이다.

나는 존과 같은 사람들을 보며 '저들의 완악한 마음을 만져주시어 불쌍한 영혼을 구원하소서' 라고 기도한다.

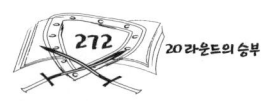

19 라운드

예수가 부활했다, 그러면 누가 그를 다시 살렸는가?

찬성: 기독교인 **랜들**

반대: 무신론자 **존**

▶ 랜들의 모두진술

당신 형이나 오빠가 세상 사람들이 오랫동안 기다려 온 메시아라고 당신을 설득하려면 어떻게 해야 할까? 아마 꽤 힘들 것이다. 당신은 이 사람과 같이 자랐다. 그가 넘어져서 무릎이 깨지고 감기에 걸리고 엄마가 애지중지하던 꽃병을 실수로 바닥에 떨어뜨리는 것도 봤다. 내 형제가 메시아라니 한계점을 초월할 만큼 받아들이기 버거운 사실이 아닌가?

그러니 예수님이 동생들의 비판을 받으신 것도 이상한 일이 아니다. 우선 복음서에는 공생애 기간에 예수님의 형제들이 그분을 지지했다는 증거가 없다. 오히려 마태복음 12장 46-50절에서 예수님은 제자들과 함께 안에 계시고 가족들은 밖에 두고 외면하셨다. 요한복음 7장 2-5절에서는 좀 더 분명하게 형제들이 그분의 가르침을 거부했다고 말한다.

> 유대인의 명절인 초막절이 가까운지라. 그 형제들이 예수께 이르되 "당신이 행하는 일을 제자들도 보게 여기를 떠나 유대로 가소서. 스스로 나타나기를 구하면서 묻혀서 일하는 사람이 없나니 이 일을 행하려 하거든 자신을 세상에 나타내소서" 하니 이는 그 형제들까지도 예수를 믿지 아니함이러라

굉장히 의미심장한 내용이다. 고대의 역사적 주장을 평가할 때 난처한 상황을 다루는 기준에 따르면 누군가를 난처하게 만드는 증언은 사실일 가능성이 높은데 사실이 아니고서는 굳이 그 내용을 집어넣을 이유가 없기 때문이다.

따라서 예수님의 가르침과 사역에 대한 형제들의 불신은 사실이 아니었다면 성경에 기록되지 않았을 가능성이 높다.

그렇기 때문에 이 증거는 야고보가 예수님이 살아서 사역하신 동안에는 그분의 제자가 아니었다는 사실을 뒷받침해 준다. 이 점을 염두에 두면 예수님이 죽고 나서 야고보가 예루살렘 기독교인들의 실질적 지도자로 부상했다는 사실이 더 놀랍기만 하다(행 15:13; 21:18; 갈 1:19; 2:9, 12을 보라). 유대 역사가 요세푸스는 「유대 고대

사 Antiquities 에서 야고보가 주후 62년 예루살렘에서 순교했다고 기록하여 이 증언을 확증해 준다.(주1)

하지만 어떻게 이런 일이 있을 수 있을까? 어떻게 한 지성인(지성인이 아니고서는 예루살렘 기독교인들의 지도자가 될 수 없다)이 십자가에 못 박힌 자신의 형이 메시아라고 확신하게 되었을까? 신명기 21장 23절은 "나무에 달린 자는 하나님께 저주를 받았음이니라"라고 가르친다. 야고보는 십자가형이 자신의 의심을 확인해 준다고 생각하기가 쉬웠을 것이다. 그런데 놀랍게도 그는 기독교인들의 지도자가 되었다.

바울은 고린도전서 15장(주후 50-51년경 기록)에서 그 이유를 설명하면서 자신이 다른 사람들에게서 받은 가르침을 언급한다. "내가 받은 것을 먼저 너희에게 전하였노니"(고전 15:3). 이것은 랍비들이 사용하는 전형적인 문구다. 사람들은 랍비의 가르침을 뜯어고치거나 윤색하지 않고 충실하게 전달한다.

그렇다면 바울이 받은 것은 무엇일까? 그는 이렇게 설명한다. "그리스도께서 우리 죄를 위하여 죽으시고 장사 지낸 바 되셨다가……다시 살아나사." 여기서 '다시 살아났다'는 말은 몸의 부활을 가리키는데 이는 이 장의 나머지 내용과 당대 유대인들의 세계관 배경에서도 아주 분명히 나타난다.

다음으로 바울은 예수님의 동생 야고보를 포함하여 부활하신 예수님을 목격하고 회심한 사람들의 이름을 나열한다.

자신의 형이 부활했다는 야고보의 믿음을 어떻게 설명할 수 있을까? 당연히 전설은 타당한 설명이 아니다. 전설이 생길 만한 시간적 여유도 없거니와 교회 내에서 야고보의 리더십과 순교가 그의 믿음을 증명해 준다.

야고보가 환상을 봤다고 생각하는 사람도 있겠지만 그가 형이 하나님의 저주를 받아 죽었다고 믿었다는 점을 염두에 두라. 기대가 있어야 환상을 보는 법이다. 최면술사나 마술사는 우거지상을 한 의심 많은 관중을 무대 위로 부르지 않는다. 속을 준비가 된 사람 열광하는 관객을 고른다. 그런 면에서 야고보는 확실히 환상에 빠지기 쉬운 사람은 아니었다. 그렇다면 뭘까? 야고보는 잘 짜인 음모에 빠졌던 것일까? 무슨 목적으로? 그래서 순교를 당하려고?

 유효한 증거에 근거해 과거 사건을 재구성하는 역사가라면 여기서 뭔가가 더 필요하다. 이 사건들을 기적을 배제하고 평범한 역사로 복원하고 싶다면 얼마든지 그럴 수 있지만 그 과정은 이용 가능한 자료를 모두 동원하고 타당해야 한다.

 기적 같은 원인에 열려 있는 사람들에게는 예수님의 몸의 부활이 야고보의 변화를 설명해 주는 가장 타당한 이유가 된다. 이렇게 생각해 보라. 우리 형은 참 좋은 사람이다. 하지만 그가 메시아라고? 기적에 맞먹는 일이 벌어지지 않고서야 그렇게 믿기 힘들 것 같다.

▶ 존의 모두진술

바울은 신약 성경 저자 중에서 부활한 예수를 봤다고 주장하는 유일한 사람이요 바울 서신은 예수의 부활을 주장하는 최초의 증언이다.

그러나 그가 본 내용을 우리가 이해하기는 매우 힘들다. 바울은 다메섹 도상에서 예수를 실제로 보거나 만졌다고 주장한 적이 없다(행 9장; 22장; 26장; 갈 1장을 보라). 그는 그것이 환상이었다고(행 26:12-19; 9:17을 보라) 그런 환상을 여러 차례 보았다고(고후 12:1-7; 고전 9:1을 보라) 구체적으로 말했다. 바울은 자신이 받은 복음은 개인적인 계시로 말미암았다고 주장하기까지 했다(갈 1:11-12; 이 내용은 고전 15:3과 정면으로 배치된다).

사도행전은 16장 9-10절, 18장 9절, 22장 17-18절, 23장 11절에서 바울의 환상을 언급하고 갈라디아서 2장 2절에도 등장한다. 바울은 자신이 교회에 전해 주었다는 계시를 반복해서 언급했다(고전 2:13; 7:40; 14:37). 그는 주께로부터 직접 주의 만찬에 대해 배웠다고 말했는데(고전 11:23-25) 이것이 나중에 복음서에 기록된 이야기들의 기초가 되었다.

사도행전 2장 17절에 따르면 바울 시대 초기 교인들도 환상을 봤다. "너희의 젊은이들은 환상을 보고." 그들은 자신들이 예수님에게서 신령한 메시지를 받고 있으며 거룩한 '지혜', '지식', '예언', '방언' 같은 성령의 은사를 통해(고전 12:7-10) 그것이 드러난다고 확신했다.

하나같이 개인적이고 주관적인 경험들이다. 이런 경험이 없는 사람이 왜 굳이 이런 말씀을 믿을 만한 증거로 받아들여야 하는가? 그럴 이유가 전혀 없다.

바울은 부활한 예수를 환상으로 본 자신의 체험을 고린도전서 15장 3-8절에 나오는 증인들과 나란히 놓았다. 따라서 그들의 증언도 바울의 증언보다 나을 게 없다.

차라리 조셉 스미스 Joseph Smith의 주장을 생각해 보라. 그는 모로니 천사의 인도로 금판을 발견하고 그 내용을 옮겨 적어 모르몬경을 완성했다고 주장했다.

스미스는 자신을 포함하여 이 금판의 열두 '목격자'가 된 사람들을 심사숙고

끝에 선별했다. 그들은 "그 금판과 거기 새겨진 말씀들을 보았고……스미스 본인이 우리가 언급한 금판을 받은 것을 확실히 안다"고 증언했다.

이것이 우리가 아는 전부라면, 믿을 수 있겠는가? 그 전에 우리가 바울이 열거한 '증인들'과 개별적으로 대화를 하고 싶은 것처럼 개별적으로 그 사람들에게 질문하고 그들의 주장을 조사해 보고 싶지 않겠는가? 이것은 지나친 의심이 아니다. 나귀가 말을 했다는 발람의 이야기(민 22장)는 우리가 그 광경을 실제로 보기 전까지는 의심할 수밖에 없다. 스미스의 금판을 목격한 사람은 다들 그의 가족과 친한 친구, 재정 후원자들이었다. 우리는 그들이 이 금판을 실제로 본 것이 아니라 환상이었으며 일부는 나중에 증언을 철회했다는 사실도 잘 안다.(주2)

바울의 증인들과 관련해서는 우리가 알아야 할 대다수 질문들에 대한 대답을 찾기 어렵다. 그들도 바울처럼 환상을 보았을 확률이 높다는 사실을 제외하고는 아는 바가 별로 없다. 더군다나 한 사람 두 사람 세 사람을 거친 간접 증언만으로는 부족하다. 그 사람들이 속아 넘어갔을 수도 있다. 그들이 다 같이 동일한 이야기를 전했는가? 그중에서 증언을 철회한 사람은 없었는가? 그들을 믿을 수 있는 독자적인 증거가 없다면, 의심하는 편이 옳다. 우리에게는 예수나 그의 열두 제자가 직접 쓴 기록이 남아 있지 않다. 유대 지도자들이나 로마인들이 바울의 주장에 대해 쓴 기록도 남아 있지 않다. 그 사람들이 회심했다는 기록도 없다.

예수님 당시 유대인들은 야훼를 믿고 그가 기적을 행했다고 믿었으며 구약 성경 예언을 알고 있었다. 그러나 많은 유대인들이 야훼가 예수를 죽음에서 일으켰다는 것은 믿지 않았다. 따라서 기독교는 유대 땅에 뿌리내리지 못하고 그리스-로마 세계로 뻗어 나가 회심자를 얻어야만 했다. 당시 유대인들도 믿지 않은 내용을 왜 우리가 믿어야 한단 말인가?

그뿐이 아니다. 우리에게는 다음 내용에 대한 독자적인 기록도 남아 있지 않다.

  예수가 숨을 거둘 때 성소 휘장이 찢어졌다(막 15:38)

  해가 빛을 잃고(눅 23:44)

온 땅에 어둠이 임하였다(막 15:33).

예수가 숨을 거두었을 때(마 27:51-54)와 무덤에서 부활했을 때(마 28:2) 큰 지진이 있었다

예수가 죽을 때 성도들이 일어나서 일요일까지 기다렸다가, 무덤에서 나와 예루살렘으로 향했다. 거기서 많은 사람들에게 보이고 난 후에는 두 번 다시 등장하지 않는다(마 27:52-53)

이런 사건들이 실제로 있었다면 필로나 요세푸스의 저술이나 랍비 문서나 로마 문서에 당연히 기록되지 않았을까? 그렇지 않다는 점은 시사하는 바가 크다.
예수의 부활을 의심할 만한 여지는 충분하다.(주3')

▶ 랜들의 반박

존은 바울이 환상을 자주 보았기 때문에 증인으로 신뢰할 만하지 못하다고 말한다. 이것은 바울의 체험에 신의 의도가 없었다고 전제하기 때문에 논점을 교묘히 피해 갈 뿐 아니라 다메섹 도상의 체험을 제대로 설명해 주지도 못한다. 환상을 본 것과 땅에 쓰러지고 나서 인생이 180도 달라졌다는 것은 별개의 문제다.

그와 상관없이 나는 야고보를 근거로 내 주장을 펼치려 한다. 바울은 베드로와 함께 2주 동안 이 지도자를 만난 바 있다(갈 1:18-19). 그가 이 시기에 고린도전서 15장 3-8절에 요약된 가르침을 받았을 가능성이 크다.

존의 주장이 성립하려면 바울에 대한 의구심을 몇 가지 제기하는 것만으로는 부족하다.

빈 무덤은 말할 것도 없고 또 다른 초기 기독교인인 베드로와 야고보의 믿음도 설명할 수 있어야 한다.

존에게는 안타까운 일이지만 모든 정보를 자연주의로 설명하는 것은 그들이 피하고 싶어 하는 기적보다 더 큰 기적이 필요한 것처럼 보인다.

▶ **존의 반박**

조셉 스미스가 자신의 아버지와 두 형제에게 그가 받았다는 금판 이야기를 납득시키려면 어떻게 해야겠는가?

그들은 야고보처럼 환상을 보았다. 바울에 따르면 야고보는 환상을 본 것인데 그가 자신의 환상 체험을 고린도전서 15장 3-8절에 나오는 증인들과 나란히 놓았기 때문이다. 그런 미신적인 세상에서 사람들은 무엇이든 믿을 수 있다. 야고보가 환상을 보기 전에는 예수를 믿지 않았다는 사실은 중요하지 않다. 그런 세상에서는 환상을 보고 쉽게 마음이 바뀔 수 있기 때문이다.

또한 바울이 야고보가 환상 때문에 회심했다고 믿었다면 그는 틀림없이 그렇게 말했을 것이다. 나는 야고보가 이전에는 예수를 믿지 않았다는 점이 의심스럽다.

그가 예수를 믿지 않았다고 언급하는 곳은 요한복음 7장 5절이 유일하다. "이는 그 형제들까지도 예수를 믿지 아니함이러라"(2-5절을 보라).

요한복음이 후대에 쓰여 신뢰성이 떨어진다는 데 학자들의 의견이 일치하는 마당에 이 편집자가 형제들의 말을 제대로 해석했는지 어떻게 알 수 있겠는가? 이 구절을 제외하면 야고보가 예수를 믿지 않았다고 암시하는 부분은 전혀 없다.

그런데도 야고보가 부활한 예수를 보기 전에 불신자였다면 예수는 인간의 자유의지를 없애지 않고서도 사람을 회심시킬 수 있다는 말이 된다.

야고보에게 그럴 수 있다면 다른 사람들에게는 그리하지 말란 법이 없잖은가?

▶ **랜들**의 최종 진술

　금판과 부활한 존재는 다르기 때문에 존의 모르몬교 비유는 실패다.
　그는 증인들의 신빙성에 의문을 제기하고 싶어 안달이지만 정작 모든 자료―야고보 같은 초기 그리스도인들이 빈 무덤과 부활 이후 예수의 나타나심을 믿었다는 사실을 포함하여―를 설명할 만한 만족스러운 가설은 내놓지 못한다.

▶ **존**의 최종 진술

　우리가 아는 것이 그들이 환상에서 금판을 보았다는 점이 전부라면 조셉 스미스의 증인들을 의심하는 것은 논점을 교묘히 피해 가는 것이 아니다.
　바울은 다메섹 도상에서 환상을 봤다고 말했고 그 내용은 마치 그 환상을 실제로 본 것만큼이나 생생하게 사도행전에 기록되어 있다. 환상을 보는 사람들은 이런 일들이 실제로 일어났다고 믿기 때문이다.

REVIEW

▶ 상철(기독교인)

랜들이 오랜만에 말씀의 진리를 말씀 그대로 용기 있게 증거 하는 데에 다행스러움을 느낀다.

바울이 말했다. 예수가 부활하지 않았다면 이 세상에 기독교인처럼 불쌍한 존재는 없다고. 정말로 그렇다.

나는 오늘도 부활의 첫 열매 되시는 그리스도가 계셨기에 나는 이 고통스런 세상 속에서 오로지 십자가를 의지해서 산다. 예수님이 다시 살지 않으셨다면 어떻게 내가 다시 살 것을 믿을 수 있겠는가? 어떻게 내가 소망의 옷자락을 붙잡고 지금도 주를 향한 순례의 길을 걸을 수 있겠는가? 나에게 부활 신앙은 21세기의 세속에서 나를 지키는 유일한 방패이다. 인간의 육체는 매일 썩어 들어가나 그 속 사람은 부활하신 예수님을 통해 부활할 나를, 새 몸으로 다시 살아날 나를 소망함으로 나날이 새로워질 수 있다.

이 진리를, 이런 신앙의 맛을 모르면 항상 성경을 읽어도 존과 같이 뭔가 꼬투리 잡을 것만을 찾기 마련이다.

신앙은 논리가 아니라 생명이다. 신앙은 토론거리가 아니라 순종이고 예배여야 한다.

▶**민혁**(기독교인)

　우리의 죄를 지고 우리의 구원을 위하여 십자가에 죽으시고 삼일만에 부활하신 예수님을 믿으라는 복음을 가지고 전도하면 누구나 다 처음에는 관심조차 없는 경우가 많다. 하지만 하나님의 감동이 물처럼 스며들고 복음의 씨앗이 영혼 속에 들어갈 때 믿음이라는 싹이 나오는 것이다.
　우리는 아직도 땅 끝까지 복음을 전해야 한다. 예수 부활 사건이 주는 구원의 역사가 완성 될 때까지 기도하고 전할 뿐이다.

▶ **승범**(무신론자)

랜들은 다시 한 번 진검을 빼들었다. 마지막 라운드에서 뭔가를 보여주려는 전략이 돋보인다. 나는 그의 주장과 관련해 굳이 할 말이 없다. 두 가지만 얘기하겠다.

첫 번째로 유명 기독교 변증가인 C.S 루이스는 그의 책 '순전한 기독교'에서 이렇게 말했다. 예수는 자신을 하나님이라고 했다. 이 세상 그 누구도 그런 주장을 한 적은 없다. 결국 예수는 진짜 하나님이거나 아니면 미치광이이다. 그가 미치광이라고 생각한다면 그에게 침을 뱉고 돌아서라 그러나 그가 하나님이면 그 아래 경배하라. 대충 이런 내용이었던 거 같다. 그러나 이 두 가지의 경우보다 훨씬 더 가능성이 큰 세 번째 경우가 있다. 다름 아닌 예수는 자신이 하나님인 줄 착각한 또라이일 가능성이다. 그런 또라이들은 생각 외로 우리 주변에 아주 많다.

두 번째 하고 싶은 말은 예수 부활과 관련해 교회에서 주로 하는 말이 있다. 예수의 부활이 가짜였으면 예수의 제자들이 순교하고 죽었겠는가? 말이다. 일단 예수 제자들의 순교에 대한 역사적 증거가 전무하다는 점은 예외로 하더라고, 설혹 그랬다고 하더라도 그게 어떻다는 말인가? 지금도 자신이 믿는 망상 때문에 목숨을 버리는 종교 광신자들은 우리 주변에 너무도 많다. 뭔가를 위해 죽으면 그게 진짜라는 말인가? 그게 말이 된다고 생각하는가?

▶**희경**(무신론자)

　기독교에서 말하는 예수가 왜 왔는가? 왜 십자가에서 죽었는가? 왜 부활했는가? 이유는 '구원'이 아닌가? 인류 구원, 죄로부터의 구원……
　그러면 최소한 아니, 가장 중요한 부활 사건은 누구도 부인하지 않거나 의심하는 일이 없도록 훨씬 더 명확하고 분명하게 드러냈어야 한다. 로마에 가서 로마 황제나 원로원에 나타난다지 해서 기록으로라도 명확하게 남을 수 있도록 했어야 했다. 난 그렇게 생각한다.
　그러나 부활의 목적은 확실한데 그 목적을 제대로 이룰 수 없는 아리송한 모습으로 부활한 것을 보면 이해하기 어렵다.
　물론 기독교인들은 이럴 때 '영적으로 어떻고 저렇고……' 말할 것이다. 아무튼 예수의 부활 사건은 그 목적이 제대로 구현되지 않은 대단히 어정쩡한 해프닝으로 보인다.
　결론은? 예수 부활 사건은 예수를 하나님으로 격상시키려는 사람들에 의해 조작된 시나리오이다. 기적이 필요하니까, 인간이 신이 되려면 최소한 부활 정도는 가뿐하게 해줘야 하니까 말이다. 복음이 더 멀리 땅 끝까지 전해져야 하니까 말이다.

20 라운드

성경의 하나님은 무능한 구원자다

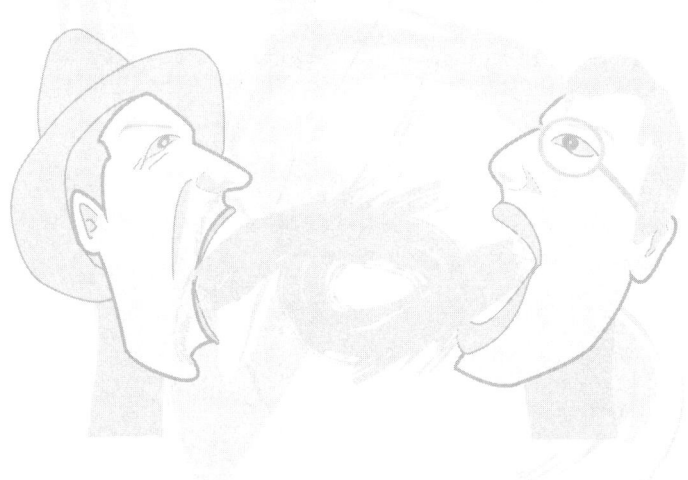

찬성: 무신론자 **존**

반대: 기독교인 **랜들**

▶ 존의 모두진술

먼저 셸렌버그 J. L. Schellenberg가 '숨어 계신 하나님'을 주장한 설득력 있는 논점을 살펴보자.

1. 하나님이 있다면 완벽한 사랑의 하나님이어야 한다.
2. 완벽한 사랑의 하나님이 존재한다면 합리적 불신앙은 없어야 한다.
3. 합리적 불신앙이 존재한다.
4. (2번과 3번에 근거해서) 완벽한 사랑의 하나님은 존재하지 않는다.
5. 따라서 (1번과 4번에 근거해서) 하나님은 없다. (주 1)

내가 이 책에서 뭔가를 증명했다면, 나는 합리적 불신앙을 소유한 셈이다. 따라서 "내게 합리적 불신앙이 없다"는 증거에 맞서는 증거를 내놓는 사람이 없는 한 셸렌버그의 주장은 옳다고 봐야 한다.

다음으로는 복음을 전하는 하나님의 존재를 믿을 수 없다는 시어도어 드레인지 Theodore Drange의 설득력 있는 주장을 살펴보자.

1. 하나님은 모든 인간이 죽기 전에 믿음을 갖기 원하신다.
2. 하나님은 모든(또는 거의 모든) 인간이 죽기 전에 믿음을 갖게 하실 수 있다.
3. 하나님은 늘 그분이 가장 원하는 것에 따라 행동하신다.
4. (1번에 근거해서) 하나님이 계시다면, 모든(또는 거의 모든) 인간은 죽기 전에 신을 믿을 것이다.
5. 그러나 믿지 않고 죽는 사람도 있다.
6. 따라서 (2번과 3번에 근거해서) 하나님은 없다. (주 2)

드레인지는 자유의지 변호로 자신의 주장을 변호한다. 그는 어떤 사람이 진리를 믿고자 한다면 "하나님이 진정한 믿음을 그 사람의 마음에 직접 심어 주시는

것은 그의 자유의지를 방해하는 것이 아니라 오히려 그 자유의지를 따르는 것이다"라고 주장한다. 드레인지는 사람들이 "진리를 알기 원한다. 그들은 세상이 어떻게 형성되었는지 알고 싶어 한다"고 주장한다. 따라서 하나님 앞에서 다른 대안으로 그런 사람들을 위해 기적을 행하는 것은 "그런 욕구에 순응하거나 그것을 따르는 것이다. 따라서 그것이 그들의 자유의지를 방해하지 않게 된다."(주3)

드레인지는 신의 "알려지지 않은 목적 변호 Unknown-Purpose Defense"로 자신의 주장을 변호하면서 하나님이 불신앙을 허용하시는 그분의 목적을 드러내시지 않기로 한 이유를 추궁한다. "그 목적을 드러내는 것이 그분에게 이익이다. 그렇게 하면 사람들이 그분을 믿지 못하게 하는 주요 장애물 한 가지를 즉각 제거하기 때문이다." 그 장애물이 곧 불신이다. "따라서 하나님이 그분의 목적을 숨기는 것은 확실히 역효과를 낳는다."(주4)

드레인지는 알려지지 않은 목적 변호를 확정적으로 반박할 수 없다는 점을 인정한다. 그러나 우리가 그것을 반박할 필요는 없다. 그것이 개연성이 없는 변호라는 것을 보여주기만 하면 된다.

한 사람의 신앙에 특정한 문제가 무엇인지는 중요하지 않다. 전지한 하나님이라는 개념만 있으면 문제는 다 해결된다.

따라서 신자들은 자신의 믿음이 개연성이 없다고 살펴보기 전에 그 믿음이 거의 불가능하다고 납득이 되어야만 하는데 우리는 이 전지 면책 조항을 극복하기를 기대할 수 없기에 그것은 확실히 불합리한 기준이다. 동일한 면책 조항이 있는 다양한 신앙이 있다는 점을 고려할 때 신자들은 자신의 신앙이 그와 마찬가지로 가짜일 수도 있는 가능성을 진지하게 고려해야 한다.

물론 전지한 하나님은 존재할 수도 있겠지만 신의 전지성에 기대어 그의 존재 여부를 판단할 수는 없는데 다른 신자들도 그런 식으로 자신이 문화적으로 물려받은 신앙을 변호하기 때문이다.

합리적인 사람들은 허위로 입증 가능한 신앙을 가져서는 안 되는데 하나님이 전지 하다는 개념은 한 사람의 신앙을 기본적으로 허위로 입증 가능하게 만든다.

이 세상에 합리적인 비기독교 신앙이 이렇게 많은데도 우리는 정말로 이 하나님이 존재한다고 믿을 것인가?

그 당시는 이후 사람들이 야만스럽고 미신적인 과학 이전의 시대로 쉽게 치부할 만큼 미개한 시대였는데도 우리는 정말로 하나님이 스스로를 계시하기에 좋은 시대를 선택하셨다고 믿을 것인가? 지구촌 시대가 도래하기 전 그 구석진 곳에 오셔서 우리는 거기 있지도 않았는데 그 사람들이 한 말을 믿는지 여부에 구원이 결정된다니 우리는 정말로 하나님이 좋은 장소를 선택하셨다고 믿을 것인가? 아무리 생각해 봐도 비기독교 신앙은 지옥에서 벌을 받아 마땅하다는 의도적이고 지독한 비판을 우리는 정말로 믿을 것인가?

수많은 사람들이 단순히 자신이 나고 자란 문화에서 믿는 바를 받아들이고 옹호한다는 사실 즉 신앙은 100퍼센트까지는 아니더라도 대부분 비자발적이라는 사실을 신자들은 깨닫지 못하는 것인가?

기독교인들이 골라잡을 수 있는 기독교의 형태가 너무도 많기 때문에 그들은 내 주장을 최대한 활용하여 오히려 내게 도움을 준다.

가톨릭 교인은 개신교인에 반대하는 설득력 있는 주장을 내놓고 개신교인은 복음주의자에 반대하는 설득력 있는 주장을 내놓는다. 기독교인은 세계 종교에 반대하는 설득력 있는 주장을 내놓고 세계 종교는 기독교에 반대하는 설득력 있는 주장을 내놓는다.

그들이 서로 비판할 때 보면 모두가 옳다. 그래서 나는 당연히 신자들은 외부인의 시선으로 타인의 신앙을 검토할 때와 동일한 수준의 의심으로 자신의 신앙을 검토해야 한다고 주장했다. 밑져야 본전이지 않은가?

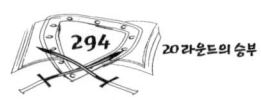

▶ **랜들**의 모두진술

대니 보일 Danny Boyle 감독의 2002년 작품 "28일 후"는 전염성이 강한 '분노' 바이러스가 수많은 인명을 앗아간 이후 영국 사회의 붕괴를 그린다.

당신이 분노 바이러스가 휩쓸고 간 이 시기에 런던에 사는 다섯 살 꼬마라고 상상해 보자. 당신은 의료 전문가들이 경찰과 군대, 유럽 질병관리본부와 협력하여 전염병을 관리하는 모습을 목격한다. 우선 그들은 도시를 드나드는 도로를 차단하여 외부 세상에 접근하는 길을 막는다. 당신을 소위 구해 줘야 할 사람들이 어떻게 안전한 곳으로 가는 길을 막고 있단 말인가? 다음으로 그들은 분노 바이러스에 노출된 사람과 노출되지 않은 사람을 구분하기 시작한다. 당신 어머니는 초기에 바이러스에 노출되었기 때문에 당신과 당신 아버지와 격리된다. 당신이 보기에는 어머니가 말짱하기에 더 큰 충격으로 다가온다. 마지막으로 그들은 바이러스에 노출된 사람들을 치료하기 시작한다. 격리된 어머니가 면역 혈청을 맞으면서 내지르는 비명소리가 당신 귀에 들린다. 아무리 생각해도 영문을 모르겠다. 소위 구조자들이 오기 전에도 상황은 나빴지만 이 정도까지는 아니었다. 그들은 당신을 고립시키고 어머니를 데려가서 큰 고통을 가했다. 그들의 행동은 독단적이고 도무지 이해가 가지 않는다. 다섯 살짜리 어린아이의 눈에는 끔찍한 상황이다.

그러나 밖에서 보는 관점은 다르다. 우리는 우선 전염병의 확산을 막고 나서 치료에 임하겠다는 의료인, 경찰, 군대의 논리를 쉽게 볼 수 있다. 그들은 전염병과 그 처치 방안에 대해 다섯 살 난 당신보다 훨씬 더 해박한 지식을 갖고 있다.

기독교인들은 분노 바이러스와 비슷한 뭔가가 인류를 감염시키고 있다고 믿는다. 소위 원죄라는 것이다. 원죄의 기원과 영향력에 대해서는 이견이 분분하지만 기독교인들은 온 우주가 그 영향을 받았다는 데 동의한다.

그 증거를 찾으려고 굳이 아돌프 히틀러를 들먹일 필요는 없을 것 같다. 주변에서 흔히 볼 수 있는 예를 생각해 보자. 2006년 11월, 코미디언 마이클 리차즈 Michael Richards(미국 시트콤 "사인필드"의 코스모 크레이머 역)는 로스앤젤레스 래프 팩토리 Laugh Factory 코미디 클럽에서 공연 도중 아프리카계 미국인 남자 관객 두어 명에게서 야유를 받았다. 그는 앙갚음으로 인종 차별적인 욕설을 퍼부었고 몸싸움이 벌어졌다. 누군가가 이 불미스러운 장면을 카메라에 담았고 소문은 금세 퍼져 나갔다. 그는 즉시 데이비드 레터맨 쇼에 화상으로 출연해 사과문을 발표했다. 그가 사과라고 내뱉은 독백 중에 두어 마디를 여기 소개해 본다.

> 제가 큰 실수를 했습니다. 객석에 계셨던 분들 사건 현장에서 그 분노와 적대감을 목격하셨던 모든 흑인과 히스패닉, 백인 분들께 죄송합니다. 제가 코미디 클럽에서 자제심을 잃고 헛소리를 했습니다. 정말 죄송합니다. 이런 적대감이 발생한 이유 우리 안에 분노가 있는 이유를 더 살피도록 하겠습니다.(주5)

그는 이 말을 하면서도 자신이 저지른 비정상 행동의 충격에서 아직 벗어나지 못한 듯 "이런 적대감이 발생한 이유"와 "우리 안에 분노가 있는 이유"를 알지 못해 당황한 표정이었다.

바울은 이미 2천 년 전에 이와 똑같은 당혹스러움을 표현한 바 있다.

> 내가 행하는 것을 내가 알지 못하노니 곧 내가 원하는 것은 행하지 아니하고 도리어 미워하는 것을 행함이라……오호라 나는 곤고한 사람이로다! 이 사망의 몸에서 누가 나를 건져내랴? (롬 7:15, 24)

우리를 감염시킨 이 분노의 정체는 무엇인가? 자비, 이타심, 친절, 용감함에 대한 무한한 잠재력을 지닌 존재로 하여금 가장 잔인하고 악질적이고 악의적인 사악함에 대한 잠재력을 품기 좋아하게 만드는 이것은 무엇인가? 파스칼이 지적한 대로 인간은 어떻게 우주의 영광인 동시에 쓰레기가 되어 버렸을까?

모든 사람은 분노에 감염되었다. 그러나 하나님은 그분의 아들 예수의 죽음과 성령의 사역으로 이 분노를 해결하려고 이 땅에 오셨다.

우리는 전염병이 창궐한 도시의 아이 같은 존재다. 전염병을 해결하기 위해 사람들이 도시로 들어온다. 당장은 그들의 해결책이 독단적인 것 같고 이해되지 않을 수도 있다.

속죄는 어떻게 이루어지는가? 왜 그리스도가 십자가에서 죽으셔야 만 했는가? 그리스도가 베푸시는 구원을 받으려면 우리는 그분에 대해 얼마나 많은 정보를 알아야 하는가?

그러나 그런 의구심이 존재한다는 사실이 구조자들의 평판에 누가 되지는 않는다. 그들은 모든 인간의 내면에 숨어 있는 분노로부터 우리를 구해 낼 것이다.

▶ 존의 반박

우리가 때로 짐승처럼 행동하는 이유는 인간이 짐승에서 진화했기 때문이다. 따라서 속죄 같은 것은 필요 없다. 우리 본모습이 그렇기 때문이다. 윤리가 진화함에 따라 우리 자신만이 그런 모습을 고칠 수 있다.

랜들이 인간의 분노 또는 죄에 속죄가 필요하다고 믿는 유일한 이유는 그가 기독교화한 서양에서 자랐기 때문이다.

이 세상 대다수 사람들은 예수 같은 사람이 우리 대신 죽음이라는 형벌을 받아야만 우리가 신의 용서를 받는다고 생각지 않는다. 예를 들어 가해자가 벌을 받지 않았는데도 용서한 피해자와 가해자가 아무리 큰 벌을 받더라도 절대로 용서하지 않겠다는 피해자가 있기 때문에 어떤 형벌이 용서와 연결이 되는지 알 길이 없다.

어떤 사람이 예수의 대속적 죽음을 믿는지에 근거해서 사람을 판단하는 것도 말이 되지 않는데 대다수 사람들에게 믿음은 선택의 문제가 아니기 때문이다.

과거의 기독교인들은 우리 죄를 위해 예수가 죽어야 하는 이유에 대해 의견의 일치를 보지 못했다. 그에 대한 이론과 반박 이론이 어찌나 많은지 머리가 핑 돌 정도다. 신학자들이 일관성 있는 속죄 이론을 내놓기 전까지는 그런 미신 같은 개념은 포기하는 게 옳다.

▶ 랜들의 반박

셸렌버그의 두 번째 전제를 자세히 살펴보자.

2. 완벽한 사랑의 하나님이 존재한다면 합리적 불신앙은 없어야 한다.

2번 전제가 잘못되었다고 생각할 만한 매우 타당한 이유가 있는데 현재 많은 사람들의 불신앙은 인간을 원죄에서 해방시키려는 하나님의 장기 계획에 일치한다는 것이다.

유비를 하나 들어보자. 윈스턴이라는 사람은 인디언에 대해 인종 차별적인 태도를 갖고 있다. 그는 동네 식료품 가게 주인인 차헬을 비롯하여 만나는 사람들마다 자신의 관점을 피력한다. 윈스턴은 차헬이 인디언이라는 사실은 꿈에도 몰랐다. 그런데 차헬이 윈스턴을 배려한다면 자신의 신분을 밝혀서는 안 되는 것일까? 이렇게 한번 정리해 보자.

A. 완벽한 사랑의 차헬이 존재한다면 차헬이 인디언이라는 윈스턴의 합리적 불신앙은 없어야 한다.

A는 거짓이다. 차헬이 윈스턴에게 자신의 정체성을 알리지 않아야 할 매우 타당한 이유가 있기 때문이다. 예를 들어 이렇게 하면 윈스턴과 관계가 더 깊어질 수 있고 그때 가서 자신의 진짜 정체성을 얼마든지 드러낼 수 있기 때문이다. 그러면 윈스턴은 자신의 인종 차별적 태도를 좀 더 근본적으로 재고해야 할 것이다.

셸렌버그의 2번 전체도 마찬가지 이유로 거짓이다. 하나님께는 어떤 사람들이 불신앙을 고집하도록 허용하시는 타당한 이유가 있으며 그것은 이 세상을 향한 그분의 구원 계획과 전혀 배치되지 않는다.

▶ 존의 최종 진술

다시 한 번 랜들이 개연성을 반대하는 데 전지 면책 조항이 제 역할을 해주고 있다. 물론 여기서 랜들이 옳다는 것은 단순한 가능성에 불과하다.

그래서 뭐가 어쨌다는 것인가? 개연성이 가장 중요하다. 하나님이 합리적 불신앙을 허용하지 않으실 수도 있는데 허용하신다고 생각하는 것은 비난받아 마땅한 일이다. 그 때문에 불신자들은 영원한 형벌을 받을 것이기 때문이다.

▶ 랜들의 최종 진술

용서란 그저 사과를 표현하는 것인데도 존은 "어떤 형벌이 용서와 연결이 되는지 알 길이 없다"고 주장한다. 그러나 중죄에 대한 용서에는 회개와 보상 즉 잘못을 벌충하려는 의도적 태도를 포함해 모두가 필요하다.

하나님은 그리스도를 통해 우리의 회개를 요구하시는 한편 보상하신다.

존은 하나님의 구속 사역이 "무능하다"고 믿는 이유를 아무것도 제시하지 못했다.

REVIEW

▶상철(기독교인)

믿음은 은혜이다. 구원은 전적인 은혜이다. 존 같은 사람은 설혹 하나님에 대한 모든 의문에 답을 얻었다고 해도 그는 구원받기 힘들지 모른다. 그가 은혜를 입은 자, 은혜를 아는 자가 되기 전에는 말이다. 나는 존에게 하나님의 강권하시는 은혜가 입하시기를 지금 이 순간 잠시나마 그의 영혼을 위해 기도한다.

그가 이처럼 무슨 방법을 써서라도 하나님을 공격하려고 발버둥 치지만 그의 영혼이 얼마나 피폐하고 말라 있겠는가? 완전한 창조주 하나님께서 존의 공격에 끄덕이나 하시겠는가? 그의 독설이 하나님의 살끝 하나를 건드릴 수 있겠는가?

오히려 하나님은 존과 같은 인간을 통해서도 자신의 영광을 더 드러내실 뿐이다. 존과 존의 가족에 하나님의 긍휼 하심이 함께 하기를 바란다. 언젠가 하나님을 다시 만나 평안이 가득한 존의 얼굴을 유튜브에서 만나길 바란다.

▶민혁(기독교인)

하나님은 창조자이다. 창세기에 인간 아담이 범죄함으로 하나님과 멀어져서 직접 소통할 수 없었다. 그래서 후세의 인간들이 하나님을 모르게 되거나 믿음이 약해졌다. 그러나 입양아가 그 뿌리인 부모를 찾듯이 인간은 너무도 자연스럽게 자신의 존재의 시작을 준 '신'을 찾게 되어있다. 그래서 다른 신들(인간이 만든 가짜 신들)이 존재했던 거 아닌가? 그러므로 하나님 외에 다른 신은 다 가짜이다. 하나님만이 유일한 신이다. 같은 맥락으로 창조 시에는 유일한 하나님만이 존재했으나 후에 인간이 만든 여러 신들이 생겼고 결국 그 신들 중 진짜인 하나님만이 아직까지 존재하는 참 신이다.

▶**승범**(무신론자)

존이 몇 번 언급했지만 인간으로서 기독교 신앙 또는 믿음을 갖는 것은 내게 불가능하다. 그렇다, 아예 불가능하다. 내 주변에 그런 불가능이 가능한 사람들이 많다는 사실이 경이로울 뿐이다. 내가 그런 기독교인이 아님을 기쁘게 생각한다. 한 번 밖에 없는 인생을 그런 종교 특히나 기독교 바이러스에 감염되지 않음을 다행으로 생각한다.

▶**희경**(무신론자)

존의 말처럼 하나님은 왜 인간이 다른 신을 만들도록 허락했는가? 아무리 생각해도 창조주이고 전능한 신이라면 십계명에 다른 신을 섬기지 말라고 굳이 경고할 필요가 있는가? 부모가 자식들에게 나 외에 다른 사람을 엄마나 아빠라고 부르지 말라고 말하는 것과 무엇이 다른가?

참으로 불쌍하고 비루하기 이를 데 없는 하나님이다. 그를 생각하니 마음이 아프다.

최종 발언

▶ **랜들**의 마무리 생각

하루는 컴퓨터의 기능을 간소화해야겠다고 결심하고 하드 드라이브에서 쓸데없고 오래된 파일들을 지웠다. 그런데 작업을 마치고 컴퓨터를 다시 켜 보니 유감스럽게도 작업 속도가 더 빨라지기는커녕 상태가 더 심각해졌다. 아니, 컴퓨터가 제대로 작동하지 않았다. 컴퓨터를 정리한다면서 실제로는 정상적인 작동에 꼭 필요한 파일을 지워 버렸던 것이다. 컴퓨터를 원상 복구하려면 그 파일을 다시 설치하는 길밖에 없었다.

하나님은 그 파일 같은 분이다. 오늘날 많은 사람들이 지성이라는 하드 드라이브에서 하나님을 제거하면 자신의 세계관이 원활하게 작동하리라고 생각한다. 이 세상만으로 충분한데 굳이 하나님이 더 있어야 할까? 하나님은 거추장스러운 짐에 불과하다고 생각한다.

이 책에서 나는 이것이 근본적으로 잘못된 전제임을 보여주려고 애썼다. 컴퓨터가 제대로 돌아가려면 그 파일이 꼭 필요하듯 이 세상을 제대로 이해하려면 하나님이 꼭 필요하다고 주장했다. 따라서 당신의 세계관에서 하나님을 지우면 갑자기 이 세상을 정확히 이해하는 데 매우 중요한 다른 것들도 한꺼번에 사라져 버린다. 좋은 인생을 판단할 수 있는 객관적 기준도 사라진다. 객관적 윤리 기준에 대한 감각도 사라진다. 객관적 아름다움도 사라져 버린다. 우리가 믿는 것을 진리로 여길 수 있는 관계적 기초도 잃어버린다. 우리의 세계관을 정비하려다가 오히려 그 체제가 망가져 버린다. 질병보다 서투른 치료가 더 악영향을 미치는 전형적인 경우다. 알고 보니 질병이라고 여긴 것이 오히려 치료제였다. 그러니 그 파일을 다시 설치하는 것 외에 다른 해결책은 없다.

존은 자신도 모르는 사이에 이 일에서 파트너가 되어 주었다. 무신론적 세계관에 대한 그의 단호한 변호는 생각하는 무신론자가 세상을 바라보는 위축된 방식을 분명하고 일관적으로 보여주었다. 그가 이 책에서 인정한 내용을 생각해 보라.

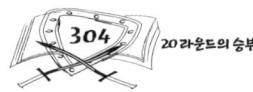

존의 관점에서 다른 사람들과의 관계란 우리가 영원한 밤의 일부가 될 때까지 그 집에서 단순히 때를 기다리는 방법에 불과하다. 진리는 우리 유전자의 생존이라는 실용주의의 제단에서 손쉽게 희생되고 마는 손에 넣을 수 없는 추상 개념이다. 또한 아름다움은 보는 사람의 눈에 머무는 순간적이고 미미한 존재에서 잠시 의미를 얻을 뿐이다.

존의 관점이 훌륭하게 제시되었다는 사실은 무신론의 함의와 관련된 내 주장이 사실임을 증명해 주는데 그는 우리가 가장 가치 있게 여기는 것들을 하나같이 거부하기 때문이다. 그는 자신의 파격적인 양보가 자신의 세계관을 무너뜨린다는 데 동의하지 않는다. 반대로 이 모든 것이 중요하지 않다고 우리를 설득하려 하여 가장 가능성이 떨어지는 전술을 시도했다. 우리는 선과 진리 아름다움은 정말로 필요 없다. 우리를 위한 선 우리를 위한 진리 우리를 위한 아름다움만으로 충분하다. 하지만 그것은 사실이 아니다. 우리가 아는 것이 있다면 바로 선과 진리 아름다움이 우리를 초월하여 존재하는 객관적 가치라는 것이다. 실제로 존의 반대 주장에도 불구하고 선과 진리와 아름다움을 인식하고, 상태가 좋을 때는 그 객관적 사실성에 따라 살아가는 인간의 타고난 성향은 우리를 독특하게 인간으로 만드는 근본이라 할 것이다.

이런 관점에서 존의 무신론 옹호는 우리가 시민 정부와 그 모든 혜택(도로, 경찰, 실내 화장실, 냉방 장치)을 거부하고 사막에서 근근이 살아가야 한다고 주장하는 것과 같다. 그런 과격한 호소는 핵심을 피해 가는 것이다. 하나님과 그분이 주시는 모든 것을 우리의 세계관에서 지워 버리는 이 과격한 단계를 밟으라고 존이 제시하는 이유는 무엇인가? 문명사회의 혜택을 포기하고 황량한 사막을 선택하라면서 그가 제시하는 이유는 무엇인가?

추측컨대 존은 유신론에 반대하는 일반적 주장과 기독교 유신론에 반대하는 구체적 주장을 제시하려는 듯하다.

이 일반적 주장에 표현된 그의 첫 번째 핵심은 '불가항력 a force majeure'의 형태를 취하고 있어서 정직하고 지적인 사람이라면 유신론자가 될 수 없음을 시사한다. 그런데 이 '불가항력'의 근거는 무엇인가? 그것은 전반적으로는 현대 과학 특히 신다윈주의의 진보에 뿌리를 두고 있다. 그러나 이것은 허장성세에 불과하다. 우리는 대표적인 과학자들과 철학자들을 포함한 수많은 지식인들이 탄탄하고 지적으로 세련된 유신론과 기독교 신앙을 견지하고 있다는 사실을 안다.(주 1) 사실 학자들이 기독교를 거부하는 지적인 이유는 과학 문제가 아니라 철학 문제인데(주 2) 요즘에는 그 철학이 대개 자연주의다.(주 3) 그러나 자연주의를 받아들여야 할 타당한 이유는 없다. 무엇보다 "남들도 다 하는데요"라는 말은 적절한 이유가 못 된다는 어머니의 조언을 잊지 마라. 실제로 앨빈 플랜팅가가 최근에 주장했듯 자연주의는 언뜻 보면 과학과 일치하는 듯하지만 실제로는 과학과 어울리지 않는다.(주 4) 따라서 자세히 분석해 보면 존의 강렬한 '불가항력'은 고대 고딕 성당 돌담을 스치고 지나가는 미풍 정도의 강도밖에 되지 않는다.

둘째로 존은 특히 기독교 유신론을 겨냥하여 공격한다. 이를 위해서 아동 희생제사, 종족 학살, 여성의 역할, 노예 문제 등 성경의 다양한 주제들을 공략했다. 그는 어떤 사람이 유신론을 전반적으로 어떻게 생각하든 유대 기독교 유신론에 수반되는 윤리 문제들을 감안한다면 유대 기독교 유신론은 절대로 진실일 리 없다고 생각하는 것 같다.

나는 각 사안에 대해 존의 주요 주장이 기독교적 확신의 핵심보다는 주변부를 비판하고 있음을 보여주려 노력했다. 기독교인 독자들 중에는 내가 이 부분에서 너무 많이 양보했다고 생각하는 사람들이 있을지도 모르겠다. 노예나 종족 학살 문제에 대한 존의 비판에 왜 좀 더 본격적으로 맞대응하지 않느냐고 말이다. 그 심정에 충분히 수긍하고 이렇게 불만족스러운 독자들은 그런 작업에 특화된 변증가들을 기꺼이 소개해 주고 싶다.(주 5) 하지만 개인적으로는 그런 종류의 변증이 기독교를 잘 설명해 줄 수 있다고 생각하지 않는다. 내 생각에 그런 방식은 해결책보다는 문제를 불러오는 경우가 더 많다.(주 6) 그런 현실과 상관없이 성경의 노예제

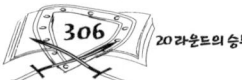

도나 종족 학살 같은 문제들은 확실히 복음의 핵심보다는 주변부에 해당한다. 복음의 핵심에는 삼위일체, 성육신, 속죄처럼 변호할 가치가 있는 교리들이 자리하고 있다.

나는 기독교에 대한 우려에 방어적 태도로만 일관하지 않았음을 강조하고 싶다. 기독교 신앙의 합리적 지위뿐 아니라 기도 응답 체험과 예수님이 부활하신 증거를 포함한 구체적인 부분에 대한 기독교 신앙도 변호하려고 애썼다. 그래서 내 목표는 무신론에 반하여 유신론을 단순히 변호하는 것이 아니라 기독교 유신론을 지적으로 가장 만족스러운 세계관으로 확인하는 것이었다.

자 그 결과는 어떤가? 기독교인 독자라면 당신이 믿는 내용에 대한 확실한 변호를 감지할 수 있기를 기대한다. 유신론자 구체적으로는 기독교 유신론자가 될 만한 훌륭한 이유는 많다. 반대로 무신론자가 될 만한 이유는 상대적으로 강해 보이지 않는다. 하지만 당신이 현재 무신론자라면 어떻게 해야 할까? 지금쯤이면 당신이 생각했던 것 이상으로 유신론에 뭔가가 더 있다고 생각하고 있는지도 모른다. 그러나 아직 기독교 유신론에 헌신할 준비는 되어 있지 않다. 믿음까지 이르려면 받아들이는 것 이상이 필요할지도 모른다. 그러면 어떻게 해야 할까 당신이 우리를 가장 인간답게 만드는 가치관과 조화를 이루어 살아가려고 애쓰는 과정에서 기독교를 임시 세계관으로 받아들일 수 있을지 자문해 보라. 그것이 가능하다고 생각한다면 한번 시작해 보라. 기독교가 사실이라고 가정하고 살아 보는 것이다.(주 7) 기독교 전통의 풍부한 지적·영적 자원들을 탐구해 보라. 당신의 믿음과 의심을 솔직하게 터놓고 이야기할 수 있는 기독교 공동체를 찾아보라. 연구하고 묵상하고 배우는 과정에서 아직 온전히 소유하지는 못했으나 예수님의 자비와 의의 사역을 통해 온전히 소유할 수 있는 그 믿음을 따라 살아 보라. 무엇보다도 인간이 상상할 수 있는 가장 큰 존재인 그분에 대한 지칠 줄 모르는 추구를 끝까지 포기하지 마라.

그리스도의 평화를 전하며
랜들 라우저

▶ 존의 마무리 생각

라우저 박사가 함께 신앙을 토론할 도전자에 나를 적임자로 생각해 준 것을 영광스럽게 여긴다. 나도 그를 귀한 도전자요 친구로 생각한다. 이 책을 기획한 라우저 박사에게 아낌없는 칭찬을 보내고 싶다.

이 책을 공동 집필한 목적은 두 가지다. 먼저 기독교인들로 하여금 성경이 신의 진리를 담은 책이라는 근거가 약하다면 무엇을 믿을 것인지 생각해 보도록 하기 위해서다. 그렇다면 다들 믿음을 잃을 것이라는 게 내 주장이다. 나는 성경과 신자의 뇌 사이를 어떻게든 틀어지게 해 보려고 무던히 애를 쓰고 있다. 두 번째 목적은 오늘날 대다수 그리스도인들이 전적 자비, 전지, 전능이라는 세 특징을 가지고 있다고 믿는 랜들의 하나님이 존재하지 않음을 다양한 방식으로 보여주기 위해서다. 나는 성경에 나타난 소위 하나님의 계시와 주변 세상에 드러난 그분의 행위와 관련하여 신자들에게 미치는 악의 문제에 초점을 맞췄다. 내가 고른 열 가지 토론 주제(짝수 라운드)에서 이 내용을 볼 수 있다.

랜들이 자기 신앙을 변호하는 차원에서 할 수 있는 일은 특별한 애원, 무지에 근거한 주장, 개연성이 중요한데도 단순한 가능성에 의지하는 반복된 행동뿐이다. 그는 나도 무신론자로서 문제가 있다고 지적하면서 '피장파장의' 오류를 사용한다. 이것이 오류인 까닭은 '역시' 인 '너' 가 너무 많기 때문이다. 내 논증은 기독교 자유주의자들이 사용하는 논증과 똑같고 가끔은 그들의 말을 인용하기도 했다. 그들은 신자이기 때문에 그들에게 '피장파장' 이라고 말해도 소용없다. 랜들도 자신의 윤리적 직관에 부합하는 성경 구절만 선별하면서 내가 똑같은 윤리적 직관을 나열하면 내 것만 주관적이라고 우긴다. 내가 주관적이라면 그쪽도 주관적이다. 또는 내 윤리적 직관이 건전하다면 그쪽도 건전하다. 우리 두 사람이 특정 성경 본문을 거부할 때 그는 둘 다를 주장할 수는 없다.

만물을 설명하는 문제에서도 기본적으로 두 가지 대안이 있다.

　　(1) 무언가가 (모든 것이) 늘 존재했다. 또는
　　(2) 갑자기 무에서 무언가가 (모든 것이) 생겼다.

둘 다 믿기 어렵거나 터무니없는 이야기다. 체험은 이 선택에 별 도움이 되지 않는다. 그러나 둘 중 하나는 옳고 나머지는 거짓이다. 우리는 무언가가 늘 존재했다는 주어진 사실이나 갑자기 무에서 무언가가 생겨났다는 주어진 사실 둘 중 하나에서 출발한다. 따라서 오컴의 면도날에 따라 주어진 사실이 간단할수록 가능성은 더 커진다.

과학자들이 전제해야 할 것은 양의 에너지와 음의 에너지의 균형과 물리 법칙이 전부다. 과학에서 이 정도면 아무것도 없는 것이나 마찬가지다. 그래도 일단 그렇다고 치면 물리학자 빅터 스텐저 Victor Stenger는 "아무것도 없기보다는 무언가가 있을 확률을 실제로 계산할 수 있는데 그 확률은 60퍼센트가 넘는다."신과 같은 우주 밖의 행위주체가 끊임없이 작용하지 않고서는 아무것도 없는 상태를 유지할 수 없다. 우리에게 무언가가 있다는 사실이 곧 신이 없을 때 우리가 기대할 수 있는 결과다"라고 주장한다.(주8)

오히려 반대로 나는 삼위일체 하나님에 대한 다음 사실들을 믿기 어렵다.

> 삼위일체 하나님은 늘 존재했다. 영원한 한 하나님의 존재도 생각하기 힘들다는 점을 감안해야
>
> 삼위일체 하나님은 영원히 존재할 것이다. 인간 경험에 비추어 보면 모든 것에는 시작과 끝이 있는 법인데도
>
> 삼위일체 하나님은 처음부터 온전한 형태로 존재한다. 인간 경험에 비추어 보면 질서는 조금씩 생기는 법인데도
>
> 삼위일체 하나님은 모든 진리 명제를 안다. 따라서 새로운 명제를 하나도 배우지 않았다.
>
> 삼위일체 하나님께는 모든 권력이 있다. 그러나 우리가 불에 타는 어린아이를 보면 구해 내듯이 그 권력을 행사하시지는 않는다.

삼위일체 하나님은 어느 곳에나 계시고 우주 어디에서든 현재 시간을 아신다. 시간은 운동과 신체 배치와 함수 관계인데도 말이다.

이런 존재가 어떻게 생각하거나 선택하거나 위험을 감수하는 일처럼 여러 대안을 저울질하는 일들을 할 수 있겠는가? 그가 스스로 존재하기 이전에는 시간이 존재하지 않았는데 어떻게 그는 자신의 정체성과 가치관을 자유로이 선택할 수 있었을까?

어쨌거나 랜들이 고른 열 가지 토론 주제(홀수 라운드)에서 그가 옳다고 치자. 만물의 기원을 설명해 주고 삶에 의미를 주고 윤리와 이성과 아름다움의 기초가 되는 초월적 힘이나 존재가 있다고 해 보자. 내가 이런 것들을 다 인정한다 하더라도 달라지는 건 없다. 기껏해야 랜들이 하나님과 관련해서 내릴 수 있는 합리적 결론은 그가 과거 한때 존재했지만 더 이상 존재하지 않는다거나 지금도 존재하지만 그가 선한 하나님인지 사기꾼 하나님인지 미로에 갇힌 쥐를 보듯 우리가 어떤 결정을 내리는지 즐기면서 지켜보는 존재인지 결정하기 힘들다는 것뿐이니 말이다.

랜들의 주장을 종합해 봐야 소원한 하나님은 있으나 마나 한 존재에 불과하다. 우리는 그런 불필요한 가설 없이도 얼마든지 살 수 있다.

더군다나 이 초월적 힘이나 존재가 기도에 응답하고 예수를 죽은 자들 가운데서 일으켰다 해도 우리가 이런 주장을 받아들일 합리적 방법은 없다. 이런 주장들에 대한 합리적 의심이 너무 많아서 생각 있는 사람이라면 받아들이기 힘들다.

그중에는 증거 불충분으로 합리적인 사람들이 받아들여서는 안 될 주장이 많다. 물론 합리적인 사람조차도 아무도 의심하기 힘들 만큼 감쪽같이 증거를 숨긴 살인자가 있을 수 있다. 마찬가지로 정말로 외계인에게 납치되었지만 증거가 부족해서 합리적인 사람이 그의 주장을 받아들이기 힘들 수도 있다.

따라서 부활 가설에 대한 대안 시나리오를 제안할 필요는 없다. 마치 어떤 역사가가 누군가가 커스터의 마지막 저항 Custer's Last Stand에서 벌어졌다고 주장하는 일을 반박한 후에는 굳이 다른 시나리오를 제시할 필요가 없듯이 말이다. 일단 그

것을 거부한 후에는 확실하다고 말할 수 있는 증거가 부족할 수도 있다.

예수가 부활했다는 주장과 관련해서는 내가 쓴 책 「왜 나는 무신론자가 되었는가 Why I Became an Atheist」에서 그리했지만 말이다. 난관결찰술 후에 임신을 하거나 있는 줄도 몰랐던 쌍둥이 형제를 길에서 만난다거나 5년간 바다를 떠돈 병이 당신이 거니는 해변으로 밀려오는 일 같은 놀라운 사건은 늘 있다. 그렇다면 초기 제자들이 기적을 의지하지 않고도 믿게 만든 놀라운 일이 벌어졌다고 생각하기가 뭐 그리 어려운가? 우리가 그렇게 생각해야 할 이유는 없다고 본다.

내 주장은 해석되지 않은 순수한 역사 정보만 놓고 본다면 하나님이 예수를 죽은 자들 가운데서 일으키셨다고 믿기엔 부족하다는 것이다. 하나님이 그렇게 하셨다고 결론짓는 데 선험적인 적절한 배경 지식이나 '사전 정보'가 있을 수 없기 때문이다.

기독교인들이 부활의 역사적 증거가 확실하다고 생각하는 주요한 이유는 그들이 이 특별한 기적을 행하신 하나님을 이미 믿기 때문인데 그 이유가 결정적이다.

예수님 당시 대다수 유대인들은 부활을 믿지 않았다. 소위 부활의 증거를 봤다는 이후의 수많은 사람도 마찬가지였다. 영원한 저주가 믿지 않는 사람들을 기다리고 있다면 그 증거는 실제보다 훨씬 더 강력할 것이라고 사람들은 생각할 것이다. 그 증거가 약하기 때문에 신자들은 계속해서 믿음에 기댈 수밖에 없다.

그러나 내가 주장했듯 믿음은 받아들일 수 없는데 그것이 역사가의 과제일 때는 더더욱 그렇다.

마지막으로 분명하지 않다고 생각할 수도 있지만 반드시 짚고 넘어가야 할 점이 있다. 랜들은 내가 이 토론에 적합하다고 고려한 과정을 건너뛰었다.

이를 테면 무신론자인 나와 논쟁하기 위해 다른 종교의 도전자들은 건너뛴 채 불쑥 끼어들어 최종 챔피언 결정전을 치렀다. 물론 나는 그를 도왔지만

그는 무신론자와 토론하기 전에 자신의 기독교가 이 세상 수많은 종교인들과의 사전 토론 대회에서 너끈히 이길 수 있다는 점을 보여주었어야 했다. 왜? 무신론자는 회의주의자이기 때문이다. 그것이 바로 우리의 독특한 특징이다.

우리는 아무것도 단언하지 않는다. 모든 종교인의 주장을 부인한다. 초월적 힘

이나 존재를 믿을 만한 증거가 충분하다고 생각하지 않는다.

그렇기 때문에 우리와 맞설 도전자로 누가 가장 적합한지를 종교인들 사이에서 먼저 결정해야 한다. 그런데 여기서는 그 과정이 빠졌다. 누가 결승전에 나갈지 합의에 이르지 못했기 때문이다.

이런 적절한 과정을 생략한 전 세계 종교인들은 다음 두 가지 대안밖에 없는 것처럼 무신론자들과 지역 예선을 치르게 될 것이다. 힌두교 대 무신론, 이슬람교 대 무신론, 정통파 유대교 대 무신론 등 문화적으로 지배적인 종교는 그것이 지배적 종교라는 사실만으로 챔피언 결정전에 나갈 자격을 얻은 것처럼 행동하는 경향이 있다. 그것은 결코 사실이 아니다.

적절한 과정을 거친다면 특정 문화적 종교와 무신론자 사이에서 최종 토론이 벌어지지도 않을 것이다. 합법적으로 상대를 이기고 정상에 오를 수 있는 종교가 없기 때문이다. 확실한 승자 없이 서로 끊임없이 치고 박기 바쁠 것이다.

우리가 무신론자로 남은 가장 중요한 이유가 바로 그 때문이다. 어떤 특정 종교도 다른 종교들보다 지적 근거가 나음을 정당하게 보여줄 수 없기 때문이다.

모든 종교는 똑같이 지적 기반을 공유한다. 즉, 믿음에 기초한 추론이라는 모래 위에 세워져 있다. 따라서 내가 랜들에게 나와 결승전을 치를 수 있는 자격을 허락하긴 했으나 이제 그는 처음으로 돌아가서 왜 그가 수많은 기독교의 교파뿐 아니라 다른 수많은 종교들까지 대표해서 결승전에 올랐는지를 해명해야 한다.

신자들 역시 자신이 거부하는 다른 종교들에 하듯 동일한 수준의 회의적 태도를 자신의 종교에도 적용해야 한다. 이것이 곧 외부인의 시선으로 믿음을 시험하는 것이다.

자신이 다른 종교를 거부한 이유를 이해할 때 신자들도 내가 기독교를 거부한 이유를 이해할 수 있을 것이다. 기독교인들이 이런 작업을 거부한다면 나는 왜 이중 기준을 적용하느냐고 되물을 것이다.

왜 당신 종교와 다른 종교를 차별하는가?

수많은 타 종교가 급증하고 특정 분파가 독립 종교로 갈라서는 현상을 보면서 신자들은 자신이 받은 가르침에 회의적 태도를 견지해야 한다. 그들도 당신과 마

찬가지로 어머니 무릎에 앉아 종교를 배웠다.

여러분의 안녕을 기원하며
존 로프터스

추천 도서

1라운드
▶ 랜들의 추천 도서
Clark, Kelly James, ed., Philosophers Who Believe: The Spiritual Journeys of 11 Leading Thinkers. Downers Grove, IL: InterVarsity Academic, 1997.
Craig, William Lane, Reasonable Faith. 3rd ed. Wheaton: Crossway, 2008. 2장.
Lewis, C. S., Surprised by Joy: The Shape of My Early Life. Rev. ed. New York: Houghton Mifflin Harcourt, 1995. 「예기치 못한 기쁨」(홍성사).
Morris, Thomas V. Making Sense of It All: Pascal and the Meaning of Life. Grand Rapids: Eerdmans, 1992.

▶ 존의 추천 도서
Antony, Louise M., ed. Philosophers without Gods: Meditations on Atheism and the Secular Life. Oxford: Oxford University Press, 2007.
Baier, Kurt, and Kai Nielsen. The Meaning of Life. Edited by E. D. Klemke. New York: Oxford University Press, 1981.
Martin, Michael. Atheism, Morality, and Meaning. Amherst, NY: Prometheus Books, 2002.

2라운드
▶ 존의 추천 도서
Day, John. Yahweh and the Gods and Goddesses of Canaan. Sheffield, UK: Sheffield Academic, 2002.
Friedman, Richard Elliot. Who Wrote the Bible? New York: Harper & Row, 1987.
Smith, Mark S. The Origins of Biblical Monotheism: Israel's Polytheistic Background and the Ugaritic Texts. Oxford: Oxford University Press, 2003.

Stark, Thom. "Yahweh's Ascendancy: Whither Thou Goest, Polytheism." The Human Faces of God: What Scripture Reveals When It Gets God Wrong (and Why Inerrancy Tries to Hide It). Eugene, OR: Wipf & Stock, 2011. 4장.

▶ 랜들의 추천 도서

Enns, Peter. Inspiration and Incarnation: Evangelicals and the Problem of the Old Testament. Grand Rapids: Baker, 2005.

Padgett, Alan, and Patrick R. Keifert, eds. But Is It All True? The Bible and the Question of Truth. Grand Rapids: Eerdmans, 2006.

Sparks, Kenton. God's Word in Human Words: An Evangelical Appropriation of Critical Biblical Scholarship. Grand Rapids: Baker, 2008.

3라운드

▶ 랜들의 추천 도서

Hare, John. God and Morality: A Philosophical History. Malden, MA: Wiley-Blackwell, 2009.

―――. Why Bother Being Good? The Place of God in the Moral Life. Eugene, OR: Wipf & Stock, 2010.

MacIntyre, Alasdair. After Virtue: A Study in Moral Theory. 3rd ed. Notre Dame: University of Notre Dame Press, 2007.

Quinn, Philip L. Divine Commands and Moral Requirements. Clarendon Library of Logic and Philosophy. New York: Oxford University Press, 1978.

▶ 존의 추천 도서

Epstein, Greg M. Good without God: What a Billion Nonreligious People Do Believe.

New York: Harper, 2009.

Kurtz, Paul. Forbidden Fruit: The Ethics of Humanism. Amherst, NY: Prometheus Books, 1988.

Nielsen, Kai. Ethics without God. Rev. ed. Amherst, NY: Prometheus Books, 1990.

Shermer, Michael. The Science of Good and Evil: Why People Cheat, Gossip, Care, Share, and Follow the Golden Rule. New York: Henry Holt, 2004.

Singer, Peter. How Are We to Live? Ethics in an Age of Self-Interest. Amherst, NY: Prometheus Books, 1995.

Sinnott-Armstrong, Walter. Morality without God? Oxford: Oxford University Press, 2009.

4라운드

▶ 존의 추천 도서

Levenson, Jon D. The Death and Resurrection of the Beloved Son. New Haven: Yale University Press, 1993.

Stark, Thom. "Making Yahweh Happy: Human Sacrifice in Ancient Israel." The Human Faces of God: What Scripture Reveals When It Gets God Wrong (and Why Inerrancy Tries to Hide It). Eugene, OR: Wipf & Stock, 2011. 5장.

Stavrakopoulou, Francesca. King Manasseh and Child Sacrifice: Biblical Distortions of Historical Realities. Berlin: Walter de Gruyter, 2004.

▶ 랜들의 추천 도서

Kaiser, Walter C., Jr., Peter H. Davids, F. F. Bruce, and Manfred Brauch. Hard Sayings of the Bible. Downers Grove, IL: Inter-Varsity Academic, 1996.

McKnight, Scott. A Community Called Atonement. Nashville: Abingdon, 2007.

Smith, Christian. The Bible Made Impossible: Why Biblicism Is Not a Truly Evangelical Reading of Scripture. Grand Rapids: Brazos, 2011.

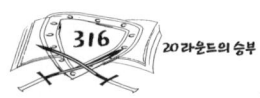

5라운드

▶ 랜들의 추천 도서

Bouwsma, O. K. "Naturalism." Journal of Philosophy 45, no. 1 (1948): 12-22.

Collins, Francis S. The Language of God: A Scientist Presents Evidence for Belief. New York: Free Press, 2007.

Goetz, Stewart, and Charles Taliaferro. Naturalism. Grand Rapids: Eerdmans, 2008.

Lennox, John C. God's Undertaker: Has Science Buried God? London: Lion UK, 2009.

▶ 존의 추천 도서

Eller, David. "Is Religion Compatible with Science?" in The Christian Delusion, edited by John W. Loftus, 11장, pp. 257-278. Amherst, NY: Prometheus, 2010.

Forrest, Barbara. "Methodological Naturalism and Philosophical Naturalism: Clarifying the Connection." http://www.infidels.org/library/modern/barbara_forrest/naturalism.html.

Stenger, Victor J. God and the Folly of Faith: The Incompatibility of Science and Religion and Why It Matters. Amherst, NY: Prometheus Books, 2012.

6라운드

▶ 존의 추천 도서

Niditch, Susan. War in the Hebrew Bible: A Study in the Ethics of Violence. Oxford: Oxford University Press, 1993.

Rowlett, Lori L. Joshua and the Rhetoric of Violence: A New Historicist Analysis. Sheffield, UK: Sheffield Academic, 1996.

Stark, Thom. "Blessing the Nations: Yahweh's Genocides and Their Justifications." The Human Faces of God: What Scripture Reveals When It Gets God Wrong (and

Why Inerrancy Tries to Hide It). Eugene, OR: Wipf & Stock, 2011. 6장.

―――. Is God a Moral Compromiser? http://thomstark.net/copan/stark_copan=review.pdf.

―――. "Review: Douglas S. Earl, The Joshua Delusion? Rethinking Genocide in the Bible." http://religionatthemargins.com/2010/11/the=joshua=delusion.

▶ 랜들의 추천 도서

Jenkins, Philip. Laying Down the Sword: Why We Can't Ignore the Bible's Violent Verses. New York: HarperOne, 2011.

Rauser, Randal. "'Let Nothing that Breathes Remain Alive': On the Problem of Divinely Commanded Genocide." Philosophia Christi 11, no. 1 (2009): 27-41. http://randalrauser.com/wp-content/uploads/2010/09/Rauser11.1.pdf.

―――. The Swedish Atheist, the Scuba Diver, and Other Apologetic Rabbit Trails. Downers Grove, IL: InterVarsity, 2012. 22장.

Seibert, Eric A. Disturbing Divine Behavior: Troubling Old Testament Images of God. Minneapolis: Fortress, 2009.

Wright, Christopher J. H. The God I Don't Understand: Reflections on Tough Questions of Faith. Grand Rapids: Zondervan, 2008. 4-5장.

7라운드

▶ 랜들의 추천 도서

Collins, Robin. "The Teleological Argument: An Exploration of the Fine-Tuning of the Universe," in The Blackwell Companion to Natural Theology, edited by William Lane Craig and J. P. Moreland, pp. 202-281. Malden, MA: Blackwell, 2009.

Craig, William Lane, and James D. Sinclair, "The Kalam Cosmological Argument," in The Blackwell Companion to Natural Theology, edited by William Lane Craig and J. P. Moreland, pp. 101-200. Malden, MA: Blackwell, 2009.

Pruss, Alexander R. "The Leibnizean Cosmological Argument," in The Blackwell Companion to Natural Theology, edited by William Lane Craig and J. P. Moreland, pp. 24-100. Malden, MA: Blackwell, 2009.

▶ 존의 추천 도서

"The Fabric of the Cosmos: Universe or Multiverse?" NOVA, PBS, November 22, 2011.

Hawking, Stephen, and Leonard Mlodinow. The Grand Design. New York: Bantam Books, 2010. 「위대한 설계」(까치).

Rundle, Bede. Why There Is Something Rather than Nothing. Oxford: Oxford University Press, 2006.

Stenger, Victor J. God: The Failed Hypothesis. Amherst, NY: Prometheus Books, 2007.

8라운드

▶ 존의 추천 도서

Avalos, Hector. Slavery, Abolitionism, and the Ethics of Biblical Scholarship. Sheffield, UK: Sheffield Phoenix, 2011.

Douglass, Frederick. My Bondage and My Freedom. New York: Barnes & Noble Classics, 2005.

Finkelman, Paul. Defending Slavery: Proslavery Thought in the Old South, A Brief History with Documents. Boston: Bedford/St. Martin's, 2003.

▶ 랜들의 추천 도서

Haugen, Gary. Just Courage: God's Great Expedition for the Restless Christian. 2nd ed. Downers Grove, IL: InterVarsity, 2008. 「정의를 위한 용기」(한국 IVP).

Webb, William J. Slavery, Women and Homosexuals: Exploring the Hermeneutics of Cultural Analysis. Downers Grove, IL: InterVarsity Academic, 2001.

Wolterstorff, Nicholas. Justice: Rights and Wrongs. Princeton, NJ: Princeton University Press, 2010.

9라운드

▶ 랜들의 추천 도서

Alston, William P. A Realist Conception of Truth. Ithaca, NY: Cornell University Press, 1996. 8장.

―――. The Reliability of Sense Perception. Ithaca, NY: Cornell University Press, 1996.

Reppert, Victor. C. S. Lewis's Dangerous Idea: In Defense of the Argument from Reason. Downers Grove, IL: InterVarsity Academic, 2003.

Willard, Dallas. "Knowledge and Naturalism", in Naturalism: A Critical Analysis, edited by William Lane Craig and J. P. Moreland, 24-48. London: Routledge, 2000.

▶ 존의 추천 도서

Beversluis, John. "The Argument from Reason". C. S. Lewis and the Search for Rational Religion: Revised and Updated. Amherst, NY: Prometheus Books, 2007. 6장, pp. 143-194.

de Waal, Frans. Primates and Philosophers: How Morality Evolved. Princeton, NJ: Princeton University Press, 2006.

Griffin, Donald R. Animal Minds. Chicago: University of Chicago Press, 1992.

Hauser, Marc. Moral Minds: How Nature Designed Our Universal Sense of Right and Wrong. New York: Harper Perennial, 2007.

―――. Wild Minds: What Animals Really Think. New York: Henry Holt, 2000.

10라운드

▶ 존의 추천 도서

Coogan, Michael. God and Sex: What the Bible Really Says. New York: Twelve,

2010.

Newsom, Carol A., and Sharon H. Ringe, eds. Woman's Bible Commentary: Expanded Edition with Apocrypha. Louisville: Westminster John Knox, 1998.

Ranke-Heineman, Uta. Eunuchs for the Kingdom of Heaven: Women, Sexuality and the Catholic Church. Translated by Peter Heinegg. New York: Penguin, 1991.

Scholz, Susanne. Sacred Witness: Rape in the Hebrew Bible. Minneapolis: Fortress, 2010.

▶ 랜들의 추천 도서

James, Carolyn Custis. Half the Church: Recapturing God's Global Vision for Women. Grand Rapids: Zondervan, 2011.

Johnson, Elizabeth A. She Who Is: The Mystery of God in Feminist Theological Discourse. New York: Herder & Herder, 1993.

Jones, Serene. Feminist Theory and Christian Theology. Minneapolis: Fortress, 2000.

11라운드

▶ 랜들의 추천 도서

King, Martin Luther, Jr. Strength to Love. Minneapolis: Fortress, 2010.

Lewis, C. S. The Four Loves. New York: Harcourt, Brace, 1960. 「네 가지 사랑」(홍성사).

Outka, Gene. Agape: An Ethical Analysis. Princeton, NJ: Princeton University Press, 1977.

▶ 존의 추천 도서

Fisher, Helen. Why We Love: The Nature and Chemistry of Romantic Love. New York: Holt Paperbacks, 2004.

Lewis, Thomas, Fari Amini, and Richard Lannon. A General Theory of Love. New

York: Vintage, 2001.
Sternberg, Robert, and Karin Weis, eds. The New Psychology of Love. New Haven: Yale University Press, 2006.

12라운드

▶ 존의 추천 도서

Loftus, John W. "The Bible and the Treatment of Animals." http://sites.google.com/site/thechristiandelusion/Home/the-bible-and-animals.

―――. "The Darwinian Problem of Evil," in The Christian Delusion, edited by John W. Loftus, 9장, pp. 237-270. Amherst: Prometheus, 2010.

Rachels, James. Created from Animals: The Moral Implications of Darwinism. Oxford: Oxford University Press, 1990.

Singer, Peter. Animal Liberation. New York, Harper Perennial, 2009.

▶ 랜들의 추천 도서

Alcorn, Randy. Heaven. Wheaton: Tyndale, 2004. 39-40장. 「헤븐」(요단출판사).

Halteman, Matthew C. Compassionate Eating as Care of Creation. HSUS Faith Outreach Booklet Series. Washington DC: HSUS, 2010. http://www.humanesociety.org/assets/pdfs/faith/compassionate_eating_halteman_book.pdf.

Linzey, Andrew. Creatures of the Same God: Explorations in Animal Theology. Brooklyn: Lantern Books, 2009.

Rauser, Randal. "Why Did God Create Carnivores?" 미출간 원고. http://randalrauser.com/wp-content/uploads/2011/06/1-Carnivores.pdf.

Webb, Stephen H. On God and Dogs: A Christian Theology of Compassion for Animals. New York: Oxford University Press, 2002.

13라운드

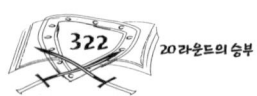

▶ 랜들의 추천 도서

Plantinga, Alvin. Warranted Christian Belief. New York: Oxford University Press, 2000.

Rauser, Randal. The Swedish Atheist, the Scuba Diver, and Other Apologetic Rabbit Trails. Downers Grove, IL: InterVarsity, 2012. 8-10장.

―――. You're Not as Crazy as I Think: Dialogue in a World of Loud Voices and Hardened Opinions. Colorado Springs: Biblica, 2011.

▶ 존의 추천 도서

Bering, Jesse. The Belief Instinct: The Psychology of Souls, Destiny, and the Meaning of Life. New York: W. W. Norton, 2011.

Boyer, Pascal. Religion Explained: The Evolutionary Origins of Religious Thought. New York: Basic Books, 2001.

Loftus, John W. The Outsider Test for Faith: How to Know Which Religion Is True. Amherst, NY: Prometheus Books, 2013.

Shermer, Michael. The Believing Brain: From Ghosts and Gods to Politics and Conspiracies—How We Construct Beliefs and Reinforce Them as Truths. New York: Times Books, 2001.

Stenger, Victor J. God and the Folly of Faith: The Incompatibility of Science and Religion and Why It Matters. Amherst, NY: Prometheus Books, 2012.

14라운드

▶ 존의 추천 도서

Carrier, Richard. "Christianity Was Not Responsible for Modern Science", in The Christian Delusion, edited by John W. Loftus, 15장, pp. 396-419. Amherst, NY: Prometheus, 2010.

Coyne, Jerry A. Why Evolution Is True. New York: Viking Books, 2009.

Dawkins, Richard. The Greatest Show on Earth: The Evidence for Evolution. New York: Free Press, 2009. 「지상 최대의 쇼」(김영사).

▶ 랜들의 추천 도서

Brooke, John Hedley. Science and Religion: Some Historical Perspectives. Cambridge, UK: Cambridge University Press, 1991.

Hooykaas, R. Religion and the Rise of Modern Science. Vancouver: Regent College Publishing, 2000.

Lamoreux, Denis. Evolutionary Creation: A Christian Approach to Evolution. Eugene, OR: Wipf & Stock, 2008. 4-7장.

Walton, John H. The Lost World of Genesis One: Ancient Cosmology and the Origins Debate. Downers Grove, IL: InterVarsity Academic, 2009.

15라운드

▶ 랜들의 추천 도서

Caldecott, Stratford. Beauty for Truth's Sake: On the Re-enchantment of Education. Grand Rapids: Brazos, 2009.

Markos, Louis. Restoring Beauty: The Good, the True and the Beautiful in the Writings of C. S. Lewis. Colorado Springs: Biblica, 2010.

Nichols, Aidan. Redeeming Beauty: Soundings in Sacral Aesthetics. Ashgate Studies in Theology, Imagination and the Arts. Aldershot, England: Ashgate, 2007.

▶ 존의 추천 도서

Carrier, Richard. "Natural Beauty". Sense and Goodness without God: A Defense of Metaphysical Naturalism. Bloomington, IN: Author House, 2005. 5장, pp. 349-366.

Dissanayake, Ellen. Homo Aestheticus: Where Art Comes from and Why? Seattle: University of Washington Press, 1995.

―――. What Is Art For? Seattle: University of Washington Press, 1990.

Livingston, Margaret. Vision and Art: The Biology of Seeing. New York: Harry N. Abrams, 2002.

16라운드

▶ 존의 추천 도서

Loftus, John W. "At Best Jesus Was a Failed Apocalyptic Prophet", in The Christian Delusion, edited by John W. Loftus, pp. 316-343. Amherst, NY: Prometheus, 2010.
―――. "Prophecy and Biblical Authority". Why I Became an Atheist. Rev. ed. Amherst, NY: Prometheus, 2012. 17장.
―――. "What We've Got Here Is a Failure to Communicate," in The Christian Delusion, edited by John W. Loftus, pp. 181-206. Amherst, NY: Prometheus, 2010.

▶ 랜들의 추천 도서

Beilby, James K., and Paul R. Eddy, eds. Divine Foreknowledge: Four Views. Grand Rapids: InterVarsity Academic, 2001.
Bloom, John A. "Is Fulfilled Prophecy of Value for Scholarly Apologetics?" Global Journal of Classical Theology 1, no. 2 (1999). http://phc.edu/gi_prophesy.php.
Enns, Peter. Inspiration and Incarnation: Evangelicals and the Problem of the Old Testament. Grand Rapids: Baker, 2005. 4장.

17라운드

▶ 랜들의 추천 도서

Dembski, William. The Design Inference: Eliminating Chance through Small Probabilities. Cambridge Studies in Probability, Induction, and Decision Theory. Cambridge, UK: Cambridge University Press, 1998. 2장.
Geivett, R. Douglas, and Gary R. Habermas. In Defense of Miracles: A Comprehensive Case for God's Action in History. Downers Grove, IL: InterVarsity Academic, 1997.

Rauser, Randal. *The Swedish Atheist, The Scuba Diver and Other Apologetic Rabbit Trails*. Downers Grove, IL: InterVarsity, 2012. 30장.

▶ 존의 추천 도서

Schick, Theodore, Jr., and Lewis Vaughn. *How to Think about Weird Things: Critical Thinking for a New Age*. 6th ed. Boston: McGraw-Hill, 2010.
Stenger, Victor J. *God: The Failed Hypothesis*. Amherst, NY: Prometheus Books, 2007.
―――. *Has Science Found God? The Latest Results in the Search for Purpose in the Universe*. Amherst, NY: Prometheus Books, 2003.

18라운드
▶ 존의 추천 도서

Linden, David J. *The Accidental Mind: How Brain Evolution Has Given Us Love, Memory, Dreams, and God*. Cambridge, MA: Harvard University Press, 2007.
Marcus, Gary. *Kluge: The Haphazard Evolution of the Human Mind*. Boston: Mariner Books, 2009. 「클루지」(갤리온).
Coyne, Jerry. *Why Evolution Is True*. New York: Viking Books, 2009.

▶ 랜들의 추천 도서

Barbour, Ian G. *Religion and Science: Historical and Contemporary Issues*. New York: HarperOne, 1997.
Copan, Paul, and William Lane Craig. *Creation Out of Nothing: A Biblical, Philosophical and Scientific Exploration*. Grand Rapids: Baker Academic, 2004.
Craig, William Lane, and Quentin Smith. *Theism, Atheism and Big Bang Cosmology*. Oxford: Oxford University Press, 1993.
Flint, Thomas P. *Divine Providence: The Molinist Account*. Cornell Studies in the Philosophy of Religion. Ithaca, NY: Cornell University Press, 1998.

19라운드

▶ 랜들의 추천 도서

Craig, William Lane. Reasonable Faith. 3rd ed. Wheaton: Crossway, 2008. 8장.

Habermas, Gary R., and Michael R. Licona. The Case for the Resurrection of Jesus. Grand Rapids: Kregel, 2004.

Licona, Michael R. The Resurrection of Jesus: A New Historiographical Approach. Downers Grove, IL: InterVarsity Academic, 2011.

Wright, N. T. The Resurrection of the Son of God. Vol. 3 of Christian Origins and the Question of God. Minneapolis: Fortress, 2003. 「하나님의 아들의 부활」(크리스챤다이제스트).

▶ 존의 추천 도서

Loftus, John W. "Did Jesus Bodily Rise from the Dead?" Why I Became an Atheist. 2nd ed. Amherst, NY: Prometheus, 2012. 20장.

McCormick, Matthew S. Atheism and the Case against Christ. Amherst, NY: Prometheus Books, 2012.

Price, Robert M., and Jeffrey Jay Lowder. The Empty Tomb: Jesus Beyond the Grave. Amherst, NY: Prometheus Books, 2005.

20라운드

▶ 존의 추천 도서

Drange, Theodore. The Improbability of God. Edited by Michael Martin and Rikki Monnier. Amherst, NY: Prometheus Books, 2006. 4부.

Schellenberg, J. L. Divine Hiddenness and Human Freedom. Ithaca, NY: Cornell University Press, 1993.

―――. The Wisdom to Doubt: A Justification of Religious Skepticism. Ithaca, NY: Cornell University Press, 2007.

▶ 랜들의 추천 도서

Cross, Richard. "Atonement without Satisfaction," in Oxford Readings in Philosophical Theology, Vol. 1 of Trinity, Incarnation, Atonement, edited by Michael Rea, pp. 328-347. Oxford: Oxford University Press, 2009.

Heim, S. Mark. Saved from Sacrifice: A Theology of the Cross. Grand Rapids: Eerdmans, 2006.

Rauser, Randal. Faith Lacking Understanding: Theology through a Glass Darkly. Carlisle, UK: Paternoster, 2008. 5장.

Swinburne, Richard. Responsibility and Atonement. Oxford: Oxford University Press, 1989.

주

2라운드

1. Thom Stark, The Human Faces of God: What Scripture Reveals When It Gets God Wrong (and Why Inerrancy Tries to Hide It) (Eugene, OR: Wipf &Stock, 2011), pp. 70-74를 보라.

3라운드

1. Robert Frost, "The Road Not Taken", in Mountain Interval (New York: Henry Holt and Company, 1920; Bartleby.com, 1999); online at www.bartleby.com/119/. Accessed August 8, 2012.
2. Richard Swinburne, The Existence of God, 2nd ed. (Oxford: Oxford University Press, 2004), p. 215.

5라운드

1. E. O. Wilson, Consilience: The Unity of Knowledge (New York: Vintage, 1999), p. 7.
2. Chet Raymo, Skeptics and True Believers: The Exhilarating Connection between Science and Religion (New York: Walker, 1998), p. 225(저자 강조).
3. 같은 책, p. 244, 저자 강조.
4. Carl Sagan, Pale Blue Dot: A Vision of the Human Future in Space (New York: Ballantine Books, 1994), p. 300. 「창백한 푸른 점」(사이언스북스).
5. 같은 책, p. 301.

6라운드

1. Douglas Earl, The Joshua Delusion: Rethinking Genocide in the Bible (Eugene, OR: Wipf & Stock, 2010).

7라운드

1. 이 두 개념에 대한 더 정확한 정의는 다음을 보라. Roderick Chisholm, Person and Object: A Metaphysical Study (London: George Allen & Unwin, 1976), pp. 69-70.

2. Edward Tryon, "Is the Universe a Vacuum Fluctuation?" Nature (December 1973): pp. 396-397; J. B. Hartle and Stephen Hawking "The Wave Function of the Universe", Physical Review (December 1983): pp. 2960-2975.

8라운드

1. Frederick Douglass, "Narrative of the Life of Frederick Douglass: An American Slave," in Maynard Mack, ed., The Norton Anthology of World Masterpieces, 6th ed. (New York: W. W. Norton, 1992), p. 729. 「미국 노예, 프레더릭 더글러스의 삶에 관한 이야기」(지만지).
2. Hector Avalos, Slavery, Abolitionism, and the Ethics of Biblical Scholarship (Sheffield, UK: Sheffield Phoenix, 2011), p. 17.
3. 같은 책, p. 64.
4. 같은 책, p. 110.
5. William Wilberforce, A Letter on the Abolition of the Slave Trade (London: Luke Hansard and Sons, 1807), pp. 318-319.
6. 같은 책, p. 319.
7. Rev. Dr. Martin Luther King Jr., "I Have a Dream", speech delivered August 28, 1963, Washington, DC; text online at Chicago Tribune, http://www.chicago tribune.com/news/nationworld/sns-mlk-ihaveadream,0,36081.story.
8. Stephen Tomkins, William Wilberforce: A Biography (Grand Rapids: Eerdmans, 2007).
9. Avalos, Slavery, Abolitionism, and the Ethics of Biblical Scholarship, pp. 97-98.
10. Paul K. Jewett and Marguerite Shuster, Who We Are: Our Dignity as Human: A Neo-Evangelical Theology (Grand Rapids: Eerdmans, 1996), p. 166.

9라운드

1. 이것은 Alvin Plantinga가 가장 먼저 Warrant and Proper Function (Oxford: Oxford University Press, 1993)에서, 최근에는 Where the Conflict Really Lies: Science, Religion, and Naturalism (Oxford: Oxford University Press, 2009) 10장에서 발전시킨 이성 논증을 반영한다.
2. Richard Rorty, Philosophical Papers, I, Objectivity, Relativism, and Truth (Cambridge, UK: Cambridge University Press, 1991), p. 66.
3. 여기 실은 내용과 개념 중 많은 부분을 Richard Carrier에게 빚졌다. 그중에는 다음 내용

도 포함된다. "Neither Life nor the Universe Appear Intelligently Designed," in The End of Christianity, John W. Loftus, ed. (Amherst, NY: Prometheus, 2011), p. 301(허락을 받고 사용했음).

4. 다음을 보라. Frans de Waal, Primates and Philosophers: How Morality Evolved (Princeton: Princeton University Press, 2006), Marc Hauser, Wild Minds: What Animals Really Think (New York: Henry Holt, 2000), Moral Minds: How Nature Designed Our Universal Sense of Right and Wrong (New York: Harper Perennial, 2007), Donald R. Griffin Animal Minds (Chicago: University of Chicago Press, 1992).

10라운드

1. Michael Coogan, God and Sex: What the Bible Really Says (New York: Twelve, 2010), p. 24.
2. 같은 책.
3. Carol A. Newsom and Sharon H. Ringe, eds., Woman's Bible Commentary: Expanded Edition with Apocrypha. (Louisville: Westminster John Knox, 1998), p. 39에 인용됨.
4. Coogan, God and Sex: What the Bible Really Says, pp. 25-26.
5. 같은 책, p. 251.
6. Susanne Scholz, Sacred Witness: Rape in the Hebrew Bible (Minneapolis: Fortress, 2010), p. 185.
7. Scholz, 같은 책, p. 183에 인용됨.
8. 같은 책, p. 184.
9. Coogan, God and Sex, p. 186에 번역된 대로.
10. Sojourner Truth, Narrative of Sojourner Truth (New York, 1853), p. 67.
11. Nell Irvin Painter, Sojourner Truth: A Life, a Symbol (New York: Norton, 1996), p. 4.
12. Corona Brezina, Sojourner Truth's "Ain't I a Woman?" Speech (New York: Rosen, 2005), pp. 28-29.

11라운드

1. Andrew Brown, The Darwin Wars (London: Simon & Schuster, 1999), p. 1.
2. 같은 책, p. 2(저자 강조).

3. Lorne Campbell and Bruce J. Ellis, "Commitment, Love and Male Retention", in The Handbook of Evolutionary Psychology, ed. David M. Buss (Hoboken, NJ: Wiley, 2005), p. 420.

4. William Hasker, "Evolution and Alvin Plantinga," Perspectives on Science and Christian Faith 44 (1992): p. 158을 보라.

5. Konrad Lorenz, King Solomon's Ring (New York: Crowell, 1952), pp. 158-159.

6. 일반적 의미의 사랑에 대해서는 다음을 보라. Robert Sternberg and Karin Weis, eds., The New Psychology of Love (New Haven, CT: Yale University Press, 2006); Helen Fisher, Why We Love: The Nature and Chemistry of Romantic Love (New York: Holt Paperbacks, 2004); Thomas Lewis, Fari Amini, and Richard Lannon, A General Theory of Love (New York: Vintage, 2001).

7. Christopher Hitchens, The Missionary Position: Mother Teresa in Theory and Practice (New York: Verso, 1995).

12라운드

1. Andrew Linzey, Why Animal Suffering Matters (Oxford: Oxford University Press, 2009), p. 47.

2. 같은 책, p. 35.

3. 나는 이 주제에 대해서 여러 편의 글을 썼다. John W. Loftus, Why I Became an Atheist, 2nd ed. (Amherst, NY: Prometheus, 2012), 11-12장; John W. Loftus, ed., The Christian Delusion (Amherst, NY: Prometheus, 2010), 9장. 특히 The Christian Delusion 공식 홈페이지에 실린 "The Bible and the Treatment of Animals"라는 제목의 에세이를 보라. http://sites.google.com/site/thechristiandelusion/Home/the-bible-and-animals.

4. Richard Dawkins, River Out of Eden: A Darwinian View of Life (New York: Basic Books, 1996), pp. 95-96.

5. 다음 책에 실린 C. S. Lewis의 논의를 보라. The Problem of Pain (New York: MacMillan, 1944), p. 136. 「고통의 문제」(홍성사).

13라운드

1. Religulous, Larry Charles 감독(Santa Monica, CA: Lions Gate Entertainment, 2008), DVD.

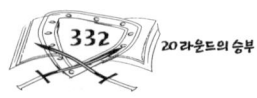

2. Richard Dawkins, The God Delusion, 2nd ed. (Boston: Mariner, 2008), p. 45. 「만들어진 신」(김영사).

3. John W. Loftus, "Faith Is Equivalent to Irrationality", Debunking Christianity, at http://debunkingchristianity.blogspot.com/2010/09/faith-is-equivalentto-irrationality.html.

4. William Kingdon Clifford, "The Ethics of Belief", in Lectures and Essays, vol. 2 (n.p.: MacMillan, 1879), p. 186.

5. Anthony Kenny, What Is Faith? Essays in the Philosophy of Religion (Oxford: Oxford University Press, 1992), p. 6.

6. Michael Shermer, The Believing Brain: From Ghosts and Gods to Politics and Conspiracies—How We Construct Beliefs and Reinforce Them as Truths (New York: Times Books, 2001), p. 5. 「믿음의 탄생」(지식갤러리).

7. Jesse Bering, The Belief Instinct: The Psychology of Souls, Destiny, and the Meaning of Life (New York: W. W. Norton, 2011), p. 36.

8. Pascal Boyer, Religion Explained: The Evolutionary Origins of Religious Thought (New York: Basic Books, 2001).

14라운드

1. Neil DeGrasse Tyson, "Holy Wars," in Science and Religion: Are they Compatible? Paul Kurtz, ed. (Amherst, NY: Prometheus, 2003), pp. 74-75.

2. Loftus, Christian Delusion, 5장, pp. 109-147를 보라.

3. Loftus, Why I Became an Atheist, pp. 276-277.

4. Richard Carrier는 The Christian Delusion에서 자신들의 믿음이 현대 과학을 낳았다는 기독교 변증가들의 주장은 "상상할 수 있는 모든 구체적인 면에서 거짓"이라고 주장했다. p. 397.

15라운드

1. Richard Dawkins, Climbing Mount Improbable (New York: Norton, 1996), p. 256.
2. 같은 책.

16라운드
1. 학개서는 "스룹바벨을 신이 택한 다윗 자손의 지도자요, '종'이요, '인장'이요, 하나님의 명령을 실행에 옮길 자로 확신하는 희망에 찬 말씀으로"(2:20-23) 결론을 맺는다. Paul J. Achtemeier, Harper's Bible Dictionary (San Francisco: Harper & Row, 1985), p. 366.
2. Loftus, Why I Became an Atheist, 17장을 보라.
3. Robert J. Miller, Born Divine: The Births of Jesus and Other Sons of God (Santa Rosa, CA: Polebridge, 2003), p. 173.
4. C. F. D. Moule, The Origin of Christology (Cambridge, UK: Cambridge University Press, 1977), p. 129.
5. Loftus, Christian Delusion, 12장, pp. 316-343를 보라.
6. I argued in Christian Delusion, 7장, pp. 181-206에서 다룬 바 있다.

17라운드
1. Frank Wade, Transforming Scripture (New York: Church Publishing, 2008), p. 39에 인용됨.
2. William Dembski, The Design Inference: Eliminating Chance through Small Probabilities, Cambridge Studies in Probability, Induction and Decision Theory (Cambridge, UK: Cambridge University Press, 1998), 2장을 보라.
3. Victor J. Stenger's Has Science Found God? The Latest Results in the
Search for Purpose in the Universe (Amherst, NY: Prometheus Books, 2003)과 God: The Failed Hypothesis (Amherst, NY: Prometheus Books, 2007), pp. 94-102를 보라. 반대 결과가 나온 경우가 한 건 있었으나, 전혀 신뢰성이 없는 사기로 밝혀졌다. Dr. Bruce Flamm, "The Columbus University Miracle Study", in Science Under Siege: Defending Science, Exposing Pseudoscience, Kendrick razier, ed., (Amherst, NY: Prometheus Books, 2009)을 보라.
4. John Allen Paulos, Innumeracy (New York: Hill and Wang, 1988), p. 24.
5. Matt McCormick, "The Salem Witch Trials and the Evidence for the Resurrection," in Loftus, End of Christianity, 395n2.
6. Herbert Benson, Jeffery A. Dusek, Jane B. Sherwood, Peter Lam, et al. "Study of the Therapeutic Effects of Intercessory Prayer (STEP) in Cardiac Bypass Patients: A Multicenter Randomized Trial of Uncertainty and Certainty of Receiving Intercessory Prayer," American

Heart Journal 151, no. 4 (2006): pp. 934-942.

18라운드

1. Sam Harris, Letter to a Christian Nation (New York: Knopf, 2006), p. 78. 「기독교 국가에 보내는 편지」(동녘사이언스).

2. David J. Linden, The Accidental Mind, How Brain Evolution Has Given Us Love, Memory, Dreams, and God (Cambridge, MA: Harvard University Press, 2007), pp. 240, 242. 루브 골드버그는 매우 간단한 일을 처리하는 쓸데없이 복잡한 장치를 가리킨다.

3. Gary Marcus, Kluge: The Haphazard Evolution of the Human Mind (Boston: Mariner Books, 2009), p. 2. 「클루지」(갤리온).

4. 같은 책, p. 1.

19라운드

1. Josepheus, Antiquities, bk. 20, 9장.

2. 이에 대해서는 다음을 보라. David Persuitte, Joseph Smith and the Origins of the Book of Mormon, 2nd ed. (Jefferson, NC: McFarland, 2000).

3. 좀 더 광범위한 논의는 다음을 보라. Loftus, Why I Became an Atheist, 12장.

20라운드

1. J. L. Schellenberg, Divine Hiddenness and Human Freedom (Ithaca, NY: Cornell University Press, 1993), p. 83. 그의 책 The Wisdom to Doubt: A Justification of Religious Skepticism (Ithaca, NY: Cornell University Press, 2007)도 보라.

2. 이것은 다음 책의 4부에 나오는 Drange의 주장을 간략하게 정리한 것이다. Michael Martin and Rikki Monnier, eds., The Improbability of God (Amherst, NY: Prometheus Books, 2006), pp. 337-379.

3. 같은 책, p. 350(강조는 원 저자의 것).

4. 같은 책, p. 353.

5. Michael Richards on The Late Show with David Letterman, CBS, November 20, 2006; video clip "Michael Richards Apology on Letterman," available online at http://www.youtube.com/watch?v=IwBoVZh1ruQ (accessed September 27, 2012).

최종 발언

1. 과학자들의 신앙에 대해서는, 다음을 보라. Edward Wilson and Larry Witham, "Scientists Are Still Keeping the Faith", Nature 386 (April 1997): pp. 435-436. 철학자들의 신앙에 대해서는, 무신론 철학자 Quentin Smith가 철학계 내부에서 유신론(과 기독교 유신론)의 부활을 통탄한 다음 자료를 보라. "The Metaphilosophy of Naturalism", Philo, 4, no. 2 (2001), pp. 195-215.

2. 말할 필요 없이, (과학자를 포함한) 개인의 신념을 형성하는 비지적(예를 들어, 개인적 · 사회적 · 경제적) 요인들은 많지만, 이런 요인들에는 합리적 가치나 증거가 될 만한 가치가 없다.

3. Bruce L. Gordon and Bruce A. Dembski, eds., The Nature of Nature: Examining the Role of Naturalism in Science (Wilmington, DE: ISI Books, 2011)를 보라. 또 다른 흔한 철학적 장애물은 다원주의다. 이에 대해서는 Alvin Plantinga, Warranted Christian Belief (Oxford: Oxford University Press, 2000), 13장을 보라. John Loftus는 "외부인의 시선으로 믿음을 시험하여" 드러난 다수의 종교적 관점을 근거로 무신론을 주장했다. 나는 다음 책에서 그에 대해 대답했다. Randal Rauser, The Swedish Atheist, the Scuba Diver and Other Apologetics Rabbit Trails (Downers Grove, IL: InterVarsity, 2012), 6장.

4. Alvin Plantinga, Where the Conflict Really Lies: Science, Religion, and Naturalism (New York: Oxford University Press, 2011). Michael Rea, World without Design: The Ontological Consequences of Naturalism (New York: Oxford University Press, 2004)도 보라.

5. 예를 들어, 다음을 보라. Paul Copan, Is God a Moral Monster? Making Sense of the Old Testament God (Grand Rapids: Baker, 2011).

6. Copan, Is God a Moral Monster? 에 대한 비판으로는 Thom Stark, Is God a Moral Compromiser? A Critical Review of Paul Copan's "Is God a Moral Monster?"을 보라. online at http://religionatthemargins.com/2011/07/the-real-second-edition-is-god-a-moral-compromiser-a-critical-review-of-paul-copans-is-god-a-moral-monster/.

7. Rauser, The Swedish Atheist, the Scuba Diver, and Other Apologetic Rabbit Trails, 31-32장을 보라.

8. Victor Stenger, God: The Failed Hypothesis, p. 132-133. 「신 없는 우주」(바다출판사).

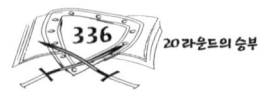

Stenger's The Comprehensible Cosmos: Where Do the Laws of Physics Come From? (Amherst, NY: Prometheus Books, 2006), supplement H도 보라.

테리토스의 로고는 더 큰 지식의 세계로 들어가는 게이트를 상징합니다.
'영역'의 복수형인 territories를 줄인 말로, '확장성'을 내포하는 테리토스는
책을 통해 독자들의 삶과 정신세계가 더 깊고 넓어지기를 꿈꿉니다.

신이 궁금한 사람들
20라운드의 승부

초판 발행   2016년 3월 9일

지 은 이   존 로프터스, 랜들 라우저
역   자   이지혜
펴 낸 곳   도서출판 은보

기   획   테리토스 편집부
편   집   테리토스 편집부
디 자 인   북디자인 하는 사람 Mulyeongari
영   업   예인북

등   록   제 124-87-43024호(2013년 9월 2일)
주   소   (442-010) 경기도 수원시 팔달구 수원천로 255번길 6, 19호
주문 전화   (031) 975-2739
팩   스   (0303) 0947-2739
이 메 일   jpb2739@hanmail.net
copyright ⓒ 도서출판 은보 2016
ISBN 979-11-951046-8-0